출판도시를 향한 책의 여정

출판도시를 향한 책의 여정

깨달음을 찾는 책농사꾼 李起雄의 '册과 文化 이야기' 세번째

열화당 영혼도서관

주일무적主—無適한 한 군자의 여정

전 문화체육부 차관 김도현金道鉉

제가 출판도시, 그리고 이기웅李起雄 이사장과 만나게 된 것은 김영삼金泳三 정부 이 년째 되는 1994년이었습니다. 김영삼 정부는 '문민정부文民政府'를 표방했는데, 이때의 '문민'은 이른바 '시빌리언 거번먼트civilian government', 즉 박정희朴正熙, 전두환全斗煥, 노태우盧泰愚 대통령 시대와는 달리 문민에 의한 군軍과 정부의 지배를 의미하는 것이었고, 김영삼 대통령에 의한 '하나회 숙정肅正' 등 군의 대대적 개혁을 말하는 정부의 문민화를 뜻하는 것이었습니다. 그런데 시대는 이른바 '문화의 시대'로 흘러가고 있었고, 또 요구하고 있었습니다. 대표적 경제인이라고 할 삼성의 이건희李健熙 회장도 전화기 하나를 팔려고 해도 문화로 포장하지 않으면 안 된다고 말해야 하는 시대가 된 것입니다. 저는 이 회장과 고교 동기동창으로, 직접 그로부터 들은 바가 있습니다. 그러나 정치권이나 정부가 이를 아직도 알아차리지 못하고 있는 것으로 보였습니다. 그때 저는 문화정책의 한켠을 다루는 자리에 있었습니다. 마침 청와대 교육문화수석을 맡고 있던 김정남金正男 씨는 학생 시절부터 가까운 친구였습니다. 우리는 정부의 색깔을 '카키

5

색'을 벗기는 데서 나아가 '문화'의 옷을 입혀야 된다고 생각하고, 이를 정부 전체에 관철되도록 해야 한다는 생각을 가졌습니다.

이 무렵 이기웅 이사장과 출판계 분들을 만났습니다. 이분들은 '출판단지'라는 거창하면서도 아름다운 계획과 몇 년째 씨름 중이었는데, 저와 만날 즈음에는 그 지지부진함 때문에 좀 지쳐 있었고 짜증도 나 있었던 것으로 보였습니다. 대통령이 직접 출판단지 조성 의지를 밝혔습니다만, 그 지역이 대북 방어선에 걸치는 군사작전지역이어서, 구체적으로 이를 해제하는 문제는 복잡하여 진전이 어려웠습니다. 방어선을 북상시켜야 하는데, 군은 난색을 표했고 완강했습니다. 물론 이 문제는 군사 실무적으로 여러 문제를 수반하는 것으로, 새로운 작전과 군사 배치의 변화, 그리고 이에 따르는 예산 조치가 필요한 것이기는 했습니다. 그러나 더 미묘했던 것은, 당시 문민정부의 전격적이고 과감한 군 개혁에 따라 군의 사기 저하 문제가 심각했던 것입니다. 표면상으로 드러내지는 않았지만, '이런 문제'까지 밀리면 안 된다는 분위기가 강경했습니다. 실무 선의 협의는 벽을 만난 듯했습니다.

마침내 심학산尋鶴山 정상의 현장에서 합참 작전본부장인 삼성장군이 주관하는 회의가 열리게 되었는데, 여기서 결론을 낸다는 것이었습니다. 문화체육부는 촉구만 할 뿐이지 전문적인 군사작전 문제에 뭐라고 의견을 낼 수는 없는 처지였습니다. 저는 그 회의장에 가기로 하고, 산 아래서 차에서 내려 땀을 흘리며 걸어 올라갔습니다. 군 관계자들은 헬기를 타고 지휘소 회의 현장에 내려왔습니다. 두어 시간의 심각한 회의 결과, 역시 방어선을 북상시킬 수 없다는 결론을 내고 이를 발표하겠다는 것이었습니다. 일단 결론을 낸다면 이를 다시 뒤집거나 변경하기는 당시의 군 사기와 관련해서도 상당 기간 어려울 것은 분명했습니다. 저는 작전본부장을 따로 불러내어 지하 벙커로 내려갔습니다. 둘만 있는 자리를 만든 다음 이렇게 말했습니다. "고충과 어려움은 압니다. 그러나 이 문제는 문민정부의 정체성에 관련된 대통령 지시사항입니다. 결론을 내지는 마십시오. 또 연구해 봅시다." 할 수 있는 가장 강한 표현과 태도로 부정적 결론을 막았습니다. 이렇게 해서 최종적 결론은 내지 않게 되었습니다. 저는 준비해 간 금일봉 봉투를 연대장에게 건넸습니다. "오늘 수고하셨습니다. 시원한 사이다라도 드십시오." 그날 사실 저의 각오는 전쟁 아닌 전쟁을 치르는 심정이었습니다. 군의 동의를 얻지 못하면 대통령의 지시라 하더라도 부지하세월로 미루어질 것이 틀림없었고, 그러면 몇 년을 끌어온 이 일은 출판단지 조합 내부의 불만 때문에도 수렁에 빠질 것 같아 보였습니다. 또한 문민정부의 '문文'이 정말 체면 안 서는 일이 될 것 같았습니다.

그리고는 이 문제에 관해 실무적으로 추가 검토를 맡을 해당 지역의 사단장을 찾아갔습니다. 다리를 다쳐 숙소에 있다기에 그리로 갔습니다. 직접 만나 호소(설득)해 볼 요량이었습니다. 물론 그 자리에서 제 의견에 동의하지는 않았지만, 명색 현직 차관이 숙소까지 찾아가서 간곡히 설명하고 협조를 구한 것을 그가 마냥 소홀히 하기는 쉽지 않았을 것입니다. 그는 대통령의 모교인 부산의 ㄱ고등학교 출신이었습니다. 물론 그것도 들먹였습니다. 저를 이렇게 내몬 것의 팔 할은 이기웅 이사장의 진지함이었습니다. 그에 이어 실무 선에서 계속 긴 협의 끝에 마침내 그 파주 문발리 지역을 단지부지로 결정할 수 있었습니다. 그때 '출판도시 우공이산愚公移山'의 우화도 만들어졌습니다. "심학산이 그리도 중요하다면 이 산을 저 북방北方으로 옮겨 주겠다"는 이사장의 결의를 사단장에게 전달했던 일 말입니다.

그다음은 한국토지개발공사에서 개발한 토지를 출판단지 조합이 감당할 수 있는 선에서 가격을 결정하는 일이었습니다. 토지개발공사에서는 부사장이 이 일을 맡아 왔는데, 그는 국문학자 이숭녕李崇寧 박사 처가 쪽의 가까운 친척이었고, 저는 고등학교 때부터 이 박사의 은혜를 입은 처지여서 그분 처가 가족들과도 친숙히 아는 사이였습니다. 우리는 옛날 얘기까지 해 가며 임진강변 장어집에서 소주를 마신 적도 있었는데, 저는 출판단지 편을 든 셈이었습니다. 정부는 출판단지 사업추진단을 만들었습니다. 추진단은 문화체육부 차관이 단장이 되고, 재정경제원, 건설교통부, 통상산업부, 환경부, 문화체육부 등 해당 국장들과 토지개발공사 사람들로 구성되었습니다. 수도권 정비계획, 국가공업단지 지정, 환경영향 평가, 교통영향 평가 등 관청과 관련된 일이 너무 많았고, 이 모든 것이 시간을 끌 수도 안 끌 수도 있는 일이었습니다. 그 뒤에 절실히 깨달은 일입니다만, 대부분의 공무원들은 관련 민원인들과는 전혀 다른 시계를 차고 있었습니다. 그들의 시간관념에서는 사업자가 부담하는 이자나 사업 시기 등의 중요성 따위는 자기와는 전혀 '이해' 관계가 없기 때문에 실감하지 않고 있었던 것입니다.

어떻든 우리는 '책'이 가지는 문화에서의 비중을 극한까지 평가했고, 그래서 출판을 단순히 책 만드는 일 이상의, 인류의 정신생활을 창조, 생산, 유통, 보존, 전승시키는 기본으로 생각하고, 시대가 바뀌어 그 매체가 전자화, 영상화, 또는 그 무슨 형태가 되더라도 그 바탕은 책이라고 생각했습니다. 그래서 '종이' '활자'의 냄새나 티를 못 벗은 듯한 '출판'이란 말을 넘어, 정보, 영상, 디지털 등 다가온 새로운 시대의 매체수단을 이 단지가 포괄하기를 바랐습니다.

저는 이곳의 지명이 '문발文發'이라는 데 충격받았습니다. 우리나라에서 땅은 땅 이름을 운명運命으로 따라가는 영험있는 사례를 자주 보아 왔기 때문입니다. 문발, '문화발신文化發信', 그 뒤 이기웅 이사장 등과 만날 때마다 이 얘기를 한 것으로 기억합니다. 통일이 되면 우리 앞에 펼쳐질 풍경, 북한에서 흘러들어 오는 임진강과 남쪽의 남한 북한강이 합쳐져서 이루는, 풍요 그 자체인 듯 가득한 강물, 그 일렁이는 물결 위를 뒤덮은 사람과 물건을 가득 싣고 세계 최대의 인구가 살고 있는 대륙과 이어진 바다로 드나드는 배들, 이곳을 발신기지로 세계와 미래를 향해 지식과 지혜를 가득 담은 책이 위대한 여정을 출발하는 원점. 저는 그때부터 이런 상상에 때때로 잠기곤 했습니다.

이러는 동안 주로 출판 쪽 대화 상대는 이기웅 이사장이었습니다. 그는 정말 진지한 분이어서 저 같은 엉터리는 부담을 느낄 정도였는데, 그러면서도, 동안童顔에 장난기가 가득한 그 얼굴에서 보이듯 도저한 흥이 있어서, 진지함 때문에 오는 지루함은 전혀 없는, 유쾌한 시간을 만들어 주곤 했습니다. 우리의 만남이 뜸해진 사이 출판단지는 그야말로 상전벽해桑田碧海, 황무지에서 아름답고도 현대적 문향文香이 그윽한, 더구나 '응칠교應七橋' '서호정사西湖精舍' 같은 이기웅 냄새가 물씬 밴 마을도시로 변했습니다. 물론 함께한 모든 분들의 노력의 결정이겠지만, 이 모든 과정에 이기웅 이사장의 열정이 스몄을 것입니다.

새해를 맞는 것이 마냥 즐겁지만은 않은 나이가 된 정월에 이 글 청탁을 받고, 솔직히 제가 감당할 처지가 못 됨을 알고 재고해 달라고 청했습니다만, 더 이상은 뿌리치지 못하고 당시의 흐릿한 작은 기억으로 서문을 대신합니다. 이 짧은 글을 쓰면서도 저의 머리는 거꾸로 저를 향한 자책, 자괴로 힘들었음을 고백합니다.

'주일무적主一無適', 저로서는 선현들이 그토록 높이 받든 이 말의 깊은 뜻은 모르지만, 글자대로 하나를 주로 하고 쓸데없이 헤매지 않는다는 것만 보아도, 이기웅이야말로 책에 주일무적한 인물에 틀림없다고 여겨집니다. 아니, 제가 더 뭘 안다면, 그야말로 책에 주일무적 정진해 온 군자君子의 길로 다가선 이가 아닐까 하는 생각이 듭니다. 거꾸로 저는 주적 무일主適無一로 오늘까지 와, 아직도 석양이면 대폿집을 기웃거리고 있습니다. 저는 기억과 기록할 일을 하지도, 챙기지도 못했습니다. 우리 집의 유적遺跡, 전적典籍도 지키지 못했습니다. 지금도 모 대학에 부당하게 가 있는 육천삼백여 종의 전적 때문에 죄스러움에 잠 못 이룹니다.

'책의 여정'. "천지는 만물의 역려요 시간은 백대의 과객天地者萬物之逆旅 光陰者百代之過客"이라고 시인은 말했다지만, 이기웅은 과객인 우리와 후대의 꿈과 삶의 여정에 샘물과 즐거움과 지혜의 쉼터를 만들어 주기에, 주일무적한 군자君子라고 생각하는 이가 저 하나만은 아닐 것입니다. 이 졸문을 군자의 책머리에 얹는다는 것이 두렵습니다.

2015년 2월

출판인 이기웅의 헌신을 다시 말하고 싶다

한길사 대표 김언호金彦鎬

1980년대는 '책의 시대'였다. 책 쓰고, 책 만들고, 책 읽는 시대였다. 나라와 사회의 민주화가 우리들 삶의 중심주제였다. 책 쓰기, 책 만들기, 책 읽기는 민주화를 구현해내는 문제의식이자 구체적인 실천 역량이었다.

우리가 살고 있는 이 시대는 어떤 시대인가. 왜 민주주의인가. 어떻게 살 것인가. 역사란 무엇인가. 왜 통일인가. 한 권의 책으로 우리는 이런 질문들을 제기하고 답하는 것이었다. 1980년대에 치열하게 구현해낸 민주화 운동은 한국인들의 빛나는 역사적 성과였고, 그 한가운데 책이 존재했다.

파주출판도시는 1980년대의 소산이었다. 책이 수난당하고 출판인의 삶은 고단했지만, 책 쓰기와 책 만들기, 책 읽기는 우리에게 축제 같은 것이었다.

1980년대 중반에 출판인 십여 명은 주말이면 북한산을 오르곤 했다. 산을 오르면서, 우리는 무엇을 해야 하는가, 무엇을 할 수 있는가를 이야기했다. 출판도시는 이런 모임과 담론의 과정에서 발상發想되고 발의發議되었다. 1980년대라는 시대적 조건이 일련의 출판인들로 하여금 출판도시를 발상하고 발의하게 만들었던 것이다. 한 시대의 삶의 조건이, 그 시대의 삶의 조건을 극복해내는 생각을 하게 하고 그 생각을 실천해내는 구체적 방안을 모색하게 한다는 것을 파주출판도시를 되돌아보면서 다시 하게 된다. 상황이 상황을 극복해내는 지혜를 창출한다는 것을.

파주출판도시의 발상과 발의는 이 땅의 출판인들을 손잡게 만들었다. 세계 출판사상 일찍이 유례가 없는 이 대형 프로젝트는 이 땅의 출판인들의 로망에 불을 붙였다. 책 만드는 일의 가치와 존엄과 미학을 한사코 옹호하는 출판인들의 운명이 되었다.

서울의 강변북로는 행주대교를 지나면서 자유로가 된다. 한강 하류의 위용을 바라보면서 뻗어 있는 자유로를 달리면서 우리 국토의 아름다움을 새삼 실감한다. 석양을 안고 파주출판도시로 달리는 자유로의 풍경에 우리는 감동한다. 1986년의 대홍수로 한강 하류가 범람했다. 자유로는 한강 하류의 범람을 대비해 건설되었다. 오늘의 파주출판도시가 들어서 있는 유역은 자유로 건설로 탄생한 습지였다.

우리는 당초에 책의 도시를 발상하면서, 저 디엠지DMZ 근방에 '책의 유토피아'를 만들자는 논의를 했다. 이곳저곳을 탐사하기도 했다. 우리는 결국 자유로변 이 물구덩이 땅에 우리의 꿈을 펼치기로 정했다.

출판도시로 들어가는 길목의 자유로에 큰 돌을 세워 놓았다. 이 돌에는 '통일의 길목'이라고 새겨져 있다. 우여곡절을 겪으면서도 남과 북의 만남은 이어지고 있다. 남과 북으로 오고 가는 큰 길이 바로 이 자유로다. 이 자유로와 함께 우리의 출판도시가 건설되고 있다는 사실을 우리는 새삼 주목하게 된다. 자유로는 책의 길, 책의 정신이다.

파주출판도시의 건설을 시작하면서 우리는 많은 논의를 진행했다. 1996년 '출판도시를 어떻게 건설할 것인가'라는 주제의 한 심포지엄 발제에서 나는 이렇게 말한 바 있다.

1960년대에 우리는 울산공업단지를 시작했고, 1970년대에는 경부고속도로를 개통하면서 국토의 고속도로화 시대를 열었다. 그리고 1990년대에 우리는 파주출판도시의 건설을 시작한다. 파주출판도시를 통해 우리는 '위대한 책의 시대'를 열려고 한다.

파주출판도시 건설의 한가운데 출판인 이기웅李起雄이 서 있다. 출판도시 건설을, 맨 앞에서 출판장인出版匠人 이기웅이 이끌고 있다. 1980년대에 발상되고 발의된 출판도시는 곧 이기웅이라고 해도 된다. 일련의 출판인들이 더불어 함께 출판도시를 건설하고 있지만, 이기웅의 집념과 문제의식으로 프로그램의 질량은 심화되었다. 출판인 이기웅이 출판도시의 형식과 내용을 아름답고 탄탄하게 조직했다.

1971년에 창립된 열화당의 이십오 주년 즈음에 나는 「출판사 열화당과 출판인 이기웅을 말하고 싶다」는 글을 쓴 바 있다. 그것을 다시 읽으면서, 그때나 지금이나 나의 생각에 변함없음이 즐겁다.

그와 함께, 온갖 사건과 사연을 겪으면서, 출판단지의 틀을 만들어내고 그것을 성사시키는 회의와 이론을 만들어내는 일에 여러 동료들과 함께 동참하고 있는 나는 새삼 그가 고맙게 생각된다. 아직도 갈 길은 멀지만, 이기웅 사장의 그 집념과 헌신이 있기에 동참하는 우리들은 진실로 감동하지 않을 수 없다. 그의 놀라운 집념과 뜨거운 헌신을 경이롭게 바라보면서, 난관을 극복해서 출판도시를 성공적으로 이뤄내야 한다고 우리는 다짐하게 되는 것이다.

파주출판도시를 발상 발의한 지 삼십 년이 되어 가고 있다. 한길사는 열화당보다 오 년 늦은 1976년에 창립되었다. 내년이면 열화당은 사십오 년이 되고 한길사는 사십 년이 된다.

파주출판도시를 시작하기 전부터 나는 출판인 이기웅을 비롯한 출판계의 선배, 동료 들과 손잡고, 우리 출판의 반듯한 행로를 위한 이런저런 프로그램들을 진행했다. 반듯한 교육 없이 반듯한 출판이 어렵다는 세미나를 크게 펼치기도 했다. 학자, 지식인 들과 함께 좋은 책 선정운동도 했다. 이런 책은 되고 저런 책은 안 된다는 권위주의 출판정책은 더 이상 바람직하지 않다는 출판인들의 선언을 발표하기도 했다. 출판의 자유 없이 나라와 사회가 반듯하게 걸어갈 수 없다고 천명했다.

나는 파주출판도시를 한 권의 책으로 생각한다. 출판도시의 건설 작업은 한 권의 책 만들기였다. 한 권의 책은 한 시대의 인문정신이다. 출판도시는 우리 시대 인문정신이다.

파주출판도시를 진전시키면서 나는 '여럿이 함께'를 늘 실감한다. 한 권의 책은 혼자 만들 수 없다. 저자가 있고 편집자가 있어야 한다. 독자가 있어야 한다. 한 권의 책을 존재하게 하는 문화적·역사적 전통과 시대정신이 전제된다. 개별 출판사와 개별 제작사 들은 어쩌면 작은 존재들이다. 그러나 더불어 함께함으로써 출판문화가 되고 시대정신이 되는 것이다.

파주출판도시는 더불어 함께하는 협동정신으로 가능했다. 출판도시라는 협동정신, 협동체를 구현해내는 출판인 이기웅이 선도하고 이에 동의한 회원들의 끝없는 파트너십으로 출판도시는 존재하고 성장한다.

파주출판도시는 진화하고 있다. 진화해야 한다. 출판환경이 달라지면서 책 만들기도 새로운 차원으로 진화해야 한다. 출판인의 문제의식도 달라져야 한다. 세계로 열려 있는 출판도시, 세계와 호흡하는 열린 프로그램 들이 더불어 함께 건설하는 파주출판도시의 지향이다.

파주출판도시는 우리가 당초에 의도했듯이 한국문화의 발신기지가 되어야 한다. 출판인들의 출판도시가 아니라 저자와 독자가 함께해야 한다. 출판도시가 지금 펼치고 있는 일련의 프로그램들은 출판도시를 처음 시작하면서 우리가 내세운 '위대한 책의 시대'를 구현하는 작업의 일환이다.

파주출판도시는 그 어떤 '제도학교'보다도 열린 '사회학교'다. 출판도시가 지금 펼치고 있는 지식축제 파주북소리와 인문학당, 동아시아의 전통과 가치를 새롭게 인식하고 그 성과를 성원하는 파주북어워드, 동아시아 편집자들이 참여하는 파주에디터스쿨, 국제출판포럼은 '위대한 책의 시대'를 구체적으로 실현하는 열린 프로그램들이다. 2011년 파주북소리를 시작하면서 우리는 파주출판도시가 '아시아 책의 수도'임을 선언한 바 있다. 파주출판도시는 한국인과 한국사회에 책의 세계, 책의 정신을 강력하게 각인시키는 한편, 세계로 열려 있어야 한다.

1989년에 건설위원회를 구성해 시작된 파주출판도시는 느리게 진행되는 프로그램이다. 제1단계에 이어 지금 제2단계 작업이 한창 진행되고 있다. 한 시대의 출판문화란 어느 날 하루아침에 완성되지 않는다. 한 권의 책이 담아내는 문화와 정신, 이론과 사상은 벽돌공장에서 찍어내는 그런 제품이 아니기 때문이다. 파주출판도시는 건물을 짓는 것으로 그 주어진 일이 끝나지 않는다. 그 건물과 공간에서 문화와 정신, 이론과 사상을 창출해내는 책 만들기를 지속함으로써, 그리고 이렇게 만들어진 책들이 독자와 함께할 때 비로소 완성된다.

파주출판도시의 건설을 한창 기획하고 있던 1994년 4월, 우리 내외와 이기웅 사장 내외는 영국 웨일즈의 책방마을 헤이온와이를 방문했다. 봄날 그 아름다운 책방마을 헤이온와이 방문은 놀라운 체험이었다. 그 방문을 계기로 나는 예술마을 헤이리를 기획하고 건설하는 일에 나섰다. 이어 지인들과 몇 차례 헤이온와이를 더 방문했고, 세계에 헌책방마을 운동의 역사적 계기를 만든 리처드 부스Richard Booth 선생을 만났다. 그리고 2012년 10월 제2회 파주북소리에 그를 초청해 특강을 하게 했다. 북소리 개막식 행사 때 나는 리처드 부스 선생에게 축사를 부탁했다. 그는 연단에 올라가 "판타스틱!" 한마디를 외치고 내려갔다. 이 말에 모든 의미가 들어 있었다. 감동적인 축사였다.

출판도시와 헤이리마을을 건설하면서 우리는 세계로 여행을 다니고 있다. 책방마을뿐 아니라 박물관과 문화예술 시설, 건축 들을 살펴본다. 우리의 여행은 출판도시와 헤이리의 건축과 프로그램에 반영되었다. 책을 탐험하는 여정은 언제나 즐겁고 유익하다. 우리의 여정은 계속될 것이다.

나는 헤이리에 책의 집 북하우스를 개관했다. 책방은 어린 시절부터 내가 꿈꾸는 이상의 공간이었다. 책을 보며 차를 마시고 문화 예술 행사를 할 수 있는 전시장과 카페도 함께 만들었다. 이어 '한길책박물관'을 개관했다. 세계의 책을 탐험하면서 컬렉션한 책을, 책을 사랑하는 사람들이 함께 보자는 것이다.

출판인 이기웅은 출판도시의 사옥과 나란히 '열화당책박물관'을 개관했다. 출판을 하면서 그가 귀중하게 여겨 모은 책과, 세계를 여행하면서 찾아낸 아름다운 책을 동호인과 함께 누리자는 뜻일 것이다.

위대한 책의 장인들이 만든 책은 책을 사랑하는 사람들을 감동시킨다. 책 장인들의 혼을 느끼게 된다.

내가 모으는 책과 이기웅이 모으는 책은 색깔과 빛깔이 다르다. 내가 만드는 책과 이기웅이 만드는 책은 그 내용과 지향이 다르다. 형식도 다르다. 그러나 다르기 때문에 조화될 수 있다. 다름의 미학이 더 경이로울 수 있다. 세상에 존재하는 책들이 그 내용과 형식이 다르기 때문에 더불어 함께 존재할 가치가 있는 것이다. 서로 다른 얼굴의 책들이기에 한 시대를 진동시키는 책의 큰 문화사가 될 것이다.

16

파주출판도시 건설을 진행하면서 나와 이기웅은 때로는 생각과 방법이 달랐다. 그러나 다르면 어떤가. 책이라는 보편적 가치와 그 존엄을 한사코 옹호하기에, 그 차이와 다름은 오히려 창조의 색깔과 빛깔이 된다. 책이 구현해내는 궁극의 정신이 우리가 더불어 기리는 가치이기 때문이다.

출판인 이기웅은 탁월한 기획자이자 편집자다. 유니크한 저술가다. 그는 늘 생각하고 기록한다. 그동안 그가 쓰고 펴낸 책 이야기, 출판 이야기는 우리 시대가 성취해낸 출판문화사라고 해야 할 것이다. 1970년대 이후 1980년대와 1990년대, 그리고 2000년대에 일련의 출판인들이 전개한 출판운동의 정신사를 그는 진지하게 기록해내고 있다. 파주출판도시를 건설해내는 공동체운동을 정갈하게 정리하는 그의 기록정신이 놀랍다.

파주출판도시를 건설하는 긴 여정을 통해서 우리는 책의 세계를 새롭게 인식하게 된다. 책의 가치를 다시 탐구하자는 다짐을 하게 된다. 저간의 기록들을 정리해 다시 한 권의 책으로 담아내는 출판인 이기웅, 책에 바치는 그의 헌신이 새삼 놀랍다. 출판인 이기웅과 함께해 온 행복한 세월.

2015년 2월

Who is Yi Ki-Ung?

Professor Emeritus, University of Toledo **Ken I. Kim**

Ever since I was asked to write a preface to the 3rd volume of my dear childhood friend Yi Ki-Ung's "My Journey to Paju Bookcity" series, I struggled to find the answer to a seemingly simple question: "Who is Yi Ki-Ung?" Of course I knew a lot about him. I knew where and when he was born and grew up. I knew where he went to school. I knew his late father and mother. I knew all of his three brothers. I knew his dear wife, son, and daughter. His daughter was like my own daughter that God had never granted me to have. I lived with him as one of his younger brothers' live-in tutor during my college days. I traveled with him. I shared hotel rooms with him during a European trip. I knew certain patterns of his daily routines because I accompanied him on some of them. He created Youlhwadang. He created Paju Bookcity. He received tens of great awards for it, not just from within Korea, but also from all over the world. I knew someday his memorial statue will grace Paju Bookcity as a permanent tribute to him.

However, what I was really seeking was not what I knew ABOUT him. It was deeper and more profound than that. In other words, if I peel off all outer layers of his persona — of which this complex man has many — what will I see at the core of his soul? I struggled and struggled over this question to come up with an answer. That is, until I arrived at this answer: He is a man of "virtuous indignation." Virtuous indignation is a term I have coined as a secular side-kick of righteous indignation. Righteous indignation is what motivated Jesus Christ when he was chasing out merchants and overturning their trading tables at the temple in Jerusalem, yelling, "How dare you turn my Father's house into a market! (John 2:16b, *NIV*)" Jesus was angry at what he saw because it flagrantly violated his sacred standards.

Ki-Ung that I know is not a religious person focused on sacred realms. He is more for "here and now." But when he deals with "here and now," he does not do it whimsically or haphazardly. Rather, he uses his sense of virtue as the guiding spirit to judge people and things he encounters. Therefore, virtuous indignation, not righteous indignation, captures Ki-Ung's essence. Naturally, his hero is not Jesus Christ, although he respects Him. Rather, his hero is An Jung-Geun. He respects An because this man was angry at the seemingly hopeless situations surrounding his beloved Korea and his hapless compatriots in the first decade of the 20th Century. Moreover, he was not just angry. He took action. In 1909 he shot Ito Hirobumi, the Japanese politician who had been playing a pronounced role in annexing Korea the following year, to let the whole world know of the injustice Japan was imposing on Korea.

Ki-Ung was indignant at most Korean cities. They generally were haphazardly developed, not according to a sound master plan. Therefore, they were mostly ugly and unkind to nature and their inhabitants. Like An, he took action. He has been devoting almost 30 years of life to dreaming, planning, designing, and building Paju Bookcity's Stages 1 & 2. In doing so, he tried to adhere to, although not always completely successfully, his four guiding principles of moderation, balance, harmony, and love of people. He was in charge of the overall master plan, of course. He also paid meticulous attention to details in executing the plan. Keenly observing visitors to the City may see his touch and spirit here and there. For example, the main bridge leading to Paju Bookcity from Seoul was named Eungchil Bridge, with Eungchil being another name of his hero An Jung-Geun.

When the Stage 2 is completed, Paju Bookcity will be home to not only traditional book publishing, printing, designing, binding, and marketing/distribution institutions. It will also be a haven for makers and distributors of movies, commercial films, audios/videos, digital media, and software. Altogether, about 400 enterprises will call it home, employing about 6,000 workers. If you visit Paju Bookcity today, a vista of buildings, roads, wetlands, green areas, plazas, statues, and bridges will gently open itself up to you. Functional yet beautiful and eco- and people-friendly, and constituent elements harmoniously co-existing with one another, and so on and so forth... A job well done! Ki-Ung should feel contented. It's time to retire, or at least to take a long break and travel around the world with his long waiting wife. But he is not going to. Not until he has finished two new superlatively big projects!

The first is An Jung-Geun Memorial Library of Soul. This initiative stems from another facet of his virtuous indignation. He was indignant at so many books that had been written and published for making money or earning a living—wrong reasons! He believed no book should be made unless it is a thing of great value, goodness, and honesty. What book will ever meet such lofty standards? To him the answer was obvious: the autobiographies written and published by good, honest people will. But where can he find good, honest people? He thought he would have great difficulty, because good, honest people are in short supply. Here comes the "Library of Soul" into the picture.

As ordinary people sign up on the Library, they are nudged into writing their autobiographies under the guidance and tutelage of the Library. Writing their own autobiographies daily while living ordinary lives, these ordinary autobiographers will have opportunities to look deeply into their own souls, and reflect upon their daily thoughts and doings. Ultimately, these ordinary people will, Ki-Ung believes, have their innate goodness and honesty restored. These people with restored goodness and honesty will, Ki-Ung believes, write good and honest autobiographies. When they pass away from this world, the Library will publish their autobiographies in cooperation with the deceased's family and friends, and put them on the bookshelves of the Library forever. Instead of leaving behind decaying bodies, they will leave behind a good and honest book telling their life's stories.

The other ambitious project is the Stage 3 of Paju Bookcity, called Book-Farm City. This initiative appears to be the most ambiguous and therefore the most challenging of all preceding ones in my opinion. It is an effort to run book making and rice farming side by side in a vast rice farming plain in Paju twice as big as the total areas occupied by Stages 1 and 2 of Paju Bookcity combined. It reflects his deep love affairs with both book making and rice making. The driving philosophy underlying this project is that healthy books can only be made by healthy people, and healthy people can be made by healthy farming.

I believe his growing up in Seongyojang, his ancestral clan's large rice-farming-based traditional manor house north of Gangneung, played a definitive role here. Within Seongyojang, he lived in a living quarter named Youlhwadang. In Youlhwadang, which was filled with books, calligraphy scrolls, paintings, etc., he saw not only how the agricultural business was run, but he also saw and assisted as a boy a small-scale book publishing business that was being done there. Having grown up in this childhood environment, he easily found book publishing to be his calling. When he opened his own small book publishing enterprise in Seoul in 1971, he named it Youlhwadang. Also, living at Youlhwadang allowed him to see the beauty of rice farming and book publishing harmoniously co-existing there. Therefore, combining rice farming and book publishing was not a new idea to him.

All these things DO make sense to this great thinker and visionary. To him they are all achievable if he pursues them with the indomitable, selfless spirit of his hero and role model An Jung-Geun. But how about to others? Do his dreams and plans make as much sense to his sponsors, colleagues, and subordinates? Do they have an equal degree of enthusiasm? Do they believe his dreams are achievable with as much conviction as he does? My prayer is that answers to the above questions are all "yes!" If not, my prayer is that he does something about that. My prayer is that he lives long enough to see at least his MAJOR, if not all, dreams fulfilled. As for myself, my prayer is that I live long enough to write a few more prefaces to his "My Journey to Paju Bookcity" series.

January 2015
Chapel Hill, North Carolina, USA

차례

염殮, 그 철학의 서書, 과학의 장章

내 마음의 확대경, 두번째

'목숨'을 생각하다

글을 쓰려고 새벽에 일어난다. 고요하고, 사위四圍는 캄캄하다. 막상 펜을 잡고 원고지 앞에 앉으니 가슴 깊은 데서 우르르 잔기침이 쏟아져 나온다. 이런 때가 간간이 있었지만 참고 견뎠다. 호흡의 한계를 느끼며 응어리를 가슴 아래로 쓸어내리곤 한다. 요즘 와선 그 일마저 자유롭지 않다. 참기 힘들 때가 잦아진다. 그래서 잔기침 속으로 조금씩 나눠 섞어내며 살살 달래곤 한다. 칠십여 년 동안 내 성미에 맞추어 가쁜 날숨 들숨을 받아내 왔으니, 입과 목구멍으로 시작되는 호흡기관이야말로 얼마나 신통한지. 그 오랜 세월을 내 성질머리에서 뿜어내는 흥분과 노여움과 욕망가득한 발심發心들을 쉼 없이 받아내었으니, 내뿜었다가 다시 들이키기를 반복하면서도 이제까지 용케 견뎌 온 숨의 가엾은 기관器官들은, 그러나 참으로 기특했다. 이렇듯이 육신을 아주 가까이 느끼면서, 그 육신의 감각 속 깊숙이 감추어져 있던 은밀한, 정신의 문제를 새삼스럽게 반추反芻해 본다.

나는 염殮하는 것을 종종 본 적이 있었다. 평생을 따라다니는 의문은, 동서양을 막론하고 염이란 행위가 왜 생겼으며, 그것이 뜻하는 바가 분명 있을 터인데, 그게 과연 무엇일까 하는 것이었다. 이승에서 더럽혀진 망자亡者의 때를 깨끗이 씻겨서 저승길 떠나 보낸다는 표면적인 의미는 알고 있었지만, 그 뜻만으로는 수긍이 안 되는, 어떤 심오한 가르침이 있을 것이라는, 확신에 가까운 생각을 지녀 왔었다. 또렷이 기억되지만, 내 어린 시절, 유림儒林의 본가라 일컬을 선교장船橋莊의 동별당東別堂에서 때마다 돌아오던 제례祭禮, 그리고 조선祖先의 산소山所를 찾던 시제時祭 등, '신종추원慎終追遠'이라는 유구한 의미를 익혀 가면서 천천히 뭉게구름처럼 일던 의문이었다. 그 의아함이 죽음과 삶의 본질에 이르면서, 염이란, 육신의 것만이 아닌 정신에 이르는 행위일 것이라는 암시가 천천히 깨달아졌던 것이다. 죽은 이 옆에 살아남은 자들의 슬픔이 묘한 뉘앙스로 드러내는 행위, 이 슬픔들이 가벼움으로 사라져선 안 된다는 삶의 의미와 그 무게, 삶의 과학이 합리성을 띤 모습으로 드러내고 있는 것이 바로 염 아니던가. 이 대목에서 나는, 십자가에서 막 내려진 그리스도의 시신을 염하는 어머니 성모聖母를 머릿속에 떠올려 보곤 한다.

슈베르트가 작곡을 붙였던 빌헬름 뮐러Wilhelm Müller의 시 「겨울 나그네Winterreise」 가운데 '여인숙Das Wirtshaus' 구절이 문득 떠올랐다.

묘지墓地를 향해
길이 나를 이끌었네.
여기서 묵고 가야지
생각했네.
푸른 장례 화관花冠은
아마도 조짐이겠지.
피곤한 나그네를 이끄네

시원한 여인숙 안으로.

두대체 이 집은
방이 모두 찼단 말인가?
쓰러질 정도로 지쳤고
죽을 만큼 상처를 입었는데
이 잔인한 여인숙이여
나를 받지 않는가.
그러하다면 더 멀리, 그저 더 멀리
내 충실한 지팡이여.
— 정준호 옮김

이 시는 죽음을 암시하는가, 영원한 휴식의 세계를 넌지시 일깨우는가,
평안한 안식安息의 세계를 꿈꾸는가. 나그네의 가엾은 행각은 마치 우리의
표상이 아닐까.

이 대목에 이르니, 다시금 강용흘姜鏞訖의 소설 「초당草堂」에서의 한 구절
이 머릿속에 피어오른다.

그 즈음에 할아버지께서는 세상을 떠나실 양으로 집으로 돌아오셨다. 그는
아주 늙으셨어도 늠름한 풍도風度를 지니셨다. 그 성성한 백발이며, 잠잠하
고 둥근 얼굴이며, 희고 긴 수염이며, 모두가 세상 풍진을 골고루 겪으신 흔
적이 역력하셨다. 그는 이제 조용히 돌아가실 날을 기다리셨다. 그리고 언제
나 다음의 시조時調를 즐겨 부르셨다.
말 없는 청산靑山이요 태 없는 유수流水로다
값 없는 청풍淸風이요 임자 없는 명월明月이라
이 중에 병 없는 이 몸이 분별 없이 늙으리라
그는 고요히 돌아가셨다. 조용하고 편안하고 아무런 고통의 부르짖음도 없
었다. 시집간 딸들도 모두 임종臨終을 지켰다. 그 키 큰 의원이 자리 지키고

있다가 숨을 거두시자마자 할아버지의 적삼을 벗겨 지붕 위로 가지고 올라갔다. 그는 거기서 적삼을 세 번 흔들고 할아버지의 혼령魂靈을 향하여 작별의 인사를 했다. 그는 번번이 높고 꺽센 음성으로, 예로부터 해 내려오는 말을 외쳤다.

"형하亨夏!"

'형하'는 우리 할아버지의 휘자諱字였다.

"교수敎授!"

'교수'는 할아버지가 지내셨던 벼슬 중 가장 높은 벼슬이다.

"이 적삼 가져가소."

그러자 곡성哭聲이 시작됐다. 처음엔 낮고 음률적이었으나, 차츰 높아 갔다. 처음 듣는 사람에겐 음악소리처럼 들릴 것이다.

"아이고! 아이고! 아이고!"

그러자 마을 사람들도 모여 함께 울었다.

"어 이, 어 이"

유해遺骸는 두꺼운 송판松板으로 짜고 소나무못으로 박은 판에 모셨다. 소나무는 죽은이에게 매우 좋은 나무이고, 벌레를 막아 준다. 할아버지의 관은 가족들과 이웃사람들이 메고 아주 높은 산 위에, 할아버지가 미리 정해 둔 못자리로 갔다. 그 못자리는 그가 한 손자孫子를 박사로 만든다는 명당자리였다. 우리 집에서 산소까지는 수백 개의 명정銘旌이 늘어섰다. 그 중에는 다음과 같은 시詩가 적혀 있었다.

산은 옛 산이로되 물은 옛 물이 아니로다.

주야晝夜로 흐르니 옛 물이 있을소냐.

인걸人傑도 물과 같도다 가고 아니 오도다.

조선朝鮮의 묘墓는 모두 아름답게 보이는 것이었으나, 할아버지의 묘는 특별히 잘 만들었다. 보통 묘는 반달 모양으로 쌓아올렸다. 나는 왜 그리하는지 모른다. 그리고 그 못자리에서 다른 묘가 보이지 않아야 한다. 광중壙中을 파고 나서 관을 깊이 내려앉혔다. 그리고 봉분은 곧 떼를 입혀서 발가숭이로 보이지 않게 했다. 이 엄숙한 자연의 평화 속에서 할아버지는 영구靈柩라 부르는 나무곽 속에 고요히 잠들어 계셨다. 묘 앞에는 자손들이 앞으로 제사祭祀를 받들 때 제물祭物을 진설할 상석床石을 앉히고, 또 묘를 수호할 석사자石獅子를 세웠다. 그 옆에는 할아버지의 명호名號와 가세家糸를 새긴 멍멍한 비석을 세웠다. 묘의 도란은 오로지 할아버지의 것이었다. 도란 안의 산천초목山川草木이 모두 그의 것이며, 뒷날 할머니가 돌아가셔서 여기 함께 묻히시는 것 외엔 아무도 그 가까이 묻힐 수는 없었다. 그리 되면 그 내외분이 영원히 이곳 자연의 주인공이 되시는 것이다.

—김성칠金聖七 옮김

나의 '글밥'이요 '책밥' 가운데 하나였던 「겨울 나그네」와 「초당」에서 발려낸 이 대목은 우리가 '산 자'로서 '죽은 자'를 바라보는 자연스런 깊은 의미를 정리하는 데 큰 상상력을 주었다. 공동의 가치를 세우자는 출판도시出版都市의 건설이 구체적 성과로 드러나는 오늘에 이르면서 그 의미는 나의 내부에서 발효되어 점차 확장되었다. 아마 개개 인간의 목숨과 '역사의 목숨' 사이엔 분명 어떤 긴밀한 관계가 있을 것이라는 깨달음도 함께 왔다. 앞서 말한 글밥 책밥은 나의 책 읽기를 이르는 말이다.

이 글의 모두에서 숨 쉬는 얘기를 꺼내었지만, 인간에게 '숨'은 육신의 살아 있음을 대변하는, 가장 절박한 감각이다. 숨이 멈추는 순간 모든 생체는 목숨이 끝남을 뜻하기 때문이다. 겨우 백 년을 넘기기 힘든 인간의 목숨은 이내 끝나지만, 개개의 목숨들이 모두어진 '역사의 목숨'들은 어찌 되는 것인가. 어떤 모습일 것이며, 얼마나 이어질까.

염이란 육신의 것만이 아니라 이데아의 세계 곧 정신의 것이기도 하다는 깊은 경지에 이르던 한 순간이 왔다. 염이 죽은 자의 것만이 아니라 산 자에게도 있다는, 아니면 있어야 한다는 깨달음이 온 것이다. 그렇다면, 이것을 뭐라 이를 것인가. 숨 잇고 사는 자야말로 매일매일 스스로 자신을 염하며 살아야 할 것 아닌가. 아니 매순간마다 끊임없이 자기정화自己淨

化를 도모해야 할 것 아닌가. 그러하니 이를 '자기염自己殮'이라 이름짓자. 우리는 날마다 몸을 씻으며 산다. 아침저녁으로 샤워를 하는 이들도 있다. 그런데 인간이 어찌 몸만을 정갈히 해야 할까. 마음도 씻어야지. 영국 가톨릭의 주교로 한국에 성공회聖公會의 뿌리를 내리게 한 세실 신부(한국 이름 구세실具世實)는 그가 엮은 책 『사도문私禱文』의 서문에서 다음과 같이 쓰고 있다. 나의 방식으로 말한다면, 마음을 염해야 하는 종교생활의 요체가 매우 수월하게 설명된 글이요 책이다.

사람이 호흡을 아니 하며 음식을 폐하며 세수를 아니 하면 육신의 생명이 능히 보존되지 못함과 같이, 사람이 신령神靈한 음식과 청결함을 받지 아니하면 영혼의 생명이 잘 보존될 수 없나니, 그런즉 우리가 기도祈禱와 성사령 함으로써, 영혼의 생활을 부양扶養할 수 있느니라.

죽은 자의 것을 통해 산 자의 것을 배운다고 정리하면서, 우리는 결국 죽음을 통해 삶을 배운다는 '염殮의 진리眞理'를 얻은 것이라 말해도 좋을 것이다.

문자文字를 염하라

최근에 나는 '세계문자 심포지아'라는 행사의 조직위원장으로 추대되면서, 조직위원회의 사무국 요원들에게, 이 행사의 저변底邊을 "문자를 염해야 하는" 일로써 깔아야 한다고 선언처럼 말했던 스스로를 매우 대견스럽게 생각하고 있다. 상징적으로 표현한 말이지만, 오늘의 지구상에서 쓰고 있는 문자들은 당초의 본질로부터 동떨어져 나와 있어서, 본래의 의미를 크게 상실하고 있기 때문에, 오랜 세월 동안 이 문자 구석구석에 켜켜이 쌓인 먼지와 때를 닦고 추슬러 가꾸지 않으면 안 됨을 뜻하는 생각이었다.

문자는 인간이 인간 노릇을 함에 꼭 필요한 도구道具 곧 연장이다. 기술자에겐 공구工具가, 농부에겐 농구農具가 있어야 하듯이. 그런데, 공구를 부리든 농구를 부리든, 그 부리는 데에는 일정한 '속도'가 있는 법이다. 나는 이것을 '문자文字의 속도速度'라 부르자고 제안했다. 인간에게는 소망所望이든 욕망慾望이든 바라는 바가 옳게 이루어지도록 하기 위해서는 '말' '기록' '문자' 들을 잘 부려야 하고, 이것들이 이루어지는 현장엔 인간의 의식과 인식과 지혜를 바탕으로 하는, 마땅한 속도가 올바르게 흘러야 한다는 나의 주장을 말했던 것이다. 출판도시를 조성하면서, 이 도시에 입주해 일하게 될 모든 사람들에게 잃었던 '인간 근본의 속도'가 회복되기를 소망했던 것이다.

나는 한때 남다른 감회로 두 권의 책을 동시에 읽었다. 이십세기 초 불행했던 식민지 조국을 떠나 미국으로 건너간 강용흘이라는 분이 쓴 『초당』이라는 책과, 동시대에 비슷한 사연으로 독일로 건너간 이의경李儀景이라는 분의 『압록강은 흐른다』라는 책이었다. 앞에서도 『초당』의 한 대목을 상기想起했지만, 두 작품 모두 작가의 성장소설成長小說이었다. 어쩌면 언어권이 다른 이 두 소설들의 톤이 이리도 흡사할까. '글의 속도' 말이다. 1900년대 초의 조선사람, 조선사회의 문화文化가 보여 주는 '속도'가 어쩌면 이리도 정결한 글솜씨로 하여 명료히 들여다보일까, 놀라웠다. 인간 삶의 속도, 우리 인간이 부리는 글, 말, 문자의 속도들이 오늘의 그것들과 극명히 견주어져 보이는 것이었다. 이 두 작가가 살던 시대와 나의 유소년 시절인 1940-50년대와, 그리고 오늘 이 시절의 속도를 견주어 본다. 무모한 속도로 하여 인간들이 얼마나 일그러져 있는가가 역연히 가늠된다. 우리가 쓰고 있는 문자, 즉 필사筆寫에서 판각板刻, 초기활자初期活字, 연활자鉛活字, 사진문자寫眞文字를 거쳐 디지털의 시대로 옮겨 오면서, 우리는 스스로가 얼마나 나아졌는지 망가졌는지, 진화했는지 퇴화했는지도

자각하기 어려운 지경에 이르게 되었다는 생각을 짚은 것이다. 혹자는 가속화하고 있는 이 삶의 속도를 가리켜 '빛나는 문명의 성취'라고 극찬하기를 서슴지 않는다. 그러나 천만의 말씀이다. 망가지는지도 모르는 사이에 우리의 비인간화非人間化는 가속加速을 더하고 있는데도 말이다. 나는 '문자文字 심포지아'라는 축제祝祭를 벌이기 전에 문자를 염부터 해야 한다고 대갈大喝했었다. 문자 구석구석에 낀 때부터 벗겨내야지 축제는 무슨! 하고 호통쳤다. 나는 조용히 다음과 같이 염송殮頌을 읊어 주었다.

문자는 오래 참고, 온유하며 투기妬忌하지 않으며 자랑하지 않노라
문자는 교만하지 않으며 무례히 행치 않노라
문자는 자신의 이익을 찾지 않으며 성내지 않노라
문자는 악惡한 것을 생각지 아니하며 불의不義가 아니라 진리와 함께 기뻐하노라
문자는 모든 것을 참으며 모든 것을 믿으며 모든 것을 견디노라

나의 이 '문자의 염송'을 가지고 조롱하는 이 없기를 바란다. 언어言語를 향한 이같은 나의 연마硏磨와 유희遊戲와 충정衷情을 깊이 이해해 주기 간곡히 빈다.

역사歷史를 염하라

이제 염을 개개 인간사人間事라는 소극消極에만 머물러 둘 수 없다는 자각이 들어서기 시작한다. 더 큰 뜻으로의 확장을 도모하지 않으면 안 된다는 깨달음의 목소리가 들려온 것이다. 죽은 자의 시신을 씻기는 행위로부터, 역사의 매 현실마다, 나아가 역사의 고비고비마다 깨끗이 씻고 정갈히 가다듬어야 할 일들이 있음을 알지 못하는 어리석음을 일깨우는 음성이 들

려온 것이다. 자칫 적체積滯될 수 있는 역사의 찌꺼기들을 그때그때 씻어
내지 않으면 안 된다는 외침에 다름 아닐 것이다. 그 소리는 이른바 '영원
성永遠性'을 희구하는 인간의 오랜 소망을 대변한다. 이승에서 개개 인간
의 목숨은 멈추지만, 역사의 목숨은 거침없이 이어진다는, 이어져야 한다
는 인류 공동체의 생명 원리에 가치를 둔 생각이다.

세계적인 천체물리학자 스티븐 윌리엄 호킹Stephen William Hawking 박사는,
최근의 외신에 의하면, 지각능력을 갖춘 로봇 개발에 열을 올리고 있는
과학기술 선진국들을 향해 경고의 코멘트를 날리고 있다. 인간지능이 무
한 진화할 것인가를 가지고 벌이는 논쟁도 있겠으나, 오늘의 과학기술 문
명으로써도 인류의 오늘과 미래는 이미 어두운 그림자가 크게 깃들이고
있음이 감지된다. 나는 그 현상을 나의 방식으로 다음과 같이 표현하곤
한다.

인간에게는 그 나름의 고유한 속도 곧 '존재의 속도'가 있다. 우주의 모
든 존재는 자기 고유의 속도를 지닌다. 모든 존재가 그러하듯 '나무늘보'
의 속도를 보라. 어느 누가 나무늘보의 삶으로부터 그의 속도, 그의 삶이
오래고 오랜 세월 동안 지켜온 '멋진 완속緩速'을 빼앗을 수 있는가. 그의
'느린 움직임'은 그의 삶이고 그의 존재를 가능케 하는 지렛대인 것을! 밀
림密林에 살고 있던 그가 문명이라는 짙은 빛깔과 냄새를 맡는 순간 그의
속도는 흔들리고, 그의 내면의 고요한 흐름에 심한 파장이 일어, 종국에
는 그의 삶에 어두운 그림자가 드리워질 것이다. 사람 중에서도 '느린 학
습자'라는 이름으로 분류되는 '지적知的 장애자'의 느린 속도가 '장애障碍'
라는 이름 아래 놓여야 하는가. 몸의 속도로는 나무늘보보다도 훨씬 느린
스티븐 호킹의 '몸의 속도'는 또 어떤가. 나의 삶을 돌이켜 더듬어 보자.
유년기인 1940년대의 내 삶의 속도를 '하나'라 친다면, 오늘의 나는 환경
으로부터 오십 배나 빠른 속도로 삶을 지탱하도록 강요받고 있다는 느낌

이 내 심정적心情的 계산이다. 내 유년의 기억에는 텔레비전은 고사하고 어떤 전력이나 동력으로 움직이는 기구들에 관한 것들이 남아 있지 않다. 그러하니 나의 내면의 흐름은 그동안 얼마만큼이나 흐트러졌을까. 인간이라는 종種의 성정性情은 지독하기 이를 데 없이 질겨, 그의 속도들이 강압적으로 환경의 속도에 맞춰졌다 하더라도, 나의 내부는 적어도 그 반쯤은 흐트러지고 망가졌을 터이다. 심약心弱하고 인간적인 성품이 풍부한 사람일수록 심히 망가지고 병들었으리라는 것은 불문가지不問可知이다. 최근의 뉴스는, 와이파이, 스마트폰, 인터넷, 전자파로 피해를 당하는 도시인들이 전자파 차단막을 치거나 방지 시스템을 설치해야 할 정도로, 정상적인 생활이 어렵다는 실상들이 알려지고 있다. 도대체 문명이라는 것이 인간에게 주는 유익함이란 과연 무엇일까를 생각지 않을 수 없다. 무슨 별난 깨달음이라도 준단 말인가. 게다가, 위선과 허영이 판을 치는 정치적 현실, 경제적 현실, 군사적軍事的 현실 들이 오버랩하면서 우리의 판단에는 혼란이 가중되고 있다.

'나무늘보'를 생각함

앞서 '나무늘보'를 말했지만, 이 나무늘보가 내게 준 큰 깨달음이 있다. 그들은 애당초부터 표범의 속도에 비교될 수 없는 느린 속도를 부여받아 태어났다. 창조론에 의해서라면 그리 창조되었고, 진화론에 의해서라면 그리 진화되었다고 할 것이다. 식물과 동물이 모두 그러하고, 이들 가운데에서도 다양한 종種들이 그 존재들의 다양한 모양대로 그들 나름의 삶의 속도를 가지고 존재해 왔고, 존재해 있고, 존재해 가야 하는 운명이구나 하는 깨달음 말이다. 모든 존재들의 속도는 그 존재들의 가치價値 그 자체인 셈이다.

이 세상에 태어난 존재 가운데 인류人類란 언제부터인가 스스로 태어난 책무를 깨달아 '만물의 영장靈長'이라 스스로 일컬어 왔다. 어떤 독재獨裁 나라의 장군이 자기 자신의 어깨에 그 나라의 가장 높은 대장大將 계급장을 뻔뻔스럽게 스스로 붙여 달 듯이, 인간이 자신의 어깨에 '영성靈性을 가진 존재 가운데 으뜸'이라는 의미로 영장靈長 계급장을 자기 손으로 붙여 달았다고 하자. 이것이 무슨 의미인가. 가령 '만물의 영장'이라고 하는 뜻에 부합하려면, 삼라만상森羅萬象 가운데 이 지구와 우주의 온갖 존재들의 삶의 속도가 잘 영위될 수 있도록, 창조주 대신에 보살펴 줘야 하는 존재임을 자임自任한 게 아닌가. 창조론이 아니고 진화론에 의해서라면, 영장인 인간이야말로 다양한 존재들이 멸종되지 않도록, 마치 부드러운 '신神의 손길' 아니면 '우주의 섭리'에 따르도록 베풀어야 하는 지혜로운 존재임을 스스로 깨달았다는 징표 아닌가. 그러나 이 지구상의 모든 종을 보살핌은 고사하고, 인종人種 사이의 다양성마저 깨닫지 아니하고 인간들끼리도 싸우고, 심지어 형제들끼리도 서로 해코지하는, 다시 말하면, 인간끼리의 다양한 삶의 속도를 서로 인정하지 아니하려는 게 아닌가. 표범처럼 가장 빠르고 날카로운 이빨을 가진 삶의 속도에 무조건 가치를 부여하고, 이기는 자에게 무조건 상賞 주고 부추기는 일로 다양성을 파괴하는 게 영장이 하는 짓이라 정의하는 꼴 아닌가. 이런 세상에서 우리 '나무늘보'의 운명은 어찌 될 것인가. 더 가까이는, 인간 가운데에도 엄연히 존재하는 '인간 느림보'는 또 어찌할 것인가.

그리스도의 삶, 안중근의 삶, 슈베르트의 삶

그들은 모두 삼십 년을 막 넘긴 삶을 살았다. 그들의 숙명적인 삶은 과연 짧았는가. 아니다. 그들의 삶은 칠십을 넘어 산 나의 삶보다 결코 짧지 않았다고 생각한다. 아니 보편인의 수명보다 훨씬 길었다고 믿는다. 인간들이 애지중지 그리도 소중하게 자신의 육신肉身을 보듬어 수명을 연장해 보았자 기껏해야 백 년인데, 그들이 백 년 동안에 '인간의 가치'를 향해 무엇을 했다는 것인가. 저 세 분이 삼십 년 살아낸 삶에 비하면 보편인의 칠십 년은 무의미하다 할 삶이요 목숨 아니던가. 그러므로, 삼십 년의 그분들은 백 년의 우리들보다 몇 배, 아니 몇십 배 오래 살았다 할 것이다. 영성靈性을 가진 으뜸의 존재인 만물의 영장靈長 주제에 과연 현세에서 무슨 일을 어찌 해야 하는가. 묻고 또 물어야 한다.

쌀농사, 책농사, 사람농사

우리 인류에게 주어지고 있는 오늘의 근원적인 문제에 이르면서 나의 심경은, 지금 내가 태어나서 딛고 걷고 살아 있다가 종국엔 돌아가야 할 우리 '땅의 풍경'에 미치게 되었다. 인간이 어쩌다 이 꼴이 되었는가를 따지다가, 우리를 둘러싸고 있는 주위 곧 우리 땅의 풍경을 바라보게 되었다는 말이다. 나의 이 문제제기는 전혀 새로운 바가 아니다. 다만 과거와는 다른 문제가 제기되고 있어서이다. 아, 죽은 '땅의 풍경'이 우리 눈앞에 가로 놓여 있구나. 슬프구나. 저 죽은 땅, 죽어 가고 있는 '우리 할아버지들의 땅'이 우리 눈에 보이지 않는가. 이 땅은 안중근安重根 선배들이 그리도 아프게 되찾아 준 땅 아니던가. 그 오랜 세월을 우리 선조先祖들이 연년이 「농가월령가農家月令歌」를 부르며 가꾸어 오던 땅 아니던가. 오늘의 이 아름답던 조선 땅의 인간들이라면 어찌 죄책감 들지 않을 수 있다는 것인가.

나의 이런 생각이 아주 오랫동안 잠재해 오다가, 출판도시 진행의 어느 고비에서 문득 가슴을 요동치게 했다. 바로 그 순간이 지금으로부터 한 십여 년쯤 전이었다. 마침 출판도시 이단계의 마침표까지가 자신있게 내 시야에 들어오던 무렵이라 해야 정확한 표현이다. 출판도시를 향해 오랫동안 봉사해 온 내 직감으로 느낀 자신감 같은 것이었다. '이단계의 화살표가 다음엔 어디로 향하도록 해야지?' 하는 생각이었고, '죽어 가는 우리 땅 살리기'의, 그동안 참아 접어 두었던 나의 발심發心을 다시 꺼내들기 시작했던 것으로 기억된다. 일단계든 이단계든, 출판도시의 길이 멈춰져서는 안 된다고 확신했었다. 그동안에도 나는 '출판도시는 계속된다'고 노상 중얼거려 왔다. 그동안과 똑같은 형식이 아닌, 다음 단계의 방향을 미리 제시해 놓지 아니한다면, '역사의 단절' 같은 모양이 된다면, 출판도시의 과거와 현재와 미래 모두 무망無望의 상태로 서서히 가라앉게 될 것이었다. 출판도시의 공동체 정신이야말로 우리나라, 아니 온 세상을 향해 퍼뜨려야 할 거대한 가치이기에.

출판도시의 삼단계는 팜시티Farm City, 곧 농촌마을에 우리 고유의 문화인자文化因子를 되살려내면서 새로운 삶의 지혜를 조화시키는 일이었다. 여기에 '북book'을 살짝 얹어 '북팜시티Book Farm City'라 호칭하고자 했다. 이 제안을 자칫 잘못 읽어, 농촌을 산업단지로 개발한다든가, 도시화한다든가, 출판도시의 형태를 그대로 계속 진행하려 한다는 식으로 알아들으면 안 된다. 농업農業마을에 문명의 최소 조건과 책의 혼魂을 살짝 들임으로써, 농사짓는 이들을 도와준다고 이해해야 한다. 문화생활을 하도록 농민 도와주기랄까. 그들에게 '삶의 속도'를 찾아주자는 것이다. 착한 농부에게 '삶의 속도'를 되돌려 주기 운동이다. 팜시티에서 가장 중요한 것은, 그동안 정부가 툭하면 '개발開發'한다면서 땅 죽이기에 앞장서 왔기에, 이를 연상해선 안 된다는 점이다. 땅의 주인으로부터 땅을 절대로 빼앗지 않고, 땅을 살리면서 농사를 옳게 짓도록 도와주는 것이다. 아무리 도와준다 해도 도저히 농사를 짓지 못하겠다고 하는 이들에게는 후계자를 물색해 주어서, 땅 주인이 바뀌더라도 '땅의 역사'는 굳건히 이어 가게 한다는 것이다. 이런 설명으로 오해의 기본은 풀린다. 여기에 한 치의 오해가 있을 수 없다. 한 점의 술수術數도 숨겨진 바 없다는 사실이 이 계획의 값어치이다.

'책농장의 도시'라 불리는 북팜시티의 개념은 '쌀농사 책농사 사람농사'라는 세 기둥이 솥의 세 발처럼 흔들림 없이 버텨 주는 마을공동체 정신이다. 모두 알다시피 '쌀농사'란 농자천하지대본農者天下之大本이라는, 인간의 '참먹거리'를 거둬내는 일이요, '책농사'란 인간에게 기본인 '말 언어 글 문자 기록 책 미디어' 등으로 대변되는 것들을 소중히 모시며 관리하는 일이요, '사람농사'란 한마디로 '사람 가르침'을 말함이니, 이 세 가지야말로 인간사회의 기본틀이라 할 것이다. 이 셋이 자연스레 혼융混融되어 흐를 때 그 강江을 '지혜의 강' '평화의 강' '자유의 강' '사랑의 강' '풍요의 강'이라 부를 것이다. 이 강의 흐름이 지켜야 할 최소한의 지침이 있었으니, 우리의 오랜 전통은 이를 '향약鄕約'이라 명명해 왔다. 향촌규약鄕村規約을 줄여 일컫는 말이었다. 마을 사람이 지켜야 할 아름다운 약속이었다. 번개속도인 디지털시대에 존재할 향약은 과연 어떤 모습이어야 할까. 아니, 어떤 구조이어야 할까. 번개속도는 기능에게 맡기고, 사람으로 하여금 향약의 내면을 사유思惟케 하면서, 인간사회의 공동의 가치를 지켜내도록 해야 한다. 그리하기 위해, 우리는 '사람의 속도'를 이해하고, 이를 지켜내고 얻어내야 한다. 인간 고유의 속도를 얻어내지 못하고, 신기술이라 자랑하는 디지털의 무한 질주疾走에 편승해 자신의 무한 욕망을 내맡긴다면, 자멸自滅을 향해 달려가게 될 우리 미래의 모습은 불 보듯 뻔하지 아니한가.

출판도시가 발의되고 이룩해 온 가치와 성과를 앞으로 끊임없이 가다듬어내야 한다. 그리고 이를 지속가능한 상황으로 이어 가기 위한 지혜의 꽃을 피워내야 한다.

파티PaTI는 출판도시에 자생自生한 대안代案의 대학大學과 대학원大學院으로서, 2015년 대학원이 첫 졸업생을 내는 뜻깊은 해를 맞게 되었다. 그 학교의 교장인 안상수安尙秀 날개(파티에서는 교장을 '날개'라 부른다)는 학교 설립의 세 원칙을 무소유無所有, 무경쟁無競爭, 무권위無權威 등으로 해서 학교를 이끌겠다는 뜻을 피력해 왔었다. 그 깊은 뜻을 이해한 나는 물론 박수를 쳐 환영한 바 있다. 그러나 내 생각의 한켠에서, 그 원칙은 현실에 적합지 않은 모순을 내포하고 있음을 발견했고, 언젠가는 그 원칙에 어긋나지 않도록 대안을 일깨워야지 하고 있었다. 드디어 그때가 왔다. 학교 교실과 공간이 절대 필요함을 현실적으로 느낀 학교 집행부는, 이단계에 학교부지를 매입하자는 안이 나왔고, 날개는 큰 고민에 빠졌다. 소유하지 않아야 하는데 학교시설을 마련한다면 부동산을 취득해야 했기 때문이다. 그리하여 나는 그분을 조용히 만나, 다음과 같이 일깨웠다. "학교 시설을 소유함은, 소유하지 않을 가치를 얻기 위한 소유일 뿐입니다. 그리고 경쟁하지 않을 가치를 가지고 경쟁해야 합니다. 경쟁하지 않는다는 미덕美德만 가지고 현세에 처할 수는 없겠습니다. 또한, 권위를 추구하지 않는 모습으로써 참된 권위를 갖춰야 함이 진정한 교육이겠지요."

기록記錄되지 않으면 역사가 아니다

일연一然 스님이 『삼국유사三國遺事』를 엮어 기록하거나, 이순신李舜臣 장군이 『난중일기亂中日記』를 기록할 때나, 김구金九 선생이 『백범일지白凡逸志』를 적을 때만 해도 그 동기는 매우 순수했으리라. 매우 진솔했으며 진실성을 바탕으로 세워진 기록일 터이다. 만약 그같은 기록이 없었더라면, 그분들 개개인의 심중을 알아내거나 우리 역사의 사실을 짚어내는 데 공백이 얼마나 컸겠는가. 이런저런 역사의 사실만 둘러봐도, 기록의 중요성은 크게 설명이 필요치 않을 것이다. 출판이 제대로 서지 않는다면 개개 인간에서부터 한 사회와 한 국가를 넘어서서, 온 세상이 옳게 갈 것인가 하는 문제에 맞닿아 있다고 하겠다. 따라서, 옳게 기록되지 않는다고 한다면, 인류의 역사는 옳게 존재하지 못할 것임은 자명自明한 일이다. 책의 도시는 이

같은 크나큰 명분을 바탕으로 기획되었고, 서른 해가 되도록 우리가 집요하게 힘쓰는 이유가 바로 여기에 있다. 출판도시는 우리나라의 '기록의 산실産室'이므로, 이 도시의 건설과정 하나하나 꼼꼼하고 정확하게 기록해 왔으며, 지금도 그러하고, 앞으로도 철저히 기록해 나간다.

그래서 우리는 이 책마을을 가리켜 "출판도시는 기록하며 자란다"고 자랑하곤 해 왔다. 인간은 기록의 존재로서, 역사를 세워 나간다. 기록하지 않으면 역사가 아니게 된다는 사실을 명심해야 한다.

출판 관련 회사들은 말을 염殮하는 염소殮所 곧 염집들이라 할 것이며, 출판도시는 염집들이 모여서 서로 염 일을 나누고 힘을 합쳐 온 나라, 민족, 그리고 세계를 맑고 깨끗하게 하여, 행복하고 풍요로운 세상 만드는, 책농장의 도시인 것이다.

1

다시, 출판도시를 향하여

책마을 사람들의 다짐

서축공업기념관書築共業記念館 개관에 즈음하여

출판도시出版都市라 일컬어지는 우리 책마을 공동체가 팔팔 서울올림픽 무렵에 발의되어, 온갖 암중모색과 갖은 격랑을 헤쳐 온 지 어언 사반세기에 이르렀다. 다행스럽게도, 하나의 도시를 세워 보려는 지혜를 서구西歐의 도시사都市史에서만 찾지 아니하고, 이 조선朝鮮 땅의 역사 속에서 얻어 내려 했던 우리들의 노력이 새삼 떳떳하게 느껴진다. 그런 노력 가운데, '향약'으로부터 마을공동체의 혼魂을 찾으려 했던 발상은, 지금 생각해 봐도 놀랍고도 자랑스런 일이었다. 향약이란, 우리의 선인先人들이 이 땅과 이 역사 위에 이상향理想鄕을 세우리라 꿈꾸며 가다듬어 왔던 마을 자치규약이었다. 한국전쟁이 발발하던 1950년 성균관成均館에서 펴낸『향약집요鄕約輯要』란 소책자가 내게 있었다. 향약이 그동안에는 정암靜庵이나 퇴계退溪 또는 율곡栗谷에 의해 순한문純漢文으로 기술돼 왔는데, 광복과 함께 되찾은 우리말로 정리한 최초의 향약이라 믿어진다. 이 오랜 우리만의 향촌

鄕村 자치규약을 가지고, 그 글의 원래 뜻을 훼손하지 아니하면서 오늘의 문맥에 맞도록 다시 정리해, 넌지시 '책마을의 향약'이라 이름지어 작업해 본 것이 있다. 그 내용은 대개 다음과 같이 네 부분으로 나뉘어 있다.

첫째, 덕업상권德業相勸―좋은 일은 서로 권해 장려한다.
둘째, 과실상규過失相規―잘못된 행실은 서로 규제한다.
셋째, 예속상교禮俗相交―서로 사귐에 있어 예절을 지킨다.
넷째, 환난상휼患難相恤―어려운 일이 생겼을 때 서로 돕는다.

한 나라에는 국법國法이 있고 또 지방마다 법률과 규약이 있지만, 또한 마을마다 공동으로 지켜야 할 약속이 따로 필요했던 것이다. 출판도시 집행부는 추진 당초부터 이 향약의 문맥을 하나하나 짚어 가다듬으면서, 오늘의 감각과 인식의 수준에 적합하도록 여러 문건과 지침과 규칙을 만들어 왔다. 그 가운데 우선 이 도시를 이끌거나 이 도시를 대변할 가장 기본이 되며, 이 도시를 이해하는 데 키워드 곧 '열쇠말'이 되는 단어 넷을 설정하여 제시하고, 이를 실천해 왔던 것이다.

절제節制, moderation, 균형均衡, balance, 조화調和, harmony, 그리고 인간애人間愛, love 등이 그것이다. 이런 네 가지의 지향성을 구성원 모두가 공동의 가치로 합의한 다음 이를 높이 내걸어, 출판도시와 관련하여 일하는 사람들이나 이 도시를 바라보는 모두로 하여금 유념하도록 했다. 이 목표가 이 도시의 실제에서 이루어질 수 있도록 우리는 노력했던 것이다.

이런 우리의 이상을 구현시키기 위하여 건축주인 출판인들과 건축가들(도시계획가들, 조경가들 포함) 사이의 소통과 이해가 절대적으로 필요했다. 쓸데없는 이해상충과 몰이해로 충돌하는 일이 제발 없어야 했던 것이다. 그래서 준비한 것이 두 집단 간의 공동계약인 '위대한 계약'(일단계에서의 설계계약)과 '선善한 계약'(이단계에서의 설계계약)을 작성하는 일이었다. 그때마다 우리들 출판인과 건축가는 멋진 세리머니를 통해 공동계약식을 거행하여, 그 뜻을 세상에 널리 알렸다. 신뢰를 바탕으로 한 두 집단 간에 맺은 약속의 문맥을 보면, 우리가 참 많은 일을 이루어냈다는 자긍심自矜心으로 가슴이 뿌듯하다. 이 문건들은 앞으로 다가올 많은 난관을 헤쳐 나가는 데 우리로 하여금 큰 용기와 지혜를 불러일으켜 주고 있다. 이 계약서의 문맥에 드러나는 참뜻은 앞의 네 키워드 못지않게 이 도시를 이해하는 큰 열쇠가 되고 있다.

일단계를 어느 정도 마무리지은 시점에서 우리는 부단한 자세로 이단계 '책과 영화의 도시' 건설에 착수했다. 영화는 책에서 피어난 꽃이었다. 스토리나 서사敍事 없이 영화가 태어날 수 없듯이, '영화의 도시'는 '책의 도시'에서 드디어 꽃을 피우게 된 것이다. 우리 출판인과 영화인 들은 힘을 합쳐, 영화가 이곳에서 아름답게 피어날 수 있도록 영화를 위한 공동 시설을 마련하고자 했다. 영화 종합촬영소를 건설하게 되는데, 바로 그것이 그런 공동시설 가운데 하나일 것이다.

설계계약 과정에서, 그리고 착공 이후 시공의 진행 과정에서 수시로 아쉬움이 발생하곤 한다. 과정마다 더 적극적이고 야무지게 다잡아야 할 요소들이 순간의 실수로 간과되고 있음이 코디네이터와 집행부에 의해 지적되고 있다. 아무리 작은 원칙이라 할지라도 지켜지지 않을 경우 더 큰 파국으로 이어질 것이 뻔한 일도 비일비재하다. 어떤 원칙이든 당초부터 꼭 지켜져야 한다. 약속은 반드시 지켜야 한다. 지켜질 수 없는 원칙이라면 당초부터 세우거나 약속하지 말았어야 했다. 무엇보다도 건축주와 건축가 사이에는 신뢰가 지켜지고, 서로 존중돼야 한다. 그리고 질 좋은 책과 영화를 기획하고 생산해내기 위해서는 공간空間의 연출이 적절하게 이뤄져야 한다. 구성원들이 함께 수립한 도시계획의 지침에 맞도록, 개별 건축의 공간설계空間設計와 시공施工이 하나하나 철저하게 이뤄져야 한다.

다시 한번 강조하거니와, 공동설계, 공동시공, 공동감리(공동감독)를 반드시 이뤄내야 했다.

'책과 영화의 도시' 이단계 건설본부가 입주한 서축공업기념관으로써 공동성의 실천을 다시금 새로이 했다. 이 건축의 기획을 정확히 말하자면, 이 도시의 두번째 인포룸이다. 첫번째 인포룸은 1999년 9월 9일 개관한 일단계 건설본부 건물이다. 민현식 건축가에 의해 설계된 이 건축물은 이 도시에 처음 들어선 건축으로, '책의 도시'가 지향하는 방향타를 정확하게 잡아 이끈, 빛나는 업적을 이루어냈다. 출판도시 이단계 건설의 지휘소인 두번째 인포룸은 십사 년 만에 역시 민현식 건축가에 의해 설계돼 건립되었다. 그동안 출판인과 건축가 들이 협업을 통해 출판도시를 성공적으로 이뤄 왔다는 사실을 기념하는 뜻에서, 이 건물의 명호名號를 '서축공업기념관書築共業記念館'이라 호칭키로 하였다. 이 명호는 출판도시 조성 이십오 년의 역사가 출판인과 건축가가 협력하여 이루어낸 업적이라는 깊은 뜻을 담아 이를 기념하고자 하는 의도였다. 앞으로 이단계 '책과 영화의 도시'의 성과를 보아, 현재 계획하고 있는 '영화촬영소'와 같은 건물이 출판인과 영화인의 협업協業을 기리는 명칭으로 불릴 수 있게 될 것이다. 이같은 호칭 작업은 우리 출판도시를 명소화名所化하는 데 큰 역할을 할 것이라는 믿음에서 시도되고 있는 일이다. '서축書築'이라는 호칭은 2012년 가을, 일본 도쿄에서 중국과 일본, 한국의 주요 건축가와 북디자이너 들이 모여, '파주출판도시처럼 건축과 출판이 협력한다면 어떤 성취를 이룰까' 하는 실험을 통해 문화의 융합과 통섭의 결과 전시회인 「서축전書築展」을 열어, 이미 멋지게 원용된 바 있다. 따라서 '서축공업書築共業'이란 우리 출판도시를 대변하는 언어가 되었음을 알린다.

한편 엘에이치LH공사와 조합 사이에 그동안 토지대금 정산 문제로 크게 이견異見을 두어 왔는데, 일단계에서부터 당국의 불성실한 원가공개原

책과 영화의 도시 건설본부가 자리한 서축공업기념관(아래)과 개관식 기념사진(위). 2013. 10. 18.
출판도시 이단계인 '책과 영화의 도시' 건설본부로, 이 명호의 글씨는 중국 칭화대학교 뤼징런 교수가
주희朱熹의 글씨에서 집자集字해 주었다. 위 사진 왼쪽부터 이은(명필름 대표), 안상수(파주타이포그라피학교 날개),
김의석(영화진흥위원회 위원장), 김성섭(파주경찰서장), 장회운(예인미술 대표), 최정호(울산대 석좌교수),
안성기(영화배우), 김종규(삼성출판박물관 관장), 박영국(문화체육관광부 미디어정책관), 김창준(전 국회의원),
이인재(파주시장), 이기웅, 뤼징런(칭화대 교수), 김남조(시인), 김언호(출판도시문화재단 이사장), 이근삼(파주시의원),
민현식(건축가), 김영준(건축가), 강금실(전 법무부장관), 최선호(작가세계 대표), 필립 크리스토(건축가),
플로리언 베이겔(건축가), 권대현(파주시의원), 승효상(건축가), 양성전(목사).

價公開로 용지가격 정산에서 원만한 협의가 이뤄지지 않고 있었다. 그간 이 사장을 중심으로 하여 정확한 조성 원가표를 철저히 검증하도록 하는 작업을 진행해 왔다. 국가가 국책사업으로 진행해 오고 있는 국가산업단지 조성사업임을 감안하여, 당국의 행정行政 감시와 의회議會 감독이 최선을 다해 베풀어질 수 있도록 지속적으로 노력해야 한다. 어려운 현실 속에서 조합원들의 건축비용을 아끼는 데 집행부는 최선을 다해 노력해야 한다. 2013년 8월 20일 이사회에서 이 문제가 보고되어, 정해진 설계비 요율料率을 엄격히 지키도록 하는 것과, 건축의 조기 착공을 독려할 수 있게 연동해서 진행하도록 하는 결의를 한 바 있다. 이단계의 현장은 적기適期에 착공되고 완공되지 않으면 도시개발상 전체적으로 엄청난 차질과 손실을 야기시킬 것이므로, 그 시기를 철저히 지키는 일이 필수적이라는 사실은, 우리 출판도시 일단계에서뿐만 아니라 모든 조성사업에서 알 수 있듯이, 상식적인 일이다. 따라서 조기 착수한 경우와 착공이 지체된 경우의 사이엔 당연히 차별된 대우를 받을 수밖에 없다. 차별된 대우가 전체적으로는 공평성을 확보하는 일이다.

자본과 거대 공기업의 횡포에 맞서자

들어가며

출판산업구조를 혁신하고 이십일세기 출판문화를 이끌어 갈 출판문화정보산업단지 건설의 꿈을 키워온 지 어느덧 사반세기를 넘겼다. 불가능하다고 여겨졌던 우리 출판인들의 꿈은 일단계, 이단계 사업을 거치며 차츰 현실이 됐다. 버려졌던 한강의 황무지는 어느새 입주 사백여 개사, 고용 인원 육천여 명, 매출액 1조 7천억 원 규모의 세계적인 출판도시로 성장해나가고 있다. "가장 성공한 비정부기구NGO의 작품"(김윤기 전 건설교통부 장관), "삶을 풍부하게 할 공동성을 추구"(민현식 건축가)와 같은 찬사를 접어 두더라도 출판도시가 문화산업단지의 대표적인 성공사례임을 부정하는 사람은 찾기 어렵다.

황무지만 개척한 것은 아니었다. 우리는 이 도시를 한낱 출판시설의 집적지로서의 기능적 효율성만 추구하려 하지 않고 절제moderation, 균형balance, 조화harmony, 그리고 사랑love의 네 가지 지향성을 지닌 인간의 도시로 만들기 위해 노력해 왔다. 왜 이 도시를 기획했으며, 어떤 목표로 도시를 만드느냐는 질문에 대한 답변은 간단명료했다. "인간성의 회복을 위해서 이 도시를 만든다. 그러므로 이 도시는 인간을 위한 공간이어야 한다."

공동성共同性. 이 척박한 땅에 출판도시를 뿌리내리기 시작하면서 수없이 외쳤던 말이다. 우리는 현재 한국 사회에서 나타나는 왜곡된 도시풍경과 비인간적인 삶이 '공동성의 상실'에서 비롯됐음을 알고 있다. 때문에 출판도시 프로젝트를 기획하는 과정에서 끊임없이 이야기됐던 부분은 바로 '공동의 가치를 회복하는 것'이었다. 책 문화가 인간의 삶과 아름답게 조화를 이룰 수 있는 도시. 이를 실현하기 위해 서구의 도시화가 아닌 우리 고유의 아름다운 마을 자치규약인 '향약'을 정신적 규약으로 삼았던 것은 출판도시의 큰 성과 가운데 하나이다. 그 속에서 우리는 '위대한 계약'(일단계 설계계약)과 '선한 계약'(이단계 설계계약)을 체결하여 '공동성'을 실현하기 위한 활동을 진행했다.

하지만 일련의 과정 속에서 우리는 '공동성의 실현'이 냉혹한 현실 앞에 그리 녹록치 않은 작업임을 깨달았다. '공동성'과 '향약' 모두, 발상은 인문학적이었지만 막상 이루어지는 현실은 각박하며 이해관계의 복잡한 얽힘이었다. 이는 '인간의 도시'를 추구했던 출판도시의 추진과정에서도 적나라하게 드러났다. 자본의 논리 앞에 우리 출판인들이 얼마나 좌절하고 넘어지며, 또 그 상처를 딛고 일어나기를 반복했던가.

그 과정에서 우리 출판인들을 가장 괴롭혔던 곳은 다름 아닌 국가기관인 한국토지개발공사(엘에이치LH공사)였다. 과거 일산출판문화산업단지 추진과정에서부터 조성원가 부당이득 건까지, 엘에이치공사는 그간 출판도시 프로젝트를 진행함에 도움을 주기는커녕 사사건건 훼방을 일삼았던 존재였다.

일산신도시에서 쫓겨난 출판인들

엘에이치공사의 횡포는 사업 초기로까지 거슬러 올라간다. 주지하다시피 출판도시 사업부지로 맨 처음 논의됐던 곳은 일산신도시 개발이 한창이었던 고양시, 현재 와이시티Y-CITY라는 이름의 초고층 주상복합아파트단지가 지어지고 있는 백석동 일대가 그 후보지였다.

1988년 '출판문화산업단지 건설을 위한 발기준비위원회'를 거쳐 1990년 11월 '일산출판문화산업단지 사업협동조합'을 결성한 우리 출판인들은 이듬해인 1991년부터 정부 관련부처에 출판단지의 필요성을 설명하고 부지확보 노력을 본격화했다. 그 결과 당시 개발계획이 한창이던 일산신도시 내에 33,581평의 유통업무설비용지를 출판단지를 위한 공공시설용지로 전환시키는 단계까지 성공했다. 우리 출판인들의 땀과 노력이 마침내 결실을 맺으려던 순간이었다.

하지만 토지분양을 담당했던 엘에이치공사는 터무니없는 분양 가격으로 우리의 꿈을 좌절시켰다. 평당 347만원. 담당부처였던 유통산업 근대화 추진위원회에서 제시한 가격(125만원)의 두 배가 훨씬 넘는 수치였다. 도저히 납득할 수도, 수용할 수도 없는 터무니없는 감정가격이었다.

어쩌면 이러한 결과는 그전부터 예정되어 있었던 것인지도 모른다. 이미 부지선정 과정부터 엘에이치공사는 공문을 통해 "협동조합이 직접 단지조성과 기반시설을 시행하는 것은 곤란하다"며 으름장을 놓는 등 극심한 권위주의와 고식적인 방식으로 조합을 압박해 왔다. 공급가격이 발표된 후 가격을 협의해 보자는 요청 또한 철저히 외면당했다. 아니 무시당했다는 표현이 적절하다고 볼 수 있다. "돈도 없는 출판인들이 무슨 땅을 사서 단지를 조성하느냐"는 식의 고압적인 태도만이 존재했다.

'뜻과 의지를 모아 좋은 책을 만드는 공간을 만들어 보자'는 우리의 첫 시도는 그렇게 좌절되고 말았다. 이후 이사장의 대통령 면담 등을 통해 현 파주출판도시 자리에 둥지를 틀 수 있게 됐지만, 이미 우리 조합원들의 마음에는 커다란 멍이 들고 난 뒤였다. 출판문화산업단지 조성이 백지화될 위기에 처했다는 소식에 고양시민들을 중심으로 하는 유치운동이 대대적으로 전개되기도 했지만, 엘에이치공사의 답변은 여전히 완고했다. 용지 공급방법 및 해당부지의 공급가격 조정은 불가하다는 것이었다.

하지만 우리 출판인들을 내쫓은 엘에이치공사는 정작 그 땅을 어떻게 사용했나. 유통업무설비용지였던 33,581평의 부지는 2004년 평당 191만 원이라는 헐값으로 요진산업(주)에게 넘어갔으며, 그곳에는 현재 지하 4층에서 지상 59층에 이르는 어마어마한 용적률을 자랑하는 주상복합아파트가 지어지고 있다. 그리고 엘에이치공사의 횡포에 의해 출판단지를 떠나보낸 고양시는 자족도시의 기능을 상실한 채 여태껏 베드타운의 이미지에서 벗어나지 못하고 있는 상황이다.

사업과정에서 나타난 엘에이치공사의 횡포

우여곡절 끝에 우리 출판인들은 1998년 파주시 교하면 문발리 일대에 국가산업단지인 파주출판문화정보산업단지 부지매입계약을 체결하고 기반시설 공사를 착공했다. 1989년 출판단지 추진위원회 발기준비위원회를 구성해 '출판관련 산업의 협동화사업계획'을 시작한 지 정확히 십 년 만에 이룬 역사적 성과였다. 하지만 자본의 논리로 점철된 엘에이치공사의 전횡에 맞서 공동성의 가치를 지키기 위한 우리 출판인들의 투쟁은 아직 끝난 것이 아니었다.

오직 매각 면적 확보에 혈안이 된 엘에이치공사가 처음 시도했던 것은 바로 출판도시 중심을 가로지르며 흐르는 갈대샛강을 메우는 사업이었다. 하천을 흙으로 매립해 가용면적을 확대한다는, 너무나도 반생태적이고 자본 중심적인 계획에 우리는 아연실색하지 않을 수 없었다. 인위적인 훼손으로 인해 갈대샛강이 심각하게 위협받을 지경에 이르게 되면서 우리 조합 집행부는 면밀한 계획 아래 대대적인 환경보전운동을 전개했다. 이사장이 직접 현장을 답사해 '갈대샛강 탐사 보고서'를 만들었으며, 이를 전문가 및 관계기관에 전달해 생태적 가치를 지켜야 한다는 점을 호소했다. 그 결과 갈대샛강은 현재의 모습을 유지한 채 우리 출판도시의 명물로 자리매김할 수 있었다.

이뿐만이 아니었다. 엘에이치공사는 '협동화를 통한 공동성의 추구'라는 가장 핵심적인 가치를 지키려는 우리 노력에 대해 끊임없이 방해공작을 펼치며 자본의 논리로 대응해 왔다. '좋은 책을 만드는 환경을 만들자'는 의지로 출판도시를 탄생시킨 위대한 출판인들의 노력이 엘에이치공사에게는 단순한 돈벌이 수단으로 비쳐질 뿐이었다. 이같은 만행은 이단계 사업을 거치며 더욱 노골적으로 드러났다.

일단계의 성공적인 개발사례에 고무된 우리 출판인들은 출판단지의 관리권자인 문화체육관광부 장관의 승인 아래, 2005년부터 이단계 건설추진을 위한 구체적인 논의에 들어갔다. 일단계 사업의 축적된 경험과 능력, 노하우 등을 이단계 사업에서도 적극적으로 활용해 일단계와 이단계를 하나의 협동화 사업 프로그램으로 묶어내는 것이 우리의 목표였다. 하지만 엘에이치공사는 이단계 사업이 협동화방식으로 진행되는 것을 원하지 않았다. 뒤에서 자세히 논할 부분이지만, 일단계 과정에서 펼쳐졌던 조성원가 정보공개청구 소송 등 조합 차원의 집단적 대응을 사전에 무력화시키는 한편, 단지 내 부지들을 자신들의 입맛에 맞춰 팔아치우기 위함이었다.

이단계 협동화사업 추진이 한창이던 2006년 8월, 엘에이치공사는 '파주출판문화단지 이단계 조합원 모집 중단 촉구'라는 제목의 공문을 통해 "조합의 이단계 사업 입주자 모집 및 개발계획 배포는 사업시행자인 이 공사의 사업시행권한을 침탈함은 물론 (…) 모집행위를 지속할 경우 법적조치를 포함, 강력하게 대응하겠다"며 우리 조합의 정당성을 훼손했다. 1991년 경기도지사로부터 경기도 일원에서 협동화사업을 추진하도록 사업조합설립인가(인가번호 제46호)를 받은 이후, 출판인들의 피와 땀으로 일궈낸 출판도시의 그간 성과들을 원점으로 되돌리고 이단계 사업의 주도권을 자신들이 독차지하겠다는 속셈이었다. 생태적, 건축미학적으로 우수한 도시를 만들기 위해 땅 하나를 배분함에도 조합의 주도하에 심혈을 기울였던 일단계 조성사업과 달리, 무계획적으로 토지만 적당히 잘라 매각하는 잘못된 관행이 이단계 사업에서 되풀이될 위기에 처한 것이다.

우리 조합은 즉각 반발했다. 엘에이치공사 사장을 상대로 "출판인들의 협동화사업계획을 폄훼, 방해하는 일련의 과정들에 대해 공식적인 사과와 해명을 요구"하는 한편, 문화체육관광부 및 관련기관에 협동화사업의 조속한 추진을 위한 적극적인 협조를 요청했다. 현행 산집법(산업집적활성화 및 공장설립에 관한 법률)은 사업시행자인 엘에이치공사가 개개별로 입주계약과 토지분양계약을 체결하도록 되어 있지만, 출판도시의 경우 '문화산업'이 갖는 특성상 입주자들이 생태·문화도시라는 어젠다에 동의해야 하기 때문에 협동화사업은 필수적일 수밖에 없었다.

관리기본계획 변경안 등 관련법규를 정비하고 마침내 출판도시 이단계 용지분양을 시작하는 데 걸린 기간은 자그마치 오 년여. 이 사이 협동화사업에 참여하고 있던 백십여 개 업체들의 재정적 손실은 눈덩이처럼 불어 가고 있었다. 일부는 조합에서 떨어져 나갔으며, 남은 이들도 마음에 큰 상처를 입은 채 이단계에 참여할 수밖에 없었다.

우여곡절 끝에 이단계 협동화사업이 추진됐지만, 문제는 끝난 것이 아니었다. 급기야 2009년에는 조합과의 일절 협의 없이 이단계 상업업무시설용지 분양을 불시에 시행, 롯데쇼핑을 최종 낙찰자로 선정해 큰 파문이 일기도 했다. 단지를 지원하는 목적의 시설이 들어와야 할 자리에 상업이익을 목적으로 하는 대형 프리미엄 아울렛이 들어서게 된 것이다. '위대한 계약'과 '선한 계약'으로 대변되는, 공동성의 가치를 이야기하는 출판단지의 정체성에 어울리지 않는 업체를 들여온 것은 이치에 맞지 않는 처사였다. 게다가 출판도시 이단계 사업은 영상, 소프트웨어, 전시, 공연 등 다양한 미디어콘텐츠산업을 포괄하는 문화산업도시 콘셉트로 추진하려던 참이었다.

우리의 반발이 거세지자, 이재오 당시 국민권익위원회 위원장이 이곳 출판단지를 직접 방문해 문제 해결을 위한 간담회를 열었다. 이 위원장은 출판인들의 의견을 무시한 채 사업을 강행했던 엘에이치공사 담당자를 크게 질타했지만, 이미 계약까지 완료된 입점 결정을 뒤집기는 곤란한 상황이었다. 그렇다고 상업업무시설용지를 우리 조합이 매입할 수도 없는 노릇이었다. 대신 롯데쇼핑을 조합에 참여시키는 한편, 출판도시의 역사성을 공유하고 도시의 콘셉트에 맞춰 상업 및 문화시설을 혼용개발하기 위해 상호 조율하는 것으로 협의를 마무리지었다.

하지만 정작 일을 벌여 놓은 엘에이치공사는 공공문화시설로 분양해야 할 부지에 임시주차장을 마련한 뒤 롯데쇼핑에 임대하는 대가로 보증금

사억 원에 매달 육천만 원의 임대료를 받아내는 등, 아직까지 땅장사의 근성을 서슴없이 부리고 있다. 이러한 부당이득은 추후 법적소송 등을 통해 반드시 되찾아 와야 할 부분이다.

조성원가 문제

지난 2005년 우리에게는 한 가지 반가운 소식이 전해졌다. 엘에이치공사를 상대로 한 조성원가 산출내역 비공개처분의 취소를 요구하는 소송이 일심에서 승소했다는 내용이다. 위 판결은 대법원에서 항소가 기각되고 엘에이치공사가 2007년 3월 9일 상고를 취하함으로써 확정되었다. 조성원가 산출내역의 공개문제가 해결됨으로써 이제 우리는 조성원가 부풀리기로 출판인들을 우롱한 엘에이치공사에게 부당이득 반환을 요구하는 싸움을 시작하려고 한다.

조성원가 부풀리기 의혹은 1998년 출판단지 일단계 추진사업 때부터 제기됐다. 당시 '출판단지 조성원가 산출내역'을 처음 접하고 우리가 가졌던 느낌은 '당혹감' 그 자체였다. 산정방식에 대한 구체적인 설명 없이 엘에이치공사의 일방적인 산출방식으로 나온 공급가격에 부당함을 느낀 우리 조합은 분양예정 가격 분석자료 및 산출내역에 대한 의견을 첨부해 엘에이치공사 측에 제시했다. 하지만 회신내용은 "출판단지의 공급가격은 관련 법률과 공사규정에 따라 적정하게 산정됐으며, 최대한 조성원가를 낮춰 사업을 추진하고 있다"는 것이었다. 결국 총 308억 1,747만 원의 금액으로 부지매입계약을 체결할 수밖에 없었다.

이단계 조성원가 부풀리기 문제는 더욱 심각하다. 2009년 엘에이치공사는 이단계 토지단가심의위원회를 개최해 평당 186만 4천 원의 조성원가를 조합에 통보했다. 자체 추정금액인 평당 101만 9천 원에 무려 두 배 가까이 부풀려진 '뻥튀기'된 금액이었다. 더 황당한 것은, 이후 세 차례에

출판도시 이단계 부지. 2014.
왼쪽 사진은 북쪽에서 남쪽을, 오른쪽 사진은 남쪽에서 북쪽을 바라본 모습이다.

거쳐 엘에이치공사에서 보내온 조성원가 총괄 산출내역이 매번 상이한 가운데(2010년 5월 평당 152만 8천 원, 2013년 7월 평당 137만 2천 원, 2013년 8월 평당 133만 8천 원) 조성원가 산정을 위한 세부적인 근거자료 공개를 계속해서 거부하고 있다는 사실이다.

　지금까지 나온 자료를 면밀히 검토한 결과 엘에이치공사에서 제시한 과도한 조성원가에는 '용지비 과다 책정' '조성비 과다 책정' '자본비용 중복 책정'의 문제가 있었음을 확인할 수 있었다. 자본의 논리로 똘똘 뭉친 그들은 우리 선량한 출판인들을 상대로 사기를 쳐서 자신들의 뱃속을 채우는 데 여념이 없었던 것이다.

　애당초 우리 조합에서 엘에이치공사에 원했던 것은 산업단지에 대한 정상적인 조성원가 산정이었다. 조성원가를 적법하게 산출하고 그 근거자료를 투명하게 공개하면 될 문제였다. 하지만 엘에이치공사는 그간 우리의 정당한 문제제기가 마치 돈 몇 푼 깎기 위한 의도인 것마냥 조합의 조성원가 산출자료 세부내역의 공개요구는 철저히 외면한 채 조성원가를 점차 낮게 책정하는 방식으로 우리를 기만해 왔다.

　출판인들을 우롱하는 엘에이치공사의 만행은 비단 이번 한 번만은 아니다. 하지만 그간 열 차례가 넘는 조합의 조성원가 세부내역 요청에도 아랑곳없이 일방적으로 공급가격을 책정하는 태도는 우리의 자존심마저 무너뜨리는 행위였다. 게다가 터무니없는 조성원가로 인해 피해를 입은 조합원들의 권익을 위해서라도 이번만큼은 결코 그냥 넘어갈 수 없다는 공감대가 형성되고 있다. 이러한 점들이 바로 이 시점에서 우리가 엘에이치공사를 상대로 조성원가에 대한 부당이득 반환소송을 진행하고자 하는 이유다.

마무리하며

돌이켜보면, 출판도시는 '눈보라 속에서 피어난 한 떨기의 설중매'와 같은 존재였다. 1980년대 북한산과 도봉산을 오르며 현대적인 출판유통문화센터 건설을 꿈꿔온 출판인들의 땀과 노력, 추진과정에서 수없이 좌절하면서도 의지를 갖고 일어선 우리 조합원들의 인내심이 현재의 '세계에 유례없는 출판 클러스터'를 만든 원동력이었다. 2006년 제3회 '대한민국 토목 건축대상 조경부문 최우수상' 수상부터 2012년 제6회 아랍에미리트 '셰이크 자이예드 도서상 문화기술 부문 최고상' 수상, 2012년 '대한민국 디자인대상 디자인경영부문 대상인 대통령상' 수상, 2012년 5월 '중소기업중앙회 창립 오십 주년 공로패' 수상, 그리고 올해 산업통상자원부 선정 '우수디자인 산업단지 최우수상'까지. 지난 이십오 년간 이룩해 온 출판도시의 성과들은 오롯이 '공동성의 가치'를 지켜 가며 협동화사업을 벌여온 우리 조합원들이 만든 결과물이라고 보는 것이 당연하다.

반면 엘에이치공사는 어떠했는가. 사업 초기부터 터무니없는 분양가를 들어 출판인들을 일산신도시에서 쫓아냈을 뿐만 아니라 분양과정에서 조성원가를 부풀려 조합으로부터 부당이득을 취하려 하고 있다. 또한 출판도시의 성과를 가로채려 하고, 이단계 협동화사업을 끊임없이 방해해 왔다. 지금도 엘에이치공사는 자신들의 이윤을 극대화하기 위해 이곳 출판도시에 대한 전방위적 개입을 시도하고 있는 상황이다.

지금 이 시점에서 우리 출판도시의 정신적인 감리인 안중근安重根 님을 다시 한번 떠올려 본다. 엄혹한 일제 치하에서 자신의 목숨을 내던지며 우리 민족에게 희망과 용기, 그리고 자존을 일깨웠던 안중근 님의 의거는 '공동성'에 가치를 둔 최고의 미덕이었다. 아울러 안중근 님은 역사에서 박제화된 존재가 아니라 오늘 우리의 구체적인 삶 속에 존재함으로써 이 도시에서 행해지는 출판과 건축, 그리고 삶 속에 깊숙이 자리잡고 계시는 살아 있는 정신이기도 했다. 우리는 출판도시를 추진하는 내내 그분의 정신에 어긋남이 없는지 거듭 헤아렸으며, '안중근 정신'으로라면 어떠한 일이든 의연하게 해낼 수 있으리라 굳게 믿게 되었다.

이에 우리 출판인들은 '안중근 정신'으로 오늘 이 자리에서 엘에이치공사의 횡포를 고발하고 공개적인 사과를 요구하는 결의문을 선포한다. 우리 투쟁의 시작은 부당이득에 대한 반환소송이지만, 궁극적인 목표는 국가자본의 상징인 엘에이치공사로부터 '공동성의 가치'를 되찾기 위한 여정이 될 것이다.

개발 권력을 남용해 가난한 중소기업을 핍박하는 가운데에서도, 국민들의 재산으로 만든 공기업의 살림을 흥청망청 요량 없이 경영해 백조 원이라는 천문학적 수치의 빚을 진 이 범죄적인 공기업은 마땅히 우리 사회의 심판을 받아야 한다. 아울러 자본의 논리가 지배하는 이 '공포의 시대'에 단순히 생계를 연명하는 것이 아닌, 좀더 인간적이고 아름다운 삶을 살아가기 위해 우리는 국가와 자본으로부터 출판도시의 가치를 지키기 위한 운동을 펼쳐내야 한다.

책농장의 도시,
새로운 공동체를 꿈꾼다

육신肉身과 영혼靈魂의 모태, 대지大地

우리가 딛고 서 있는 지구, 은하계銀河系에서도 한 행성行星인 지구를 감싸 존재하는 지각地殼이요 지표地表인 우리의 이 땅은 과연 언제 생성되었는 가. 그 이룩해 온 역사를 더듬어 보면, 인간의 역사로서는 감히 비교할 수 없을 만큼 까마득히 길고 오랠 터이다. 다시 말하면, 우리 인간이 이 땅 위에 발붙이며 존재를 드러내기 훨씬 이전부터 땅의 역사는 시작되었다. 땅은 오래고 오랜 시간을 거쳐, 인간뿐만 아니라 우리를 둘러싸고 있는 모든 생명체들을 태어나게 하고 생성을 이어 나가게 하는 모태母胎였다. 그리하여 이 땅은 우리 인간을 낳고 키워내는 '어머니'였다. 어머니이신 대지大地는 우리에게 육신肉身을 주었고 영혼靈魂을 주었다. 종래에는 그 영 혼과 육신을 그곳에 묻게 될 터이다. 우리에게 영靈과 육肉을 함께 나누어 주었으며, 다시금 우리 영육을 받아줄 대지는 과연 지금 어떤 얼굴을 하 고 있는가.

탐욕과 가식의 땅

한마디로, 우리나라 거의 모든 땅은 죽은 표정을 하고 있다. 탐욕으로 찌든 인간들이 '소유所有'라는 이름 아래 땅을 짓밟으면서 땅을 더럽히거나 죽이고 있다. '땅 기운'〔地氣〕은 찾기 힘들고 '땅 영혼'〔地靈〕은 사라졌다. '땅 박동'〔地脈〕은 멈춰 더 이상 뛸 줄 모른다. 모든 생명의 모태였던 이 대지에서 바람직한 어떤 참생명이 태어나기를 기대할 수 있을 것인가. 이런 '가식假飾의 땅'에서는 거짓 생명과 거짓 꽃, 거짓의 잎만이 무성할 수밖에 없을 터이다.

부富와 공간의 위기

팔십년대 내내 나는 우리 국토 이곳저곳을 여행하면서 이른바 '땅 공부'를 열심히 했던 적이 있다. 땅을 향한 배움은 놀랍도록 나의 삶을 변화시켰다. 나로 하여금 땅의 원리와 땅의 가치에 눈뜨게 했다. 그리하여, 아름다운 우리 땅 위에 세워진 인공구조물에 시선이 미칠 때마다 나의 눈은 고통으로 일그러지곤 했다. 도시나 건축은 가시적인 유형의 소산이므로, 자연과 똑같이 우리 인간에게 중요한 환경이 된다. 따라서 우리 땅에 놓인 도시와 건축은, 좋은 것은 퍽 좋게, 나쁜 것이라면 퍽 나쁘게 결과하여 우리로 하여금 크게 영향받도록 한다는 사실을 알게 되었다. 몹쓸 가시적인 것 때문에 훌륭한 정신의 영역까지 함께 망가진다는 사실을 확인하게 되고, 따라서 그 땅에 발을 붙이고 사는 인간들의 생각과 말과 행동이 인공구조물인 도시와 건축에 크게 작용한다는 사실을 깊이 깨닫게 되었다. 이같은 생각을 굳히게 된 또 하나의 계기가 있었다. 출판도시를 조성하기로 하고 그 실천 단계에 착수하던 1989년 7월 무렵, 한 신진 사회학자의 논문을 접하게 되었다. "한국의 공간환경의 위기적 상황"에 관한 신랄한 비판의 글이었기에, 내가 하고 있는 일과 맞물린 내용이라, 나는 많은 공감을 가지고 그 글을 읽고 또 읽었다. 우리의 도시화都市化와 자본주의화 과정은 상당한 물질적인 부富를 축적했지만 심각한 사회경제적 모순을 심화시켰으며, 이 모순들이 공간환경의 위기적 현상을 야기시키고 있다는 주장의 글이었다. 참으로 옳은 글이었다.

절제, 균형, 조화, 그리고 사랑

이 주장은 사반세기가 지난 오늘에도 유효했다. 아니, 심각한 사회경제적 모순이 우리의 발목을 잡게 되리라는 그 예언적 주장이 오늘에 와서 더욱 극명하게 드러나고 있는 것이다. 다시 말하면, 피폐해진 농어촌마을, 난개발의 도시화, 부동산 투기와 주거의 기형적 현상 등, 오늘의 우리 공간환경의 위기적 모습은 더 이상의 경제성장은 물론 정신문화적 성장까지도 불가능하게 할 뿐만 아니라, 국가 정치체계의 정당성마저도 위협할 정도로 우려된다는 지적이었다. 이 학자의 경고는 오늘의 우리 경제 정치 사회의 현실을, 그리고 문화의 현실을 다시금 반성하게 하지만, 이십여 년 전 그 당시로서도 나를 크게 격발시키면서, 출판도시에서 내가 해야 할 일에 관해 골똘히 사유하도록 고무하였다. 절제節制, moderation 균형均衡, balance 조화調和, harmony, 그리고 사랑愛, love이라고 하는 출판도시의 지침을 추출해내는 시작점을 찾은 것도 이 무렵이 아닌가 기억하고 있다.

참된 생각을 담아낼 공간

우리는 도시와 건축, 그리고 마을공동체의 시설에서 무엇을 구하는가. 이 공간에서 몸과 마음의 안식을 얻고, 일상을 편히 보람되게 일하면서 살자는 게 바라는 바일 것이다. 그러니까 오늘의 우리 솜씨로 마을을 조성하여 집 짓고 길을 내어 다리를 놓거나 하는 모든 인공구조물에서는 정신의 안정을 얻고, 위안을 얻고, 인간으로서의 대접을 받으려는 최소한의 소망과 목표가 있을 터이다. 그러나 실제로 꼼꼼이 살펴보면, 이 속에서 인생살이를 경황없이 살다가 종국에는 우리의 영혼을 편히 뉠 만한 공간조차 마련하지 못하고 허둥대다가 삶을 초라하게 마치곤 하는 게 대부분이다. 다시 말하면, 어느 순간에 우리 주위를 살펴보니, 우리의 참된 생각을 담아낼 만한 건축공간을 눈씻고도 찾아내기 어려워져 있음을 문득 깨닫는다. 더욱 슬픈 것은, 이런 속에서 서로 부대끼면서 사는 우리들의 삶은 옹색할 대로 옹색해 있어, 끝내 악순환의 고리를 영영 끊어낼 수 없는 지경에 이른다는 비극적 현실을 보는 일이다.

땅을 살리는 겸허한 자세

"인류의 역사는 황폐의 역사"라고 극언極言을 한 환경운동가가 있지만, 나는 이 말에 빗대어 우리 도시문화와 건축의 현대사는 그야말로 황폐의 역사였다고 서슴없이 말한다. 효율성을 앞세운 독재체제가 불러온 이유도 있지만, 무엇보다도 지식인들의 나태함과 방만함이 이 지경을 불러온 가장 큰 책임이었다고 감히 자책하는 것이다. 이처럼 무성한 거짓들은 우리를 멸망의 나락으로 서서히 미끄러져 내리려 하고 있다.

나쁜 진행을 멈추게 하자! 절망을 향한 행진을 끝내게 하자! 하고 나는 매일매일 외친다.

땅을 살리자. 우리는 우리가 살고 있는 동안 땅을 잠시 맡아서 보살피는 것일 뿐이지, 땅을 영원토록 소유한다는 것이 어찌 가능한 일이겠는가. 땅, 우리의 어머니인 대지 앞에서는 어떤 오만함이나 탐욕을 허락해선 안 된다. 이렇듯 땅을 대하는 우리들의 겸허한 자세야말로 땅 살리는 첫번째의 태도일 터이다. 요즘 우리 정치지도자가 지도이념으로 꺼내어 주창하고 있는 말 '창조경제創造經濟'란 바로 이런 태도가 전제돼야 함을 가리킨다고 믿는다. 우리들이 발을 딛고 삶을 영위하고 있는 토대土臺, base가

병들어 있을 때, 과연 우리의 경제활동이 창조적으로 존재할 것인가. '경제經濟'의 어원語源인 '경세제민經世濟民'의 뜻을 곰곰 살펴보자.

"농자천하지대본農者天下之大本."

나는 '가와지볍씨'를 놓고 고양高陽이라는 도시의 역사를 더듬어 논의할 때, '농사農事'란 말을 비롯해 농업農業, 농구農具, 농작農作, 농자農資, 농정農政, 농우農牛, 농번기農繁期, 농군農軍, 농인農人, 농부農夫, 농민農民, 농토農土, 농림農林, 농무農務, 농경農耕, 농요農謠, 농예農藝, 농촌農村, 농원農園, 농장農場, 농한農閑, 농학農學, 영농營農, 귀농歸農, 대농大農, 소농小農, 호농豪農, 타농惰農, 선농善農과 같이 농업과 관계됨을 가리키는 다양한 말들을 떠올리지 않을 수 없다. 이처럼 농사에 관련한 다양한 말들이 있음은, 농업 또는 농사일이 우리 생활 깊숙이, 몸에 배듯, 유전인자처럼 우리 내부 깊숙이 스며 있음을 표상한다고 말할 수 있겠다. 후기산업사회 또는 정보화시대라 일컬어지는 우리시대에 태어난 신세대들마저도, 땅 갈아 씨앗 뿌려 싹틔워 가꾼 다음 열매를 거둬들이는, 인류의 오랜 농사행위를 향한 향수는 모두가 공유하고 있는 처지라고 믿는다. 어찌 보면, '농자천하지대본農者天下之大本'이란 말은 인류 보편의 심성이요 불변하는 가치관일 터이다.

가와지볍씨가 주는 교훈

평소 존경해 마지않는 고고학자 손보기 교수와 이융조 교수가 일산一山신도시 개발 당시 가와지마을에서 발굴한 볍씨는 우리 인류사人類史나 도시사都市史, 사회사社會史를 살피는 중요한 단서를 우리에게 주고 있긴 하지만, 그보다는 더 크고 심오한 의미를 우리에게 던져 주고 있다. 우리 한반도는 물론, 특히 이 고양이라고 하는 도시야말로 농경의 역사가 깊고 오래 되었음을 시사하고 있는 것이다. 부동산 투기와 난개발과 아파트 흉물로 대변되는 우리의 도시문화는 우리 조국이 어쩔 수 없이 겪어야 할 운명이었다는 '숙명론宿命論'으로 받아들인다고 하더라도, 늦었다고 생각되는 지금부터라도 우리는 우리 땅을 향해 크게 마음을 열어야 할 터이다. 우리 마을공동체와 도시문화의 체계를 다시금 가다듬어야 할 순간에 와 있음을 깊이 깨달아야 한다.

출판도시의 과거와 현재, 그리고 미래

일산신도시 계획이 입안立案될 당시를 돌이켜보면, 출판단지 계획은 이 신도시 계획과 깊게 맞물려 있었다. 당시 신도시란 언제나처럼 서민의 주택문제를 해결하기 위해 계획되었으며, 일산은 '주택 육백만호 건설사업'에 주안을 둔 도시계획의 일환이었다. 따라서 도시계획이라야 주택 외에는 정부 공공기관을 적당히 분산 배치하거나, 이 도시가 적어도 베드타운은 되지 않을 것이라는, 그럴 듯한 그림 계획을 늘어놓고 아파트분양을 촉진키 위한 미끼로 던지곤 했던 계획 속에, 우리들의 '순진하고 순박한' 출판단지 계획이 처음서부터 들어가 있었다. 순수하다 못해 천진난만했던 우리 책장이 출판인들은 참으로 열심히 뛰었다. 장사꾼보다도 더 가혹했던 토지개발공사라는 기관은 온갖 수단을 동원해 땅값 올려받기에 몰두함으로써 도시의 균형발전에 찬물을 끼얹으면서 이 아름다운 국토를 추악한 욕망의 그늘로 얼룩지게 했던 것이다. 터무니없는 땅값 때문에 일산을 포기하고, 다시 많은 시간과 노고 끝에 현재의 출판단지 부지로 바뀌어 간다는 발표가 나가자, '책의 도시'를 기대하면서 일산의 아름다운 모습을 꿈꾸며 주거공간을 분양받아 입주를 기다리던 많은 선량한 서민들의 실망에 찬 얼굴표정을 나는 잊지 못한다.

일산을 포기하고 부지계획을 파주로 생각을 바꾼 때가 이미 이십여 년의 세월이 흘렀다. 그동안 파주출판문화정보정보산업단지는 일단계 조성을 성공적으로 끝내고 이단계 조성을 지금 한창 진행하고 있는데, 지금

출판도시 삼단계 '책농장의 도시Book Farm City' 예정 부지. 2014.(위)
출판도시 삼단계는 현 출판단지와 맞닿아 있는 자유로변 백만 평의 땅에, 기존의 절대농지는 그대로 살리고,
약 15퍼센트 정도의 개발을 가하는 프로젝트이다. 건강한 쌀을 생산하는 농부들과 함께, 건강한 책을
지음으로써 책과 농사가 같은 정신으로 공존토록 하려는 것이다.

고양 600년 기념 학술 세미나 「한반도 벼농사의 기원과 고양 가와지볍씨의 재조명」. 2013. 4. 29.(아래)
고양시에서는 경기도와 함께 '책농장의 도시' 프로젝트를 오래전부터 주목해 왔다.
한반도 최초로 벼가 재배되었던 땅임을 증거해 주는 '가와지볍씨'의 역사성을,
우리는 '책농장의 도시'에서 창조적으로 이어 갈 것이다.

으로부터 이삼 년 안에 조성을 성공적으로 끝내리라는 전망이다. 일단계
와 이단계를 성공함으로써 출판단지는 책과 영화를 중심으로 한 세계적
인 문화예술도시로의 성공을 기대하고 있다. 파주에서 성공한 출판도시
가 당초에 자리잡으려 했던, 고양시高陽市에서도 일산신도시 쪽 향해 회귀
回歸하는 프로젝트인 출판도시 삼단계 사업 북팜시티Book Farm City(책농장의
도시) 계획을 제안하고 있다.

향약鄕約과 책농장의 도시

북팜시티는 책으로 대변되는 '미디어 농사'와 쌀로 대변되는 '작물作物 농
사'가 혼융되는 신개념의 도시공동체, 아름다운 문화농촌文化農村을 꿈꾸
는 것이다. 이곳에서 추구하는 것이 '책농사'와 '쌀농사'이지만, 궁극에
가서는 '사람농사'를 이뤄내는 농장이요 도시를 기대하는 것이다.

  우리가 이곳에서 꿈꾸고 있는 '책농장의 도시'는 '건강한 땅'에서 '건강
한 책'과 '건강한 쌀'을 얻어내며, 이런 일을 수행해 나가는 가운데 종국
에는 '건강한 사람'의 세상을 이룸을 말하는 것이다. 스마트 시스템을 비
롯한 디지털혁명의 기술을 지원받아 이를 '향약鄕約의 정신'에 맞대어 놓
는 일이 이루어질 것이다. 향약은 우리나라 고유의 아름다운 마을 자치규
약이었다. 향촌규약鄕村規約의 준말이다. 조선조 선각자들의 연구와 실천
에 의해, 국법國法뿐 아니라 마을마다 그 사정에 맞도록 규약을 만들었던
우리 고유의 노력은 오늘에서 보아도 참으로 아름답다. 나는 그 향촌규약
을 읽고 생각하고, 그리고 오늘의 우리 실정에 가다듬는 일을 게을리하지
않았다. 나의 이 '향약공부鄕約工夫'가 오늘의 출판도시를 이뤄내는 데 큰
도움이 되었다. 내 스스로 심산향약心山鄕約이라 일컫는 향약을 정리해 놓
았으므로, 누구라도 필요한 이에게 나누어 드리고자 한다. 심산은 독립운
동가요 유림儒林으로서 건국을 위해 애쓰신 김창숙金昌淑 님이다. 그가 책

임을 맡고 있던 성균관에서 해방공간에서 나라의 혼란기에 필요하다 생각해서인지 『향약집요鄕約輯要』라는 책자를 출판했었다. 나는 이런 선인들의 지혜로부터 출판도시라는 공동체를 이루거나 이를 운용할 많은 원리들을 추출해내었음을 여러분 앞에 고백한다.

협력을 통한 새로운 가치 창출을 향하여

사람이 모인 곳에는 약속約束이 있어야 한다. 물론 법法이 있고, 제도制度와 나름의 자잘한 규약規約 들이 있지만, 북시티나 북팜시티와 같은, 오늘의 우리시대에 역사를 바로 세우는 프로젝트를 성취하거나 공동의 가치를 세우기 위해서는 남다른 약속, 그리고 계약에 준하는 서약들이 따라 주지 않으면 안 된다. 북시티의 경우는 조합원들 사이의 위대한 계약, 선한 계약 등 엄격한 약속들이 이행되었고, 빛나는 가치들이 세워졌으며, 많은 이익들이 뒤따랐다.

북팜시티 예상지역의 자생自生 영농인들과 지주地主들과 직간접으로 간담회를 진행해 왔고, 귀농歸農 단체 지도자, 농민학교, 농업행정 전문가, 학자 들과 많은 의견을 나누었다. 그러나 이 글의 서두에서 언급했던 것처럼, 무엇보다도 중요한 핵심은 땅을 향한 우리들의 '깨달음'이다. 그리고 고양高陽 시민과 고양 관계자 들의 관심이다.

왜, 출판도시에서
육당六堂을 기리고자 하는가

파주출판도시의 '활판공방'과 그 경내에 모신 〈백년百年의 명촉明燭〉은 2007년 나의 발의에 따라 그 전체가 육당六堂 최남선崔南善 님을 기리고 추념하는 공간으로 계획되었다.

어떤 일을 기린다거나 기념하는 방식은 여러 가지가 있겠다. '책의 도시'에 모시고 싶었던 육당의 경우는 매우 특수한 조건이었다. 그분에게 친일親日 문제만 없었다면, 얼마나 완벽할 우리 민족문화의 사범師範이셨겠는가. 그러나 안타까워도 어찌할 수 없는 노릇이다. 지혜롭게도 나는, "이분의 인문정신人文精神과 '책의 정신'이 이 도시에 잔잔하게 스미시도록 하자" "당장은 아니로되 아주 천천히 드러나시게 하자" 하고 참고 이제까지 견뎌 왔다. 공적公的인 공간뿐 아니라 사적私的인 공간에서까지도 그분 모심을 이토록 꺼리는 안타까운 나라 풍경은 참으로 속상한 일임을 뼈저리게 느꼈기 때문이다. 어디 육당뿐인가. 소중한 민족의 인적人的 자산資産이 친일논쟁親日論爭으로 날을 지새는, 이 땅의 슬픔을 견딜 수 없다. 그동안 반민족 친일을 문제삼는 이들이 출판도시 안팎에서 간간이 있었다.

그때마다 나는 그들을 향해 단호하게 "나는 그런 거 잘 모른다. 다만 그분이 직접 저술하시거나 엮으셨거나 출판하신 일과 그 결과물인 책을 존경하고 본받을 면을 주목하고 있을 뿐이고, 그런 면에서 이 책의 도시에 그분을 모심은 당연하지 않은가"고 대응해 왔다. 나는 소신을 가지고 우리 문화사文化史에서의 육당의 존재가치를 설득하고 밀어붙여, 아직은 미약하나마 이 장소는 점차 명소화해 갈 것이라고 기대하고 있다. 사진에서 보듯이, 이 책의 도시를 찾는 많은 학생들과 단체방문객들과 외국인 방문객들, 행사에 참여했던 다양한 분야의 사람들이 즐겨 찾아 참배하는 곳이 돼 가고 있다. 이 도시를 소개하는 문화해설사가 아주 중점적으로 육당의 출판인쇄문화와 민족사民族史에 기여한 사실들을 활판공방을 배경삼아 재미있게 해설하여, 많은 참가자들로 하여금 지난 세기의 우리 책의 문화를 흥미롭게 이해하는 교육의 장이 돼 가고 있다. 이 '활판공방'과 〈백년의 명촉〉은 이 도시의 상징이자 비영리적이 시설이라, 건립하기도 어렵지만 간수하고 관리하는 일에도 지속적으로 비용이 들어가고 정성이 들어가야 하는 일이다. 특히 안전을 유지함도 무척 힘드는 일이다.

지금까지도 추진 중이지만, '한국출판인쇄역사박물관韓國出版印刷歷史博物館' 건립은 지난 1980년대 중반부터 꿈꾸어 오던 프로젝트로서, 육당 기념물이 중심에 있는 활판공방은 출판도시 이단계에 도입될 공공시설을 사전에 준비하고 있는 셈이다. 지난 2013년 9월 30일 우리 출판도시 책잔치 행사 때 이곳을 방문한 박근혜 대통령에게 유진룡 장관과 김기춘 비서실장 등이 배석한 자리에서, 우리 출판역사박물관 건립이야말로 우리 출판계의 숙원사업임을 내가 직접 브리핑해 드린 바 있다. 이와 함께 출판도시 이단계 '책과 영화의 도시' 안에 확보된 문화시설 부지 일만 평 내에 이 출판인쇄역사박물관과 함께 국립급國立級 도서관인 '아시아지식문화아카이브' 그리고 '한국영상자료원 파주보존센터', 곧 영화도서관이 2014년

11월 5일 오후 세시 기공식을 가진 바 있듯이, 여러 문화공공시설들이 함께 입주될 계획으로 있다.

삼십 년 가까운 장기간에 걸친 이곳 파주출판도시 사업의 현장에서, 나는 지금 많은 것을 반성하고 있다. 우리 민족역사民族歷史의 현장에서 깊은 생각과 지성知性을 가지셨던 위대한 선배들을 생각한다. 그동안 남다른 열정을 가지고 힘써 왔던 나의 이 일들도 앞으로 긴 호흡으로 이어 가야 할 일임을 깨닫는다. 한순간의 일들, 한 토막의 사실만을 극대해 가지고 우리 문화를 재단한다든가, 극히 일 부분만을 주목하여 가치를 조급하게 평가함조차 조심해야 할 일일 것이다. 출판도시 조성의 심부름을 오래 하면서 얻은 배움이라 생각한다.

육당을 위한 두 기념물 〈백년의 명촉〉과 누인 비석 〈해海에게서 소년少年에게〉를 활판공방 실내에 들일까 했으나, 공간도 적절치 않고, 또 여러 관람자들이 볼 수 있어야 하므로 외부공간에 모신 것은 설치미술가를 포함한 전문가들의 판단이었다. 인쇄기가 정교한 기계품이지만 이제 작동이 어려워졌고, 녹스는 것도 잘만 간수하면 아주 오래 갈 수 있어, 그런 고색古色을 띰이 뭔가 기념물로서의 효과를 높일 수 있겠다는 의견들이었다. 육당의 흉상胸像같이 그분을 '곧바로 기념하는' 방식은 몇 가지 점에서 적절치 않다. 육당이 젊은 나이에 가재家財를 떨어 마련한 돈으로 일본에 직접 가서 사들인 인쇄기가 사쿠라이櫻井 상표의 활판기였다는 이야기를 들었는데, 그때가 팔십년대 초로서 마포 신수동에 소재했던 출판단지에서 출판계 선후배들과 머리를 맞대고 책의 이상향理想鄕을 꿈꾸던 때였다. 출판인쇄역사자료관을 머릿속으로 그리워하며, 이 일제 인쇄기와 비슷한 것을 구할 수 있을까를 생각하고 또 생각했다. 오히려 이 기계가 육당의 상징이 되지 않을까 하는 아이디어가 나의 가슴 한켠에서 발심發心이 되었다. 곧 디지털 시대가 오며, 따라서 활판기계가 사라질 것이라는 미래학

〈백년의 명촉明燭〉과 누인 비석 〈해해海에게서 소년少年에게〉. 2007년 11월 15일 제작 설치.
출판도시활판공방 앞에 세워진 조형물 〈백년의 명촉〉은, 옛 인쇄기를 미술가 임옥상이 조형화한 것이다.
육당이 젊은 나이에 가재家財를 떨어 마련한 돈으로 일본에 가서 사들인 사쿠라이櫻井 상표의
활판기를 머릿속으로 그려 오다가, 이 일제 인쇄기와 비슷한 것을 1990년 신흥인쇄 박충일朴忠一회장이
알선해 주어 구한 것이다. 이 조형물로, 나는 우리 출판의 선구자인 육당에 대한 존경을 담고자 했다.

자의 말을 빌리지 않더라도, 활판기계들이 하나둘 옵셋인쇄기계로 대체되기 시작할 무렵이었다. 대한인쇄문화협회장을 역임했던 신흥인쇄 박충일朴忠一 회장이 나의 생각을 소문 듣고 이 기계 매입을 알선해 주었다. 그때만 해도 오래된 이 기계는 쌩쌩 돌면서 '효자노릇'을 충실히 하던 기계였다. 그러나 언젠가는 처분할 것이었다. 내가 확보한 것으로 점찍어 놓은 지 몇 년 뒤인 1990년 나와 한국프뢰벨 정인철이 주동이 되어, 민음사 박맹호 사장과 한길사 김언호 사장이 가세해 강남출판문화센터를 건립했고, 그 건물 안의 한 공간에 이 기계를 옮겨 놓았다. 그 당시만 해도 이 기계를 어떻게 가공해서 기념물로 만들 것인가를 두고 구체적인 안을 만들지 않았다. 그 무렵은 이미 일산출판단지조합이 결성되어 건립추진이 진행되던 터였다. 나의 꿈은 곧 이루어질 듯싶은 환상에 빠지던, 가슴 두근거리던 시절이었다.

그러다가 땅값 때문에 일산 계획이 무너지고, 다시 파주 계획으로 대체되었다. 우여곡절 끝에 활판공방 계획이 구체화해, 육당의 꿈 〈해海에게서 소년少年에게〉라는 비석과 함께 〈백년의 명촉〉이 함께 활판공방을 배경삼아 태어나게 된 것이다. 2007년 11월 15일이었다. 예까지 오는 동안 그 인쇄기는 보관 때문에 여러 곳을 옮겨 다녀야 했다. 옮길 때마다 해체와 조립이 이어졌고, 또 잘 돌아가던 기계가 오랫동안 멈춰 있는 관계 때문인지 작동이 잘 안 되었다. 기술자를 불러 손보고 또 손보고 했다. 설치작가 임옥상은 이 기계가 기념물로 설치될 때 작동이 돼야 한다는 내 의도를 잘 알고 있었기에, 이 작동의 문제는 대단히 중요했었다. 단지 조성이 늦어지고 기념물의 설치가 늦어지면서 이 기계의 작동은 아쉽게도 포기되었고, 지금 보이는 상태로 설치되었다.

여덟 해가 지나니 외부에 노출되었던 시설들이 노후해 보이기 시작했고, 누군가가 달라붙어 제일처럼 돌보는 이가 있어야 했다. 그러나 어느 누구도 나처럼 이 시설에 각별한 관심과 애정을 가지고 바라보지 않았다. 출판도시 식구들 역시 마찬가지요, 육당을 따른다는 육당 지지 인사들, 활판공방의 운영자로 영입했던 경영자나 공방의 직인職人 들도 한결같이 모두 그러했다. 내가 직접 데리고 있는 수하의 직원들마저도 바쁘다는 핑계로 거들떠보지 않게 돼 가는 것이었다. 이런 현상이 어디 이곳뿐일까.

한데, 비용은 얼마나 들었을까. 현실적으로는 아무 대가도 없는 이 사업에, 국가나 지방정부에서조차도 아무 지원 없이 나와 몇몇 민간들만이 겨우 마련해 세웠고, 매일 겨우겨우 몸으로 때우는 식으로 이 기념물을 돌보는 이 초라한 꼴을 앞으로 어쩔 것인가. 이런 현상은 우리 인간사人間事 도처에서 끊임없이 반복적으로 일어나고 있는 일이긴 해도, 이 위대한 출판 편집자요 스승이신 선배 육당 앞에 서면, 한없이 부끄러운 마음 감출 길이 없다.

2

말, 글, 문자, 책, 그리고 문명

예술보다 더 예술적인,
인간보다 더 인간적인 책을 위하여

책은 왜 만드는가

일생을 출판 일업—業으로 살아오신 일조각—潮閣 한만년韓萬年 회장의 십주
기일이 지난 2014년 5월 초하루였는데, 이날을 하루 앞서 강원도 원주시
부론면富論面 선영에서 그 어른을 위한 묘비 제막식이 조촐하나 의미 깊게
열렸다.

　후학과 후손 들이 힘을 모아 세운, 근래 보기 드물게 아름다운 묘비명墓
碑銘의 이런 글귀가 눈길을 끈다. "부군府君은 성품이 온화하고 용모와 자
질이 뛰어나 주위에 사람이 많았으며, 어려운 사람을 남몰래 도왔다. 틈
틈이 쓴 글을 모은 책을 '일업일생—業—生'이라 제題했듯이, 정치권의 유혹
도 받았으나 평생을 출판인으로 자부하며 살았다."

　출판계의 큰 어른이셨던 그분을 뵌 지가 엊그제 같은데 벌써 십 년이라
니! 화창한 봄날, 무덤 앞에 서서 한동안 묘비명을 읽는다. 역시 출판 일
업으로 한평생을 살아온 나의 가슴엔 만감이 교차한다. '책은 왜 만드는

열화당책박물관에서 열린 「출판인 한만년과 일조각」전 오픈 기념 행사. 2014. 10. 15.
우리 근현대 출판 역사에 큰 업적을 남긴 출판인 한만년 선생의 십 주기를 맞아 개최한 전시로,
마침 일조각이 육십 년 되는 시기라는 의미도 있었다. 열화당책박물관에서는 출판인 한만년과 일조각의
역사를 '염殮' 한다는 마음으로 이 전시를 준비했으며, 우리 출판의 역사를 정리하고 기록하고 교훈을 얻는
작업은 계속해서 이어질 것이다. 기념 행사에는 한만년 선생의 부인인 유효숙俞孝淑 여사와 유족들을
포함하여, 출판계, 학계, 문화예술계, 정재계, 종교계, 언론계 등 팔십여 명이 참석하여 뜻을 함께했다.

가, 책이란 과연 무엇인가.' 평생 책 만들기를 소명으로 부름받은 듯 미련하게 살아왔으되, 그 일이 이 사회와 나라에 과연 어떤 의미로 남을 것인가 하는 의문이 새삼 심사深思 한 귀퉁이에서 솟구친다.

평소 수인사修人事를 나눌 때 이웃들은 내게 "출판사업 잘됩니까" 하고 물어 온다. 여기서의 '사업'이란 일업일생에서의 '업業'일진대, 이는 단순한 '장사'를 일컬음이 아닐 터이다. 나는 평소 '말' 가지고 장사하는 일은 용납될 수 없다는 신념을 지닌, 일견 고지식하고 순박한 이상주의자다. 똑똑한 경세가들 앞에선 변변찮은, 좀 용렬庸劣한 인간인 셈이다. 한데, 나의 이런 생각이 과연 답답함이요 용렬함일까. '말' '언어' '문자' '글' 들은 인간이 창안한, 인간을 인간이게 만드는 도구요 수단 아닌가. 이런 소중한 도구가 시장의 논리에 맡겨졌을 때 오는 피해를 한 번쯤은 고민해 봐야 할 것이다.

한만년 님의 십 주기 행사의 선영을 막 다녀온 휴일 날, 나는 홀로 열화당 책박물관에 소장돼 있는 출판계 선배들의 자전적 저술들과 그분들에 관한 책들을 추려서 쌓아 놓고, 하염없이 뒤적이고 있었다. 생존해 계실 때 서슬이 퍼렇도록 임하시던 그 존재감은 온데간데없으시구나! 이처럼 허망하다니! 나의 가슴은 형언할 길 없는 슬픈 감정에 휩싸여 책장을 넘기고 또 넘기고 몇 시간을 보낸 끝에야 비로소, 이분들이 우리 역사에 조용히 편입되어 굳건히 존재해 계시다는 사실을 발견한다.

산기山氣 이겸로李謙魯 님의 『통문관 책방비화』, 을유문화사 은석隱石 정진숙鄭鎭肅 님의 『출판인 정진숙』, 남애南涯 안춘근安春根 님의 『고서의 향기』, 정음사 최영해崔暎海 님의 속살까지 드러내 주는 『세월도 강산도』, 그리고 『일업일생』 등, 자랑스러운 출판인들의 책이 호젓한 서가 한켠에 말없이 계신다. 올바른 말의 문화를 세우기 위해 평생을 살다가 어느 날 문득 역사의 저편을 향해 걸어가시어 여기 나의 서가에 오롯이 꽂혀 계신 이들이여! 그러나 그분들은 결코 외롭지 않다. 아니, 외롭지 않아야 한다.

나는 "말이 서야 집안이 선다"는 말씀을 귀 아프도록 들으며 자랐다. "생각하는 백성이라야 산다" "말이 서야 나라가 선다"던 함석헌咸錫憲 선생님의 목소리가 귓전을 맴돈다. 이는 책이 올바로 중심을 잡아야 한 나라의 문화와 전통, 교육과 법과 정의가 올바른 길을 갈 수 있다는 원리를 말하는 것이다. 그 소중한 일을 소홀히 하면서 현세적 탐욕에 매몰돼 온 민족에게는 엄청난 불행이 기다리고 있음을 직시해야 할 터이다. 나라가 통째로 부실의 나락으로 떨어지지 않기 위해서는 말, 언어, 문자, 글, 기호 들이 올바로 서야 한다는 의미이다. 이들이야말로 온 사회의 근저를 이루는 요소이기에.

책 만들기로 구원받았으면

돌이켜 보니, 책 만드는 일을 한 지도 어언 반세기에 이른다. 어쭙잖게 책에 뜻을 두기 시작한 어린 시절부터 따진다면 육십갑자를 넘기고도 남았을 것이니, 오랜 책과의 세월들이 나의 몸과 마음에 배었을 터이다.

예로부터 어른들은 책 엮는 일이야말로 '숭고한 일'이라고 우릴 가르쳐 왔다. 어디 산 어른들뿐인가. 온갖 죽은 어른들이 고전 속에서 외치고 있지 않은가. 그런데 책이 과연 숭고한 존재인가. 이런 반성이 요즈음 내 머리를 흔들고 가슴을 친다. 우리를 감싸고 있는 오늘의 이 처연한 슬픔 속에서 한 줄기 빛을 찾아야 한다면? 천직처럼 살아온 책장이로서 한 권의 진정한 책을 엮음으로써 나락에 떨어질 수밖에 없는 내 인생을 구원받을 수 있지 않을까 하는 생각에 이르게 된다.

'인간'이라는 제복을 지어 입고 자신의 어깨에 '만물의 영장'이라는 화려한 계급장을 제 손으로 붙이고는 '숭고한 책의 문화' 어쩌고 하는 문맥을 자세히 살펴보면, 답답한 구석이 한둘 아님을 금방 알아챌 수 있다. 이 세상에서 가장 존귀한 존재라는 허가증을 지니고는 온갖 못된 짓을 서슴없이 해 대고 있지 아니한가.

모든 책이 숭고할 수는 없을 것이다. 하지만, 대부분 책들이 숭고함과는 동떨어져 있다면? 책 만드는 인간들이 숭고한 척 자기최면을 걸고 있는 놀라운 위장술이 백일하에 드러난다면?

태초에 말씀이 계시어 우주가 열리고, 인간이 이 땅에 태어나면서 그들은 혼돈과 무질서의 우주적 시간을 헤쳐 뚫고 지금으로부터 삼천 년도 넘는 앞선 시기에 소중한 문자文字를 만들어 내었으니, 인간의 정신은 참으로 위대하였다. 갑골문자와 수메르문자, 이집트문자가 그것이었다. 그 문자가 역사를 거듭하면서 일정한 종이책의 양식을 창안해 가다듬어 왔고, 우리는 인류 유산 가운데서도 가장 중심인 기록문화, 책으로 금자탑을 쌓아 왔다. 그런데 오늘의 출판문화는 어떠한가.

책은 말을 담는 '종이그릇'이다. 책의 유형에 따라 종이보시기도 있고, 종이접시, 종이대접, 종이항아리도 있다. 그릇에 담길 음식물들, 곧 책의 내용과 성격에 따라 오랜 세월을 거치면서 그릇의 꼴, 곧 책의 형태와 모습이 다양하게 갖추어진 것이다.

내 어릴 적 고향집 선교장船橋莊에서 할머니와 마주한 오첩반상은 과장이 없고 쓸데없는 장식이 보이지 않는, 요즈음 밥상에 견주어 매우 고전적이었다고 기억된다. 할머니가 풍기는 격조의 세계는 '절제'와 '균형'과 '조화'가 무엇인지를 말없이 가르쳐 주었고, 여기에 덧붙여야 할 또 한마디, '사랑'이 있었다. 이 네 마디 어휘는 밥상에만 머물지 않고 내 삶의 온갖 데에 스며들어, 오늘의 내 인생의 주제가 되고 말았다. 하여, 그것은 끝내 나의 책 만들기 안으로 깊이깊이 스며들었을 것이다. 한데, 이 밥상차리는 내 꼴이 뭐란 말인가. 귀한 힘으로 우리 인생을 이끌어야 할 '말'과 '글'과 '책'은 나의 주위, 이 세상 거리에 쓰레기처럼 흘러넘치고 있지 않은가. 길거리 정치구호들은 얼마나 유치하고 위태로운가. 갖가지 간판과 플래카드, 흔해 빠진 서책과 무책임한 팸플릿에 담긴 글의 내용은 물론이요, 과장되고 부풀려진 글자꼴과 유치한 색깔 들은 우리의 정서와 삶의 터전 곳곳을 심히 망쳐 놓고 있다.

세상이, 사람들이 말과 생각을 아꼈으면 한다. 아무짝에도 쓰일 데 없을 말들로 허비되는 시간이 얼마나 아까운지. 종이도 아끼다 보면 사람도 아껴지고 책도 아껴지겠지. 초심으로 돌아가 숭고한 뜻을 찾아 깊이 정성 들여 책을 만든다면 구원받을 수 있지 않을까.

아, 내 여생이 책의 일로써 구원받을 수 있다면.

재앙을 불러온 책의 문명사文明史
종이책을 향한 담론을 위하여

책은 말을 담는 종이그릇이다. 종이접시요, 종이보시기이다. 종이종지나 종이대접도 있다. 종이로 만드는 다종다양한 그릇들이다. 입으로 먹는 음식이 아니라, 눈과 머리로 먹는 말음식 글음식을 정갈하게 담는 그릇들이다. 하여, 종이는 질기면서 부드럽다. 종이는 다사롭다 못해 상쾌하기까지 하다. 종이만의 깊은 품격과 온유한 감쌈이 있어, 오묘한 인간의 내면과 만나 깊이와 감쌈을 더한다. 인간이 정성들여 이룬 귀한 종이에서는 향기가 인다. 종이향香에 글향香이 보태져서, 책의 갈피로부터 문자향文字香이 피어올라, 종래엔 방 안이 문자의 향기로 가득 찬다.

책은 아무나 이루지 못한다. 책은 팔기 위해 마련하지 않는다. 팔기 위한 예술이 있는가. 있다면 그것은 예술이 아니요, 팔기 위해 만든 책이 있다면 그것은 책이 아니다. 진리의 말씀을 팔 목적으로 종이그릇에 담는가. 그러하다면, 그것은 이미 진리의 말씀 아님이다. 뛰어난 책장冊匠이 한 편 한 편의 시詩를 뽑아 가려 종이접시에 차곡차곡 담아 엮어낸 것을 시집詩集이라 부른다. 동양의 한 고전은 시를 사무사思無邪라 했다. 팔 목적으로 시를 종이접시에 담지 않음은, 이처럼 시와 시 엮음의 본질에 사악邪惡함이 없음을 뜻한다. 글자로 이루지 않으면, 시를 보거나 읽을 수도 들을 수도 없을 것이다. 낱낱의 시들을 종이대접에 정갈히 담아 빚은 시집을 펴 들고 읽으니, 인간은 비로소 시인詩人의 마음에 다가간다.

그런데, "시여, 침을 뱉아라" 외친 시인이 있었다. 나는 이 글귀에서 한마디 큰 뜻을 발견한다. 시를 향해 침을 뱉으라 소리친 그 시인은 오직 시만을 향하여 살아왔음을 상기하면서, 오직 책만을 위해 목숨 이어 온 나는 말한다.

"책이여, 침을 뱉아라."

시인의 외침이 내 경우와는 뜻방향이 다르듯이, 나의 외침 역시 시인의 생각과는 다르되, '침을 배앝으라'는 말의 의도와 심경에는 크게 다름이 없을 터이다. 내가 책의 '파는 일' 또는 '팔지 않는 일'을 집요하게 거론하면서 책을 향해 이처럼 소리치는 데에는 매우 큰 이유가 있어서이다. '말' 또는 '책'을 향하는 우리의 마음이 왜곡돼 있어서다. 크게 왜곡돼 있어서 '인간의 가치'나 '인간의 존재'마저 부정당할 지경에 이르렀음을 자경自警하기 위해서이다. 모든 인류는 그 사실을 깨닫지조차 못하고 있다. 왜곡된 삶으로부터 퍼져 만연된 상심商心과 물욕物慾이 우리를 함몰시켜 왔고, 그 못된 현상은 지금도 지속되고 있음을 깨우치게 하려는 것이다. 불행하기 그지없는 현실을 알리고자 함이다.

"너무 많다." 내 일기 쓸 때마다 글 첫머리에 의당 시작하곤 하는 말이다. 이 말은 반성에서 우러나오는 내면의 신음이다. 인간의 욕망은 끝이 없어서, 그가 만들어낸 물자物資와 '말'은 하고많아 헤아리기 힘들 만큼이다. 세상에 굴러다니는 '말'과 '정보'는 얼마나 많은지 주체할 수 없을 정도다. 흔히 이르는 '쓰레기 대란大亂'인 셈이다. 그 가운데 하나가 '책'이다. 책은 많을수록 좋다고 하는데, 처음엔 그럴 듯한 말이었다. 그러나 인간의 생각은 복잡하고 욕망은 끝없어, 날이 갈수록 엄청나게 많은 말과 글과 책을 쏟아내었다. '다다익선多多益善'이라고 중얼거리면서. 그러나 말과 글과 책의 다다익선은 도리어 큰 재앙을 불러왔다. 말과 글과 책으로 해서 우리 턱 앞에 재앙이 닥쳤음에도 인간은 미처 그 위기를 깨닫지 못하고 있다. 위기를 느끼면서도, 그 위기의 원천이 어디인지를 알지 못한다. 이 놀랍도록 아픈 현실을 어떤 설득력 있는 말로 설명을 해야 할지. 책은 맥빠진 허영虛榮으로 존재하거나 그저 허울좋은 장식물로 전락해 있다. 말과 글과 책은 길을 잃었다. 힘을 잃고 바로 서지 못하고 널브러져 있다. 나락에 떨어질 위험을 향해 걸어가고 있는 인간의 뒷모습이 선연히 보인다. 이 모든 재앙의 원천이 책으로 인해서라고 감히 나는 말한다. 함부로 생각하고, 함부로 말하고, 함부로 글 쓰고, 함부로 책 만들어 속여 팔고, 속아 읽고. 언제부터인가 스스로 깨닫지 못하는 사이에 인간은 이처럼 돌이키기 힘든 재앙災殃의 행로行路에 들어선 것이다. 인간이 창안했다는 이 문명文明, 찬란한 문화文化요 문명이라 자찬自讚하는, 허우대만 멀쩡한 학문 예술 과학 교육 종교 산업 언론 출판 등의 내면을 지혜로운 눈으로 들여다보자.

다시 시작해야 한다. 다시 하지 않으면 구원받을 수 없는 길로 치닫게 되리라. 나는 출판도시 건설을 시작할 때부터 '책의 문명사'를 생각해 왔다. 물론 그 이전부터이지만, 현실로 부딪기에는 출판도시 일부터란 말이다. 출판비평가 이중한李重漢과 책의 도시를 꿈꿀 때 말하곤 했던 '좋은 책 세상'을 지금도 잊지 못한다. 인간이 좋은 생각과 좋은 말과 좋은 글과 좋은 책을 이루지 아니하고 그 어떤 좋은 문명과 좋은 문화의 옷 입기를 기대할 수 있을 것인가. 이중한은 죽었고 한창기韓彰璂도 세상을 등졌으므로, 그런 말 상대가 흔치 않지만, 오직 이런 글로써 나는 이르노니, "골라 생각하고 골라 말하고 골라 글쓰고 골라 책 내자"고 주장하는 것이다. 적어도 이 책의 도시〔出版都市〕에서 삶을 영위하는 여러 책의 장인匠人들이여, 적게 말하고 적게 글 쓰고 적게 책 내자. 말의 재앙을 막는 최소한의 행동, 책을 줄이자, 책을 조금씩 내자. 물자를 아끼자. 모든 것을 아끼자. 생각을 아끼고, 시간을 아끼고, 돈을 아끼자. 말을 아끼고, 글을 아끼고, 사람도 아끼자. 무엇보다도 책을 아끼자! 절제節制, 절제, 마더레이션moderation. 출판도시 건설의 키워드에서 가장 앞선 키워드가 '절제'였음은 엄연한 현실이요 경험이 아니던가.

오늘도 예술보다 더 예술적인 책, 인간보다 더 인간적인 책을 꿈꾸는 나는 이 찌든 문명의 세상을 향해 책으로 침을 뱉는다. 그리고 외친다.

"구르고 있는 저 잘못된 바퀴를 멈추게 하자."

말의 가치, 글의 힘

문필文筆의 세계, 그 이상향을 꿈꾸며

문필 생활을 살필 때마다 무거운 상념에 사로잡힌다. '문필'이란 문文 곧 '글'과, 필筆 곧 '글씨'를 가리킨다. 예로부터 글 짓고 글 쓰며 생활해 온 우리 동아시아의 선비 지식인의 전형적인 행태를 말함이니, 이들을 가리켜 문필가라 일러 왔다. 문방사우란 종이, 붓, 먹, 벼루를 비롯해 여러 문필도구를 가리키는데, 이들은 문필가들의 존재를 가능케 하는 수단이었다.

　내 어릴 적 그것과는 매우 달라진 길모퉁이의 문구 가게를 가끔 기웃거린다. 삶이 윤택해지고 풍요로워졌다는데, 책방과 문방구점은 오히려 옛 맛을 잃어 간다. 우리 인생의 험한 유속流速이 느껴진다. 서울의 인사동 문화를 이끌던 통문관通文館의 산기山氣, 서예가 검여劍如를 비롯한 문방인걸文房人傑들은 사라지고 더 보이지 않는다. 자취 감춘 그들과 함께 '운림필방雲林筆房' 같은 멋진 이름의 문방 가게 자리엔 아파트 방을 바를 값싼 도배지

가게가 들어섰다. 이런저런 변모는 할 수 없다지만, 품위까지 잃어서야 하는 아픈 마음이다.

2012년 6월 중국의 화선지畫宣紙 명산처를 탐방하는 값진 여행을 한 적이 있다. 그 여행에서 나는 한국이 중국과 공유해 왔던 과거와 현재, 다가올 미래를 강렬하게 보았다. 화선지 원산지인 안후이성安徽省 쉬안청시宣城市 징현涇縣에서의 견학은 놀라운 경험이었다. 이곳의 포가선지包家宣紙는 포씨 집안이, 조가선지曹家宣紙는 조씨 집안이 대대로 이어오고 있는 화선지 명문이었다. 중국에 유일하게 남아 있는 대형 화선지 제지소인 '징현삼척대선지초지청'은 큰 종이 한 장을 뜨는 데 동시에 삼십 명 이상이 동원된다. 장엄한 풍경은 중국만이 연출해내는 '문방 교향악'이었다. '홍성선지문화관'은 중국 종이의 역사와 화선지 제지의 온 과정을 볼 수 있는 곳이었다.

격동의 몸살을 앓으면서도 현재에만 안주하지 않고 역사와 미래의 연결고리를 놓치지 않으려는 중국의 노력을 보았다. 문화적 전통을 방치하지 아니하고 바로 산업에 직결시켜내는 국가 단위의 힘과 지혜였다. 중요한 것은 종이가 있는 곳엔 반드시 붓과 먹, 벼루가 따랐다. 우리 문방세계에 어찌 그 네 가지만이 있으랴. 연적硯滴도 있고 서안書案도 있다. 인간을 인간답게 하는 그 도구들이 함께 어우러져서 공동체 문화가 연출된다는 사실을 아는 것! 종이 한 가지만 키우는 게 아니라 동시다발적으로 다양한 문방류들을 산업으로 키워내는 정책들이 속 깊은 문화정책의 지원 속에서 진행되고 있었다.

동양식 문방문화는 바로 한국과 중국과 일본이 공유하는 것이었다. 그 바탕에는 '한자'와 '붓글씨' 쓰기가 있어 이 문화를 오랜 세월 떠받쳐 왔었다. 한자는 중국 문자라고 단정하면 안 된다. 세 나라 사이의 국경이 지금처럼 삼엄할 턱이 없고 모호하던 근대기 이전, 중국과 일본과 한국은

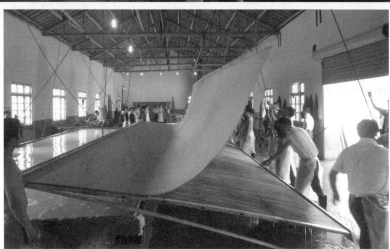

중국 안후이성 '징현삼척대선지초지청'에서 거대한 크기의 종이를 뜨는 모습. 2011. 6.

갑골문자甲骨文字에 근원을 둔 한자漢字와 그 문자를 실용에서부터 문학과 예술, 나아가 정치, 경제, 사회에 이르도록 더불어 사는 교호交互와 통섭通涉의 수단으로 선용해 왔다.

그런데 오늘의 우리 한국 문방문화의 쇠락에서 보듯, 우리글과 우리글쓰기가 함께 몰락의 길을 가고 있음을 본다. 전자언어들이 이를 더욱 부채질한다. 동아시아 세 나라 가운데 문방문화의 가장 변두리에 있어 왔던 일본이 어쩌다가 가장 제대로 된 한자의 실용과 문자적 가치를 세움에 따라 그들 나름의 고품격 문방문화를 이뤄내고 있음은 놀라운 아이러니다. 한자의 핵심에 있었고 문방문화의 중심에 있었던 중국이 간체자簡體字 제정 이후에 많은 흔들림이 있었으나, 이를 다시 되돌리려는 노력 여하에 따라 중국 문방문화 복원은 가능할 것으로 보인다. 우리는 우려가 한둘이 아니다. 아름답고 낯익은 문인화들에서 보듯, 우리 민족은 얼마나 깊고 넓은 조선의 정체성을 가슴에 안고 살아왔었던가.

'절판선언' 그리고 '절필선언'

지난 2012년 9월 24일치 『한겨레』에, 문필가 고종석高宗錫이 절필을 선언하는 글이 실렸다. 자신이 열심으로 쓴 글과 책이 이 사회를 바꾸는 데 별 영향을 주지 못함에 좌절한 듯한 글 표정이었다. 그의 심경이 분노에서인지, 자성에선지, 실망해선지는 알 수 없었다. 이도저도 아니라면, 어떤 증오 때문이 아닐까 한다.

문득 2010년 2월 임종을 눈앞에 둔 법정法頂 스님이 유언장을 발표했던 일이 떠올랐다. "내 이름으로 출판한 모든 출판물을 더 이상 출간하지 말라"는 게 요지였다. 이생에서 풀어놓았던 '말빚'을 다음 생에 가져가지 않겠다는 '절판선언'이었다. 어쩌면 그가 이생에서 했던 모든 말까지 포함한 것인지도 모른다. 인류, 만물의 영장이란 존재는 한번 내뱉은 말과 글은 스스로 책임져야 하는 것이므로, 법정은 평생 말하고 글로 썼던 일체를 저승으로 떠나는 짐보따리에 싸 스스로 둘러메고 가겠다고 선언한 것이리라.

그 장엄한 광경을 목격했던 나로서는, 지금 고종석의 절필선언이 실린 신문을 앞에 놓고 만감이 엇갈린다. 붓을 꺾겠다는 마음이 '말에 대한 책임'을 의미하는가, 대접받지 못한 현실에 대한 분노인가, 좌절인가, 아니면 어느 몹쓸 대상을 향한 증오인가.

그의 절필이 '말'에 대한 생각과 태도를 되새기게 하지만, 나는 이 기회에 특히 말을 관리하는 자들이 지녀야 할 덕목에 관해 진지하게 생각해 보자고 권하는 바이다.

태초에 자연으로부터 쌀을 지어내기 시작할 무렵, 인간의 영혼은 혼돈과 무질서 속에서 한 줄기 '말씀의 빛'을 찾아내었다. 삼천 년도 훨씬 앞선 때에 인간의 손으로 빚어낸 이집트문자며 수메르문자, 갑골문자를 보자. 인간의 예지가 혼돈 가운데서 찾아낸 말씀의 빛에 의탁하여 인간 사회의 위대한 질서를 얻어내었고, 문명인간의 역사를 세웠으며, 그리하여 자연으로부터 지어낸 모든 것들을 문자로써 기록해 쌓아 왔다. 인간이 말과 쌀을 만들고, 그 말과 쌀이 다시금 사람을 만드는 순환의 원리를 생각하면서, 나는 다시금 초심으로 돌아가야 한다고 생각한다. 쌀과 말을 짓던 그 원초의 세계로 마음을 돌이켜 보자는 것이다.

고종석은 말했다. "소수의 독자들이 내 글에 호의적이긴 했지만, 내 책이 독자들에게 큰 메아리를 불러일으켜 많이 팔려나간 적은 없다." 그리고, "설령 내 책이 꽤 팔려나가고 운 좋게 거기 권위가 곁들여졌다고 해서, 그것이 세상을 바꿀 수 있을 것 같지는 않다"고 했다. 내 생각은 좀 다르다. 글이나 말이 이내 망각되는 경우도 많고, 당대에는 호의로 받아들여지지 않다가 다른 곳이나 다른 때에 큰 반향을 일으키는 경우를 많이 본다. 안중근을 보라. 뤼순 감옥에 갇힌 사면초가의 처지에서 외롭게 폈던 법정투쟁의 기록은 백 년 뒤 책으로 새로이 태어나 많은 이들의 마음에 넓고 깊은 파장을 불러일으키고 있지 않는가.

쌀을 짓고 글을 쓰는 자들이야말로 선한 농부여야 하고, 밥을 먹고 글을 읽는 자들이야말로 인류의 원초적 가치를 깨달음으로 받아들여야 한다. 즉 좋은 말이나 글은 한두 사람이 알아준다고 하여 가치를 갖는 것이 아니라, 표현되는 순간 역사의 소유물로 남게 된다는 것이다. 말의 가치가 땅에 떨어진 요즈음, 그의 절필을 수긍하지 못하는 바 아니나, 오히려 그 가치를 올바로 세워야 할 사람들은 고종석을 포함하여 말의 가치, 글의 힘을 굳게 믿는 우리들이어야 하지 않을까.

출판도시에 오늘의 집현전이 세워지다

사람은 말로써 존재한다. 사람의 역사는 문자로 기록됨으로써 비로소 시작되었다. 인간이 이 지구상에 존재하기 시작한 흔적은 삼백만 년이나 된다고 한다. 고조선의 역사는 구석기와 신석기시대를 거쳐 청동기문화가 겨우 비쳐지기 시작하던 기원전 2333년으로 잡고 있으니, 지금으로부터 사천삼백사십오 년 전 고조선이 건국한 단군기원檀君紀元(단기) 4345년은 문자기록 여부의 논란은 있지만, 우리나라의 역사가 정식으로 시작된 때일 것이다. 그리하여 우리말의 역사가 한반도 위에서 시작되었고, 연면히 이어져 오늘에 이른 것이다. 한자漢字는 중국어가 아니다. 나는 한자를 감히 동양어東洋語 또는 동방어東方語라 부른다. 예로부터 한국과 중국과 일본

파주타이포그라피학교PaTI 창립총회. 파주출판도시 게스트하우스 지지향紙之鄉 로비. 2012. 12. 30.

이 음音과 뜻을 비슷하게 또는 달리 하면서 함께 써 온 동아시아 공동체 문자이다. 그런 조건 속에서 세종世宗 임금께서는, 왕위에 오르시자마자 집현전集賢殿을 확대 개편하시고, 집현전 학자들과 더불어 우리말의 독특한 문자 체계를 정비하시어 한글을 창제하셨다. 이렇듯 우리는 동아시아에서도 가장 뛰어난 언어문화를 이루게 되었음은 큰 자랑이 아닐 수 없다.

파주타이포그라피학교는 바로 한글 창제의 뜻을 이어 갈 오늘의 집현전이요, 그 부설 교육기관일 터이다. 출판도시 전체가 이 학교의 캠퍼스가 되리라는 것은, 이 도시를 건설하던 기획단계에서부터 꿈꿔 왔다. 많은 분들이 이 도시가 완성되도록 힘을 보태 주었다. 나는 어렸을 적부터 집안 어른들로부터 "말이 서야 사람 구실한다" "말이 서야 집안이 선다"는 말씀을 많이 들었다. 함석헌 선생께서는 "말이 서야 나라가 선다"고 말씀하셨다. 흩어지고 손상된 우리말을 잘 가다듬고 잘 가꾸어 우리말을 옳게 세우는 데 힘을 모으자.

인간의 속도, 문자의 속도

인간, 만물萬物의 영장靈長인가

우리의 삶이 우리 스스로가 만들어낸 함정에 매몰돼 자신의 존재 의미마저 살펴볼 틈이 없는 현실이 안타깝다. 우리가 왜 사는지, 우리는 왜 태어났으며 어떻게 살아야 하는지 자문해 볼 겨를마저 빼앗기고 있다는 말이다. 칠십년대로부터 팔십년대, 그리고 구십년대로 넘어오면서 나는 어느 부지런한 사진가 친구와 국토여행을 하면서 이 나라 땅의 속살을 관찰하고 다녔다. 그때 느낌을 적은 글 한 토막을 옮겨 본다.

그저 소출만을 노리는 축산업자들의 얼굴엔 차라리 살기가 느껴진다. 아름답던 산천의 계곡 곳곳에 자리잡은 축사畜舍를 발견하는 순간, 이를 경영하는 축산업자의 얼굴이 떠올랐다. 얼마나 지독하고 탐욕스러운 장삿속에 매몰돼 있는지가 단박에 느껴졌다. 맑은 개울이 흐르던 계곡엔 축사에서 흘러나오는 배설물이 악취를 풍기며 흐르고, 더러운 축사 바닥은 눈길조차 주기에 민망할 정도로 질퍽대는데, 가축들은 그 위에 하루 종일 처연한 모습으로 오물에 발을 묻거나 엎드려 오물에 몸을 내맡기고 있다. 그것을 바라보는 나는 몸서리를 친다. 축산업자들은 돈을 벌기 위해 저렇게 하면서까지 생명을 학대하는가. 그리고 우린 저 가축의 고기를 탐식貪食하는가….

이 한 구절 속에 오늘 우리 농업경제의 굴곡진 자화상이 그려져 있다. 그때의 풍경에 비해 외형적으로는 좀 깨끗해지고 다듬어졌다고는 하지만, 그 안쪽을 들여다보면 더 아프고 심각한 병리病理들이 똬리를 틀고 들어앉아 있다.

인간이란 만물의 영장이라 배워 왔다. 당연하다 생각되는 이 말에 나는 꽤 오래전부터 회의를 품기 시작한다. 인간에게 '영장'이란 지위를 준 이는 과연 누구일까. 생물학적 용어의 뜻만이 분명 아닐 터인 이 용어는 어디서 태어났는가. 신이 주었는가. 인간 스스로가 자신의 어깨에 붙인 계급장 아닐까.

지난 2014년 1월 발생했던 조류인플루엔자AI로 인해 살처분된 가금류는 대략 몇 마리나 될까. 농림축산식품부에 따르면, 한 달 동안 멀쩡히 살아 있는 378만 3천여 마리를 땅에 묻어 죽였단다. 돌림병 번짐을 막기 위해 이런 끔찍한 예방책이 공공연히 자행되는 '영장들의 세상'을 바라보면서, 나는 삼십 년 전에 우리 국토의 아름다운 계곡으로 흘려보내던 불쾌한 가축우리를 기억해냈던 것이다.

살처분당하는 가축과 살처분하는 인간, 두 생명 간 관계를 어떻게 설명해야 할까. '영성靈性을 가진 존재 가운데 수장首長'이라는 뜻의 영장들이 영성을 지닌 가축들을 이처럼 잔혹하게 살처분할 수 있는가. 끝없는 탐욕을 내세워, 맹목적으로 경쟁을 부채질해대는 교육과 기술지상주의와 출세지상주의가 판을 치도록 한 인간에게 이 세상을 거느릴 자격을 누가 줄 수 있겠는가.

나를 포함한 우리 인간들에게 조용히 외쳐 본다. "인간들이여, 너의 어깨로부터 '영장 계급장'을 속히 떼내어라. 그리고 선한 마음가짐으로 무릎을 꿇고 너의 '영성 가짐'이 어떤 경지이며, '영장'이란 과연 어찌해야 하는 존재인가를 곰곰 생각해 보라."

이 세상의 속도를 줄여야 한다. 무엇보다도 욕망을 줄여야 한다. 적게 먹으면서도 그 먹는 방법과 말하는 뜻을 헤아려라. 에이아이AI를 철새가 옮겼다고? 구제역이 어디로부터 왔다고? 탐욕으로 가득 찬 인간의 마음보가 만들어낸 병균을 인간이 옮겨 놓고는 엉뚱하게 착한 짐승들에게 덮어씌우는 이 고약한 어리석음을 보라. 덜 벌고 덜 쓰고 덜 먹고 덜 가져라. 착하고 죄 없는 짐승들을 멋대로 번식시켜 참혹한 방법으로 기르다가 멋대로 생매장하는, 이러한 인간 행위의 실체를 백일하에 드러내 심판해야 한다. 에이아이를 원천적으로 막을 방안은, 오직 인내하는 인간의 절제심밖에 없다. 절제, 절제, 끝없는 절제를!

문자, 인류의 꿈과 지속적인 평화를 위하여

세종임금을 기리기 위해 건립된 뜻깊은 세종문화회관에서 열흘 동안 세계문자심포지아라는 특별한 잔치를 가졌다. 인류가 이른바 '역사의 시대'를 열었고 '문명의 꽃'을 피워 왔던, 기록의 도구인 '문자文字'의 기원과 역사, 그리고 오늘의 모습과 함께 앞으로 보여질 미래의 모습을 하나하나 살펴보고자 함이었다. 따라서 문자의 적나라한 오늘의 모습을 도마 위에 펼쳐 놓고 새삼 요모조모 뜯어보려는 의도였다.

역사 이래로 '인간의 속도'와 함께해 왔던 '문자의 속도'는 디지털 시대로 접어들면서 바야흐로 그 가속加速의 페달을 밟으면서 질주하고 있다.

세계문자심포지아 2014
조직위원회 출범식. 2014. 10.(위)
세계문자심포지아 2014
개막식 인사말을 하고 있는
이기웅 조직위원장. 2014. 10.(아래)

그 질주는 언제 멈출지 늦추어질지 모른다. 따라서, 우리 삶의 올바른 모습과 인간됨의 힘을 상실케 하는 듯한 불안한 상황을 보이고 있는 것이다.

문자는 우리 영혼의 지도地圖요 정신의 밑그림으로 태어났었다. 인간의 예지叡智는 놀라웠다. 태초의 혼돈과 무질서 속에서 한 줄기 빛으로 말씀을 찾아내었으니, 이것이 인간의 언어요 문자가 되었다. 이 문자는 인류의 빛나는 문명을 이룩해내는 결정적인 도구요 수단이었다. 학문과 예술의 깊고도 넓은 세계를 이룩해 왔다. 그러나 시간과 역사를 거듭하면서, 인류를 영장靈長답게 해 왔던 도구인 문자는 인류의 행복과 희망이라는 올바른 궤도를 크게 벗어나, 이제 자칫 탐욕과 증오의 도구요 전율戰慄스런 비극의 대본臺本으로 전락할 기미를 보이고 있다.

이 지구 위에는 지역의 다양한 환경에 따라 여러 다양한 종족種族이 태어났으며, 다양한 토양土壤에 따라 생겨난 언어와 문자는 아름답고 참된 삶의 다양한 양태를 일굼으로써 다양한 문화를 성립시켜 왔다. 다양한 언어와 문자야말로 그 다양한 문화들의 중심에 있음은 새삼 설명이 필요치 않다. 문자의 다양성이야말로 이 지구의 행복한 공존을 입증하는 가장 소중한 조건일 터이다. 글로벌리제이션, 곧 세계화라고 하는 거센 파도에 휩쓸려 자칫 문자의 획일화나 소통疏通의 실용주의에 매몰된다면, 다양성이라는 지구적 미덕 앞에 닥칠 크나큰 재앙은 당연히 예견되는 것이다.

나는 여기서 우리 역사에서뿐 아니라 세계사에서도 우뚝 솟아 계시는 문자예술가文字藝術家요 금석학金石學의 대가 추사秋史 김정희金正喜 선생을 잠깐 언급할까 한다. 그분은 문자의 미학과 과학을 깊고 넓게 터득하신, 우리 문자의 스승이었다. 문자가 이야기될 때마다 우리는 추사를 모셔 놓고, 이분과 함께 호흡하고 사유하며 문자의 세계를 산책하곤 한다. 추사가 태어나신 나라요 '한글'의 나라인 대한민국이야말로 이 행사가 열릴 수 있는 최적의 장소라고 단연코 말씀드릴 수 있다.

이런 터에 문자의 중요성을 깨닫는 우리들의 간절한 소망은 이렇다. 즉, 문자와 언어를 통해 우리 인류가 추구해 왔던 꿈과 희망, 그리고 평화가 계속 이어질 수 있는가, 그리고 문자와 언어가 디지털을 비롯한 급변하는 환경 속에서 그 절대가치를 지켜낼 수 있는가 하는 것이다.

나는 이 문자축제가, 어떤 초조함이나 조급한 심정을 조용히 접고, 가장 순수하고 정성스러운 정신의 경지에서 이 문제를 함께 논의하는 소중한 시간이기를, 매우 아름답고도 유익한 순간들이기를 간절히 기원했다.

3

역사를 생각하다

역사,
어떻게 읽어낼 것인가

바람, 그리고 임종국林鍾國

동북아시아의 문제, 특히 일본과의 문제가 불거질 때마다, 그리고 친일 청산을 논할 때마다 내 머리에 떠올리는 이가 있다. 임종국林鍾國(1929- 1989)이다. 『친일문학론』의 저자이기도 한 그가 삶의 마지막까지 심한 폐기종肺氣腫에 시달리면서도, 민족을 향한 운명적 책임감을 가지고 행한 일제하 우리 지식인들 행태의 진실찾기는 참으로 치열했다.

나는 생각이 깊은 주위 분들에게 이 책 '되씹어 읽기'를 권하곤 한다. 우리의 처지와 우리 민족의 정체를 알기 위한 탐구로 이만한 좋은 책이 있을까 싶어서이다. 이 책은 친일을 했던 특정 문학 예술인들을 가려내 고발하려고 의도한 게 아님을 알 수 있다. 그가 이 민족을 대표해서 엮은 '한 민족 반성문' 같은 성격의 책이라고 나는 정의 내리고 있다.

나의 추론이지만, 일제강점기에 극소수의 운동가를 제외하곤 대부분이 침묵하거나 친일의 언저리에서 건들거렸다고, 연구결과로 그는 파악하게 되었던 것 같다. 여기서 우리가 주목해야 할 것은, 친일인사라 분류된 대부분이 문필가들이라는 점이다. 아무리 친일을 했다고 하더라도 글이나 여타의 기록으로 남아 있지 않으면 친일 행적은 드러나지 않는다. 그러나 문필이나 그림과 사진 또는 악보와 같이 기록된 흔적으로 조금이라도 남아 있으면, 그는 친일파로 몰릴 수밖에 없는 운명이 되었다. 그러니까 뒤집어 말하면, 몹쓸 친일행각을 저지른 자가 아무 기록도 남기지 않았고 그 사실을 아무도 모르는 상황이 되었다면, 그자는 느닷없이 애국자 행세를 하기도 했다는 웃지 못할 사태까지 가능했으니, 기록이라는 것이 얼마나 무서운 존재인가.

세상물정 어두웠던 열일곱 철부지 나이에 임종국은 해방을 맞는다. 온 나라 사람들이 해방이 무언지도 모르고 맞았는데, 그는 자신을 포함해 이 모든 우리를 가리켜 "천치天痴였다"고 탄식한다. 우리를 그토록 천치로 만들었던 일체의 상황에 대해 증오의 날을 세운다. 무지했음을 깨닫는 순간 그는 역사의 진실찾기 작업에 착수했고, 그 결과 『친일문학론』이 탄생한 것이다. 도서관과 연구실에 틀어박혀 문헌과 여러 기록 들을 뒤지기 시작했다. 그의 진실찾기는 치열했으므로, 의도해 가면서 찾아진 사실도 많았지만, 이런저런 찾기 작업 사이에서 우연히 드러난 것도 많았다. 뒤지면 뒤질수록 치욕의 실상들이 낱낱이 자신 앞에 드러나자, 이 엄청난 사실이 놀라웠다. 이토록 깨달음이 없었던 이 민족의 처지가 말할 수 없이 개탄스러웠다. 이같은 그의 심경을 『친일문학론』의 서문 「자화상」에서 읽을 수 있다. 아울러 그 처절한 심경을 토로한 시詩 「바람」은 우리의 가슴을 울린다.

잎을 떨치는
저것이 바람인가

전선을 울리는
저것이 바람인가

모습을 잃어
소리로만 사는 것인가

바람이여
어디로 와서 어디로 가는 것인가

바람이고 싶은
나는 무엇인가

바람이어야 하는
나는 또 무엇인가

모습을 벗고
소리마저 버리면
허虛는 마냥 실實인 것이니

바람이여
가서 오지 않은들
또 어떤가

파주출판도시 조성의 절정기였던 새천년 첫날 새벽에, 이 도시의 첫 건물인 인포룸 전망대 위에 서서 나는 이 시를 다시 읊고 있었다. 새벽빛이 오두산鰲頭山 너머 북녘 하늘을 어슴프레 밝히면서, 출판도시를 조성하기 위해 정지整地해 놓은 빈 대지 위를 비춰 왔다. 역사의 점 하나에 불과한 내가, 우리가, 오늘 과연 무엇을 할 수 있는가. 더구나 슬픈 분단의 땅 위에 책의 도시를? 터 닦아 놓은 이 고난의 대지에 어떤 '지혜로운 책마을' 그림을 그릴 수 있단 말인가. 그 고뇌의 시기에 이 시는 위로와 함께 큰 용

팔일오 해방 경축 시가행진.
전남 광양군 목성리. 1945. 8. 17.
사진 이경모.(위)

반민족행위특별조사위원회
전라남도 조사부에서 설치한
투서함. 전남 광주. 1948. 10.
사진 이경모.(아래)

기를 주었다.

일제하 지식인들의 기막힌 행태를 알고 난 다음, 온갖 역사의 서글픈 진실을 깨닫고 난 다음, 스스로의 존재를 향해 쏟는 가식 없는 외침 아니던가. '잎'이나 '전선電線' 같은 사물 뒤에 존재하는 '바람'의 진실을 읽어내는 인간됨과 민족됨, 그리고 인류됨을 지향하자던 이 선배 시인의 소망이요 가르침 아니던가.

이 시를 읽으면서, 분단의 이 나라, 둘로 쪼개진 이 민족의 처지와, 그리고 하나의 언어를 쓰고 있으면서 분열돼 있는 이 나라 이 민족이 나아갈 길은 과연 어떤가에 이르면, 우리의 가슴은 심히 착잡해진다.

『친일문학론』을 비롯한 임종국의 일제하 지식인들 행태의 진실찾기 작업은 우리에게 큰 시사를 준다. 그제나 이제나 우리 지식인들의 깨달음의 세계를 냉철히 비교하여 살펴보는 중요한 단서와 기준을 주기 때문이다. 무릇 인간사에는 어느 시대 어느 장소를 가릴 것 없이 행동의 양식이나 삶의 규범은 크게 다르지 않기 때문이다. 우리 자신과 우리의 주변을 살펴보면 모든 게 금방 드러난다. 만약에 한 인격체이며 한 지식인으로서 무엇을 어떻게 해야 하는가 터득되지 않는다면, 그 사회는 매우 심각해서 나쁜 방향으로 진행할 것이다.

'일제하'와 '분단하'라는 두 상황이 크게 다르지 않다는 것이 나의 생각이다. 깨달음이 없는 지식인들의 사회라면, 우리 민족사에서 비극의 역사는 지금도 계속 현재진행형일 수밖에 없다.

우리가 이렇듯 깨달음이 없는 지경에서 헤맨다면, 안중근安重根은 일본 국수주의자들에 의해 일개 범죄자로 몰릴 수밖에 없는 것 아닌가. 나라가 돈 좀 벌었다 해서 대단한 부자 나라인 양 돈으로써 토대 삼아 아무 깨달음이나 소신이나 교양 없이, 역사의식 없이 거들먹거린다면, 어찌 지식인이라 할 수 있다는 말인가. 이런 의미에서 『친일문학론』과 같은 기록들을 오늘에 다시 읽고 지금의 현상에 비추어 담론하고 비교하고 문제를 타개하는 참고서로 활용해야 할 것이라는 생각이다.

임종국의 시에서 '바람'은 무엇을 가리키는 것일까 조용히 생각해 본다. 역사의 운명을 거느리는 어떤 존재가 아닐까. 우리가 찾는 조국의 명운을 말함일까. '한韓'의 정체인가. 이렇듯 처절하기도 한 통한의 심경으로 우리 역사, 특히 우리 근현대사를 돌이켜 바라본다. 부끄럽기 그지없는 민족의 자화상을 하염없이 들여다본다.

안중근安重根, 그를 읽는 역사의 문법

나는 '파주출판도시 조성'을 진행해 오면서 안중근을 크게 배웠으며, 그의 진실을 깨달았다. 나의 이 고백은, 우리 현실이 안고 있는 심각한 병리 현상을 직접 부딪쳐 겪거나 고민해 보지 않고는 안중근의 참뜻, 참 존재를 이해하지 못한다는 의미이다. 실제로 서른 해 가까이 출판도시 프로젝트에 매달려 허우적거릴 때마다 나는 뤼순 감옥에 수감 중이던 안 의사가 1909년 11월 6일 일본 관헌에 낸 「안응칠 소회所懷」를 꺼내 읽고, 큰 위안과 함께 용기와 지혜를 얻곤 했다.

> 슬프다! 천하대세를 멀리 걱정하는 청년들이 어찌 팔짱만 끼고 아무런 방책도 없이 앉아서 죽기만을 기다리는 것이 옳을 수 있겠는가. 그러므로 나는 생각다 못해, 하얼빈에서 총 한 발로 만인이 보는 앞에서 늙은 도적 이토의 죄악을 성토하여, 뜻있는 동양 청년들의 정신을 일깨운 것이다.

놀라운 이 문맥을 보라. '동양 청년'이다. 조선 청년만이 아니라, 중국, 일본 청년 모두를 향해 그는 외치고 있다.

안중근 의사의 유묵
〈계신부도戒愼不睹〉(1910. 3.
오른쪽)와 〈담박명지澹泊明志〉
(1910. 2. 왼쪽).
"아무도 보지 않는 곳에서
경계하고 삼간다戒愼乎其所不睹"는
『중용中庸』에서 인용한 말로,
이는 곧 '신독愼獨'을 말한다.
"정신이 담박해야 뜻을 밝힐 수가
있고, 마음이 고요해야 멀리 도달할 수
있다澹泊明志 寧靜致遠"는 촉한蜀漢의
제갈공명諸葛孔明이 자녀 교육에
인용했다고 전해지며, 「계자명誡子銘」
가운데 나오는 구절이다.

동아시아는 지금까지 역사의 기류가 난마처럼 얽혀, 가히 패러독스적인 상황에 처해 있다. 그러나 안중근은, 그가 거사를 벌였던 때로부터 백년이 흐른 지금까지 역사 위에 아름다운 가치로 빛나고 있다. 그의 말씀 속에는 오늘 벌어지고 있는 세계의 흐름이나 동아시아의 국면들이 이미 예언돼 있고, 그 해법까지도 제시돼 있으니 말이다.

그는 인간주의의 승리를 증언하며 평화주의자로서 역사의 언덕 위에 굳건히 서 계신다. 이런 풍경에 감히 누가 흠집을 내려 하는가. 일본이 어떤 근거로 안중근을 '범법자'라 폄훼하는가.

안중근은 하얼빈 역두에서 이토 히로부미를 동양 평화의 이름으로 처단했다. 1909년 10월 26일이었다. 이렇게 세상의 이목을 집중시킨 다음 법정에서 '안중근 전쟁'을 시작한 것이다. 전략가인 그가 일제의 패권에 맞설 유일한 방법으로 시작한 '역사의 전쟁', 이는 지금도 계속되고 있다고 나는 믿는다.

거사 당시 안중근은 참으로 보잘것없는 존재로 간주되었다. 1929년 뉴욕과 런던에서 동시 발행된 『아시아의 명인들Eminent Asians』이라는 책은 그 사실을 방증하고 있다. 당시 동방에서 새롭게 떠오르는 영웅들, 이토 히로부미와 야마가타 아리토모, 스탈린, 쑨원, 무스타파 케말, 마하트마 간디 등 여섯 인물을 소개하는 책자다. 한 대목을 옮겨 본다.

이토는 사십대의 활기를 가진 예순아홉의 노인이었다. 세상에서 가장 인자한 얼굴의 그는 수염이 무성하게 나 있으며 머리는 희어 가고 있었다. 그는 표트르 대제의 전기를 품고 아시아 대륙으로 나아갔다. 1909년 10월 26일 아침, 중국-러시아 도시 하얼빈에서 이토는 아홉시 반으로 예정돼 있는 러시아군 의장대 사열을 받기 위해 기차에서 내렸다. 사납게 생긴 한 조선인이 측면에서 돌진해서는 이토의 복부를 향해 총을 쏘았다. '바보 같으니!' 낮은 목소리로 외치고 이토는 쓰러졌다. 암살자는 돌아서서 이토의 수행비서 모리와 총영사 가와카미 등을 차례로 쏘았다. 이토는 열차로 옮겨졌다. 삼십 분 후, 그가 유년시절에 동경했던 오다 노부나가의 시를 읊으면서 숨을 거두었다. '인생은 짧고 세상은 덧없는 꿈과 같구나. 다만 어리석은 자만이 죽음을 두려워하지. 이르건 늦건 죽지 않는 삶이 어디 있으랴. 사내로서 단 한 번의 죽음을 영광스럽게 맞이해야 하는 것.' 그의 죽음은 영광스러웠다. 라이벌인 미친 암살자의 손에 죽었으므로.

이 책이 나온 때로부터 열두 해가 지난 1941년, 일본은 세계 군림의 야욕을 드러내는 구체적 행동으로 미국과 영국을 향해 선전포고하면서 그해 12월 8일 하와이 진주만을 잔인하게 폭격했다. 태평양전쟁, 그리고 종전終戰 처리 동안 일본과 미국과 영국은 과연 선린善隣의 관계였던가. 생전의 이토는 일본의 최고 정치가로서 세계의 주목을 받았으나, 지금 그는 '안중근 전쟁'의 작은 희생자일 뿐이요, 오히려 안중근은 시대를 뛰어넘는 위대한 영웅이 되었다. 역사의 생명력은 일시적으로 왜곡되었던 현실을 서서히 바로잡아 준다.

안중근을 '범법자'라 일컬었던 치졸한 일본의 관방장관 스가 요시히데를 비롯하여 속 좁은 정치인들에게 이르노니, "안중근은 '역사 언어의 문법'으로 논해야 한다!"

어릴 적 선교장船橋莊 풍경에서 얻은 깨달음

육이오 전란을 돌이켜 보다

경기도 파주 '책의 도시'에서는 육이오 정전停戰 육십 주년을 기념하는 「2013년, 전쟁과 평화」전이 열렸다. 천오백여 점의 귀중한 전쟁 관계 도서와 문헌 들을, 전쟁의 역사와 현장과 함께 그동안의 학술적 성과를 망라하면서, 올해 발간된 책들까지 일괄해서 볼 수 있다.

꽤나 방대하다고 할 수 있는 특정분야의 이 문헌들을 통해 제일, 이차 세계대전과 한국전쟁의 참상, 그 비극의 현장을 생생히 느끼게 한다는 점에서 보기 드문 전시회라 평가받았다.

전시장에서는 이런 구호들을 읽을 수 있었다. "인류가 전쟁을 끝내지 않는다면, 전쟁이 인류를 끝낼 것이다."(존 F. 케네디) "매우 필요하고 정의롭다고 하더라도 전쟁은 생각하지 마라. 그것은 범죄행위이다."(어니스트 헤밍웨이) "전쟁을 하고 싶다는 자들, 그들은 모두 전쟁을 겪어 보지 못한 이들이다."(래리 리브스)

이와 함께 전쟁의 참상을 보여 주는 전시된 책들을 펼쳐드는 순간, 이런 문맥과 이미지 들이 도처에 나타난다.

결국 이 전시는 전쟁의 비극적 실상과 전모를 알림으로써, 어떻게든 전쟁은 막아야 하고, 평화를 위한 노력이야말로 값지다는 사실을 일깨운다. 또한 내가 평소에 주장하듯이, 책이야말로 우리 인간에게 '평화의 도구'로서 기여해야 한다는 진리를 실천적으로 보여 준다.

육이오 때 나는 고향인 강원도 강릉 선교장船橋莊에서 살고 있었다. 경포초등학교 사학년이었다. 1950년 6월 전쟁이 터지자 동해안 지역의 전세戰勢 역시 일방적이어서, 피란길에 나섰던 우리 선교장 일행은 앞질러 내려온 북한군에 의해 발길을 다시 고향집으로 되돌려야 했다.

이때부터 선교장은 석 달 내내 북한군 아래 놓여 있다가, 서울보다는 이틀 늦은 9월 30일 국군에 의해 수복되었다. 하지만 미처 후퇴하지 못한 북한군들이 낙오되어 태백산맥으로 숨어들었고, 고립된 그들이 생필품을 얻기 위해 수시로 민촌으로 쳐내려 오곤 하여, 국군 및 경찰과의 잦은 충돌로 우리는 노상 불안에 떨어야 했다.

그때 사상이나 이념과 관계없이 얼마나 많은 사람들이 목숨을 잃었는지 모른다. 그러나 비극의 풍경을 목격했던 어린 우리들이 육십 년, 아니 칠십 년 세월을 보내고도 그대로인 오늘의 분단 현실을 보면서, 누구의 책임이랄 수 없는 우리의 자화상이 새삼 부끄럽고, 한심스럽고, 안타깝기만 하다.

1951년 새해를 맞으면서는 일사후퇴라는 새로운 전쟁 상태에 놓이게 된다. 유엔군과 국군의 북진으로 북한군이 궤멸 상태에 이르자 중공군이 개입한 것이다. 이른바 인해전술의 기세에 눌려, 유엔군과 국군은 다시금 후퇴하기 시작한다. 불안해진 우리 식구들도 피란길에 올라, 울진의 죽변竹邊이라는 산촌마을에서 그해 겨울을 보냈다.

열화당책박물관에서 열린 「2013년, 전쟁과 평화−열화당 소장 '전쟁 관계 도서' 전시」를 관람한
아프가니스탄 교육 공무원 및 교장, 교사 들과 함께. 2013. 6. 20.
'한국전쟁 정전(停戰) 60주년 기념전'으로 열린 이 전시는, 한국전쟁을 다룬
다양한 문헌을 보여 주면서 이를 통해 이 땅에서 다시는 전쟁의 비극이 없기를 바라는 마음을 담았다.
마침 파주출판도시를 방문한 아프가니스탄의 교육 공무원과 일선학교 교장, 교사 들이
이 전시 오프닝에 참석하게 되어, 아직도 전쟁의 참화가 끊이지 않고 있는 나라의 이들과 함께
평화의 중요성을 되새기는 자리가 되었다.

그때의 고생은 이루 말할 수 없었다. 끼니를 잇지 못해 모두 영양실조에 시달렸고, 여러 질병이 뒤따랐다. 의사이셨던 아버지도 간단한 외과적 처치밖에는 할 수 없었다. 그런데 그곳에서 두 살배기 어린 아우가 몹쓸 홍역을 앓게 됐다. 당시 어린아이에게 홍역은 여간 위험한 것이 아니었는데, 병은 심해 가기만 하고 어떤 처치도 할 수 없는 신세가 된 것이다.

민간요법에 개똥을 끓여 먹이면 효험을 본다는 속설이 있었다. '물에 빠진 사람은 지푸라기라도 잡는다'고, 어머니는 이 속설을 따르기로 결심하신다. 의사이신 아버지는 아예 고개를 돌려 모른 체하셨다. 어머니는 형과 나에게 개똥을 주워 오도록 엄명을 내리셨다.

하지만 산골마을에 개가 있어 봤자 빤했고, 한겨울 얼어붙은 산야에 아무리 눈 씻고 보아도 어디 말라 비틀어진 개똥이라도 있었겠는가. 개똥도 막상 약에 쓰려니 없었던 것이다. 우리 형제는 거의 한나절을 헤맨 끝에, 철 지난 고추밭에서 비바람에 씻기고 바랜 개똥 한 덩이를 찾아냈고, 어머니는 이를 냄비에 넣고 한약 달이듯이 조심스럽게 끓이셨다.

그 후에 어린 아우가 그걸 먹고 어쨌는지, 그 일에 관해 형과 나는 너무나 끔찍하여 기억에 담지 않았다. 우리가 기댈 그 어떤 것도 없었던 전시 상황에서 어머니의 자식 구하기 약 처방을 어느 누구도 거역할 수 없었다.

의사인 아버지는 물론이고, 약 아닌 개똥약의 효험을 믿는 이는 없겠지만, 어린 자식을 살려야겠다는 뜨거운 모성 때문인지, 아우는 육이오를 지내고 환갑, 진갑을 잘 넘긴 지금까지 건재해 있다.

전시에 소개된, 당시의 처참한 상황을 기록한 사진집들을 보노라면, 이런 이야기는 작은 에피소드에 불과할지도 모른다. 하지만 전쟁으로 극한에 내몰린 가족의 비참했던 모습은, 어린 나의 눈에 지울 수 없는 이미지로 남아 있다.

우리들이 추석秋夕에 만나 주고받는 이야기

어느새 청명한 계절 가을이 높푸른 하늘을 떠받들면서 무더위에 지친 우리 앞으로 성큼 다가섰다. 둥근 추석 달이 동산 위에 휘영청 떠올랐다. 내 고향 강릉 선교장船橋莊에서의 추석 풍경이 소슬한 가을 바람과 함께 나의 추억 속에서 오롯이 떠오른다.

지금으로부터 오륙십 년 전에는 '고된 농사일'과 '슬픈 가난'이라는 두 등짐이 우리들 어깨를 짓누르고 있었다. 가난 속에서도 어김없이 찾아오는 풍요로운 가을걷이 한가위 때면, 배고픔과 더위에 지친 착한 농부와 그 가족은 만복감에 젖는다. 이 계절은 한 해의 노고를 스스로 위로하고 풍년을 자축하는, 이를테면 우리 식의 추수감사절이고, 이것이 자연스럽게 추석 명절이 된 것일 터이다.

날이 어두워지자, 선교장 뒷동산엔 손불을 든 동네 아이들이 떼지어 달을 향해 소리친다. "만월滿月이요…." 가난했던 시절의 달맞이 마음은 어느 보름보다도 한가위 때가 제일이었다. 아이들의 소리는 풍요로움을 싣고 온 가을곡식을 예찬하는 노래처럼 아름다웠다. 갖가지 햇과일들이 아이들의 입맛을 채워 주었고, 복에 겨운 그들의 외침은 멀리멀리 가을 들판에 울려 퍼졌다.

선교장 집안을 비롯한 마을의 여러 집들은 그들의 가세家勢에 맞춰 제례祭禮 준비를 서두른다. 대부분이 이곳 농경 마을에 뿌리 내리고 살아온 집안들이다. 가족들 가운데에는 간혹 타향살이를 하던 사람이나 일시적으로 외지에 나가 있던 이들도 빠짐없이 자신의 집으로 돌아온다.

제사祭祀는 가족들끼리 또는 집안끼리의 오랜 유형을 갖는다. 제사는 성묘省墓로 이어진다. 모두가 추원보본追遠報本의 깊은 뜻을 두면서 오늘의 가족들의 결속과 안녕과 배움을 도모하는 뜻이 크다. '추원'이나 '보본' 모두 인간존재의 근원을 향한 간절한 염원과 소망, 그리고 조상을 향한 존경과 그리움을 담고 있다.

그때 그 시절, 추석에 모인 가족들은 무슨 말들을 주고받았을까. 그때로부터 육십 년이 지난 요즈음, 우리네 가족들은 모여 무슨 이야기들로 꽃을 피울까. 육십 년의 세월을 건너뛰어, 두 세대 사이의 이야기들을 비교해 보고 싶어졌다. 이런 관심은, 오늘의 우리 사회가 지니고 있는 가치관의 깊이를 알고 싶어서이고, 이것이 바로 사회문화적 구조나 무게를 가늠해 보는 중요한 관찰이리라는 믿음에서이다.

독일의 문예이론가 발터 벤야민은 「일방통행길」이라는 글에서 "자유롭게 서로 이야기를 주고받는 일이 점점 더 사라지고 있다. 이전에는 이야기를 주고받는 사람들 사이에서 상대방 이야기에 귀를 기울여 주는 것이 당연했으나, 지금은 상대방의 구두나 우산 값을 물어보는 게 고작이다"라고 적고 있다. 이차세계대전 훨씬 전의 글이다.

전쟁이 끝날 무렵부터 이십 년 사이인 내 어린 시절의 추석절을 떠올려 본다. 그때로부터 오십 년이 흐른, 바야흐로 전자시대에 살고 있는 우리는 추석 명절에서 어떤 뜻과 의미를 찾을 것인가.

옛집 선교장 사랑방에 모인 어른들은 마을에서 늘 만나는 이들이 대부분이라, 그저 차분하고 정리가 잘되어 있어 논쟁적이지 않았다. 위아래 없이 남의 말을 경청하는 분위기다. 예법도 있어 좌중엔 교감의 흐름이 조용히 흐른다. 대화에 끼어들어 흐름을 방해할 어떤 미디어도 없다.

농사農事일이 화제의 주류를 이룬다. 농사일에 관해 무슨 할 말이 많겠냐고 물으면, 그건 너무 모르는 말씀이다. 농사를 빌미 삼아 하늘과 땅의 이치를 가늠해 보면서, 종국에는 자연의 섭리를 이야기하게 되는 것이다.

먹거리를 마련함이 농사일이라지만, 곡식과 과실과 가축을 거두고 타작하고 갈무리하는 모든 과정에서 절제와 조화와 균형, 그리고 인간애로 가득한 처분處分과 처신處身이 요구되는 일 아니던가. 그런데 지금은 어떤가.

가난이 축복일 때가 많다는 말을 많이 듣는다. 반대로, 부유함이 재앙을 몰고 올 때가 많음을 경고하는 경우도 사실이고, 이러한 징후들은 많이 있다. 한가위 때 가족끼리 모이는 본능은 예나 지금이나 변함없다. 온 국토가 대이동의 행렬로 몸살을 앓는다. 기를 써 가며 모인 가족들이 이삼 일 동안 나누는 대화들은 과연 어떨까.

내 어린 시절에 비해 지금 우리는 엄청난 부자가 되어 있다. 모처럼 사랑방에 모인 식구들이 나누는 화제에서부터, 그 대화마저 방해하는 텔레비전이며, 집안 이 구석 저 구석에 흩어져서 스마트폰에 코를 박고 있을 젊은이들 하며, 고속도로 휴게소나 이동하는 차 안에서 쿵작거리는 오디오들의 소음 때문에 우리는 참된 인간의 대화, 곧 하늘의 이치, 땅의 이치, 인간의 이치, 그리고 우주의 섭리를 논할 어느 구석마저 찾을 수 없게 돼 간다.

이렇듯 우리의 아름다웠던 두 명절 설과 추석을 앞으로 얼마 동안을 안타까운 마음으로 맞이해야 하는 것인가.

두 도시에 관한 단상

광주光州, 지혜의 도시

광주는 참으로 풍요로운 고장이다. 이곳엔 없는 게 없다고 할 정도다. 오묘한 산과 강, 그리고 바다에서 빚어내는 풍부한 물산物産이 오랜 인간의 역사와 아름답게 조화를 이루면서 이곳만의 독특한 문화의 인자因子를 쌓아 왔다. 아마 그래서 '빛고을'이라 일컬어져 왔을 것이다.

내가 여기서 말하고자 하는 광주는 오백 제곱킬로미터의 광주광역시라는 행정구역이 아니다. 오랜 인간의 역사가 이곳을 중심으로 이뤄 온 취락聚落, 곧 함께 모여 삶을 가꿔 온 광주권을 가리키는 것이니, 경계는 모호하나 더 넓게 인근을 아우르는 광주의 문화권역文化圈域을 이르는 지역 개념이다.

우리의 지리개념이 언제부턴가 행정구역으로 재단되는 기세에 눌려, 인문적인 권역의 인식이 모호해졌다. 이런 무모한 지역 가르기가 인문지리학을 유치한 모습으로 전락시키고 있다. 모든 일이 행정구역에 따라 움

「학구당에서 역사를 찾다」 초청강연회. 전남 담양 수남학구당. 2012. 3. 21.

국제문화도시교류협회에서는 우리 주변에 방치돼 있다시피 한, 그러나 문화유산으로서의 가치가 있는 문화재들에 관심을 갖고, 이를 보전, 활용하는 '작은 문화재 돌보기' 사업을 추진해 오고 있다. 지난 2012년 3월 광주권으로 묶이는 담양의 수남학구당水南學求堂에서 광주문화방송 초청으로 열린 강연회는, 이곳의 역사와 문화적 의미를 되새겨 보고, 아울러 활용방안까지 진지하게 고민해 보는 자리였다. 1570년 창평에 살고 있는 스물다섯 개 성씨가 모여 만든 수남학구당은 양반과 평민이 함께 모여 공부를 할 수 있게 만든 인재양성의 요람으로, 시대의 변화에 따라 새로운 사회질서에 맞는 형태로 바뀐 유적이라는 점에서 당시의 정치·사회적 면모를 살펴볼 수 있는 중요한 자료이다.

직이다 보니 우리 삶이 부지불식간에 행정편의 아래 획일돼 가고 있어 안타깝다.

오늘 나는 광주의 참얼굴, 그리고 그 역사를 더듬어 어루만지면서 다시 한번 깊디깊은 생각에 잠겨 본다. 나는 언제부턴가 광주를 지혜智慧의 땅이라 부르곤 해 왔다. 1964년 육군 소위로 임관된 나는 이곳에 자리하던 전투병과 교육사령부 산하의 보병학교에서 재교육을 받기 위해 입소하면서 광주와 첫 인연을 맺는다.

그 시절 우리는 무척이나 가난했었다. 유복한 집안에서 태어나 크게 어려움 없이 자랐던 내가 우리나라의 가난이 이토록 심했었던가 하면서, 그 현실에 부딪힐 때마다 놀라움 속에서 하나하나 깨달아 가던 무렵이었다. 고된 훈련 속에서, 그리고 청년 시절에 접했던 광주의 주변과 그 도시 중심거리와 사람들의 풍경은 나의 뇌리에 깊이 각인돼 있다.

나라가 온통 가난한 얼굴로 찌들어 있는 가운데, 이곳 광주만이 유독 지혜로운 얼굴과 다사로운 눈으로 나를 바라보고 있었다. 그 구체적인 이유를 나는 알지 못했다. 그저 느낌으로 다가왔던 도시였기에 말이다.

우선 사람들이 그랬다. 만나는 사람마다 곱고, 아름다웠다. 광주 말씨인 남도 사투리에서 인간미와 예술적 감흥이 짙게 묻어났다. 좋은 상대라 느껴지면 그 상대의 마음 속 깊은 데에서 뭔가를 우려내어 가져가려는, 광주 사람들이라면 다 내줘도 좋지 하는, 뭔가 내 가슴 깊은 곳으로부터 솟구쳐 올라오곤 했다.

놀랍게도, 그 젊은 날의 나의 생각이 지금도 똑같이 느껴짐은 어인 일일까. 광주는 지금도 여전히 초심을 잃지 않고 변함없이 내 앞에 있다.

그 후 지금까지 광주를 방문할 때마다 나는 육십년대에 나를 향해 발하던 그 지혜로운 빛들이 어디서 발원發源하고 있었던가를 살피곤 한다. 크고 작은 빛들이 오늘도 변치 않고, 도처에서 발사하고 있음에 새삼 놀란다. 우선 문화재들이다. 모두가 알 만한 지정문화재들뿐만 아니라, 여기서 특별히 이르고자 하는 문화재란 문화재정책이 아직 미치지 아니한, 언뜻 보면 그저 보잘것없어 보이는 '작은 문화재들'을 가리킨다.

이들은 광주의 곳곳에서 내 눈에 잡힌다. 규모나 연륜이 그리 높지는 않으나 몇 세대를 거쳐 광주인들의 입김이 서린 존재들을 발견하고, 이것이야말로 참된 문화재이구나, 그러나 문화재로서 지정받지는 않았으되 오늘의 우리 삶에 자연스레 무르녹아 있어 왔구나 하고 무릎을 친다.

하지만 이들을 우리 삶의 문화재로서 유존시켜야 하는데, 불안하기 이를 데 없다. 쉽게 훼손될 수 있는 가녀리고 연약한 존재들이기에 더욱 그러하다. 그같은 유형의 실체들이 무형의 존재들에 교묘히 연장돼 있고, 무형의 문화인자文化因子들로 광주 사람들의 마음과 손끝과 형태 속에 존재하고 있다. 이런 나의 깨달음에 스스로도 놀라고 있다.

지혜로운 광주, 보배로운 광주를 지켜 나가려면, 그리고 한걸음 나아가 더욱 아름답게 가꿔 내려면, 간단하고 쉬운 이 깨달음과 발견에 주목하고 귀기울여 줬으면 좋겠다. 등잔 밑이 어둡단 말이 있듯이, 광주 안에서는 광주의 진실眞實과 진가眞價를 바로 보기 힘들다.

"광주는 아시아문화중심도시다"고 소리쳐 외친다고 해서 광주의 보배로움이 지켜지는 게 아니다. 생활 속에 무르녹아 있는 광주다운 유형·무형의 작은 문화재들을 우리 삶, 우리 땅속에 자연스레 온존시키는 일이 무엇보다도 선행되어야 한다. 거대한 예산이 투입된다고 해서, 또는 세계적으로 뛰어난 문화요소들을 무모하게 가져다가 이곳에 첨가한다고 해서 될 일이 아니다. 우선 광주다운 요소들이 초석礎石을 이루고, 그런 다음 그 위에 '아시아문화중심도시'가 세워져야 할 것이다. 이 자명自明한 이치를 다시 한번 강조 드리고 싶다.

'꽃처럼 아름다운 도시'를 위하여

고양高陽 꽃축제를 다시 생각한다

'고양高陽'이라고 하는 도시의 자존심은 그 역사성歷史性을 포함하여 대단한 것이었다. 그런 자존심이 '꽃'이라고 하는 의미심대意味深大한 주제를 택해 이 도시의 주요 축제로 기획했고, 성공으로 이끌어 보려고 노력해 왔을 것이다.

고양 사람들이 왜 하필 '꽃'을 택했을까. 네덜란드 사람들이 꽃을 택한 것처럼, 그런 이유에서일까. 이유를 잘 모르는 사람들에게 드는 가벼운 의문일 터이다. '화전花田'이라든가 '화정花井'이라든가 하는, 이곳 옛 고양 마을 시절부터 연면히 전해 온 아름다운 지명이 유래하듯이, 꽃농사와의 깊은 인연을 가닥 잡아 시작했으리라 짐작은 간다. 그런데 나같이 체력단련을 위해 매일 호수공원을 찾는 고양시민에겐, 행사기간 내내 이 행사가 세워 놓고 있는 기획 의도라든가 그 역사적 교육적 깃발을 찾아보려 애쓰지만, 찾을 수 없다는 실망감이 들곤 한다.

번개같이 스치는 느낌은 있다. 이 행사의 발상發想은 근사했는데 그 시행 단계에서 장삿속들이 깊이 개입했겠구나. 건축설계에 비유하면, 기본 구상은 멋졌는데 실시설계 단계에서 상업주의의 그늘이 짙게 드리웠구나. 꼭 상업주의가 아닐지라도, 찌든 삶에서 쌓인 우리들의 못된 버릇들이 부지불식간에 스며든 질병들과 영합해 나타난 꼴이구나 하는. 그런 풍경은 우리나라 여느 행사의 현장에서도 도처에 일어나고 있고, 또한 당연시되고 있다. 따라서 새삼스런 얘기가 아니므로, 전혀 긴장해서 논의할 경우들이 아니다. 전염병처럼 널리 퍼져서 만연蔓延돼 있는 일을 공연히 트집잡는 꼴이 될까 조심스럽다. 하지만, 나는 고양을 사랑하는 고양시민이고, 매일 이른 아침 호수공원을 산책하는 사람이라면 관심 둘 충분한

나주 죽설헌 내 대숲 가는 갈림길에 핀
산벚나무꽃. 사진 리일천.(위)
열화당에서 발행한 화가 박태후의
『죽설헌竹雪軒 원림園林』. 2014년 발행.(아래)
꽃은 모름지기 자연환경에서 자연의 순리에 따라
피어난 꽃이 가장 아름다운 법이다.
죽설헌 주인 박태후朴太候는 이러한 철학을 가지고
가장 이상적인 정원을 가꿔 가고 있는 보배로운
인물이다. 이 책은 그의 '정원일기'로, 꽃과 나무를
어떻게 가꿔야 하는지를 알려 주는 우리 시대의
『양화소록養花小錄』이라 할 수 있다.

자격이 된다고 생각한다.

더구나 나는 일산신도시 개발계획 단계에서 출판도시出版都市가 백석역 근처 수만 평의 부지에 들어서면 출판산업의 핵심시설을 건설할 멋진 계획을 수립했다가 토지개발공사의 어이없는 땅값 요구로 무산되면서, 일산신도시의 정체성을 표류하게 했던 아픈 기억을 잊지 못한다. 그 실패에 이어서 이웃 파주로 옮긴 출판도시와 헤이리를 기획 단계에서부터 관여했었다. 그 후 출판도시는 일단계와 이단계를 거쳐 출판도시 삼단계 북팜시티Book Farm City, 곧 책농장의 도시 프로젝트를 제안해 놓고 있다. 파주와 고양 두 도시를 긴밀히 연계시켜, 종국에는 깊은 문화적 산업적 연대連帶를 통해 이 두 지역의 가치를 한껏 높여야 한다는 놀라운 계획을 제안하고 있는 사람이라면, 더더욱 발언권이 있다고 생각한다.

내가 여기서 말하고자 하는 것은 '꽃이란 무엇인가'를 한번 진지하게 되짚어 보자는 것이다.

이 행사를 치르는 기획자들이나 행정을 시행하는 사람들이나 사업 시행에 참여하는 사람들이 꽃에 관해 얼마나 진지하게 공부하고 연구했는가 묻고 싶다. 소중한 문헌들을 찾아 읽어 본 적이 있는가 묻고 싶다. 가령 강희안姜希顔의 『양화소록養花小錄』을 읽어 본 적이 있는가. 아니 사진가 강운구姜運求의 『자연기행自然紀行』과 같이 쉽게 읽을 수 있는 기록들을 진지한 마음으로 들춰라도 본 적이 있는가.

나는 작년에 광주의 화가이며 정원사인 박태후朴太候의 『죽설헌竹雪軒 원림園林』이라는 우리 꽃 이야기 책을 내어 화제를 만든 바 있다. 이처럼 우리 민족의 정체성을 보여 주는, 국적있는 꽃을 다루는 행사라면 시의적절하지 않을까 한다.

"꽃보다 아름다운 사람들의 도시, 고양"이란 말로써 이 도시의 구호를 삼고 있는데, 나는 이 말도 다소 과한 표현이라고 생각한다. '꽃처럼 아름

다운 사람들의 도시' 정도면 어떨까. 우리나라 도시 어느 곳인들 '꽃보다'
는 고사하고 '꽃처럼' 아름다운 사람들을 만나기가 쉽지 않으니, 고양시
가, 고양시민들이 꽃처럼만 아름다워지기를 바라는 마음이면 족하지 않
겠는가.

　이 나라 이 땅에서 '꽃'을 이야기할 때, 우선 꽃이 가지고 있는 생명력이
라든가 존귀함, 자연의 섭리攝理 들을 떠올려야 하며, 특히 우리 꽃의 자생
성自生性과 토종성土種性을 우선 생각지 않을 수 없다. 적어도 이런 바탕 위
에서 세상 여러 나라의 꽃과도 비교해 보고, 나아가 단단하게 세워진 자
신의 정체성 위에서 장사도 하고 손님을 맞아 풍성한 문화를 만들어 가야
하지 않겠는가. 특히 놀란 것은, 이 행사가 '국제 꽃 박람회'란다. 하지만
'국제성'은 억지춘양으로 갖다 붙인 구호에 불과했다. 얼마나 '거창함'을
좋아했으면 이토록 허풍선이일까.

　예산을 알뜰살뜰하게 세우고, 작지만 개성있는 우리 꽃의 참된 모습을
보여 주면서 수익사업으로 키워 나가기 위해서는, 꽃의 아름다운 정신의
가치를 높게 세워야 한다. 꽃을 억압하고 꽃을 혐오스럽게 취급해선 안
된다. 이제 올해의 행사가 끝났지만, 서둘러 알찬 내년의 행사를 미리미
리 준비해야 할 것이다.

하늘에 계신 우리들의 두 어머니와
함께 읽는 편지

김주연金柱演 교수에게

대저 편지란 공공목적이 아닌 바에야 두 사람 사이에 비밀스럽게 속삭이는 맛이 있어야 하는 게 아니겠소? 편지글이 다소 서툴러도 쉽게 용서받을 수 있는. 그런데, 영 모자란 나를 이 나라 최고수 문학인들이 모이는 광장 한복판의 지면紙面에 내세워 문학의 대가와 글로써 맞짱붙이심이 어이 될 법한 일이오이까? 두렵고, 억울하외다. 그러나 어찌하오리까. 배수背水의 진陣을 치시고 김후란 선생께서 김주연 교수의 편지에 답장 쓰도록 못을 치셨으니, 이 장면을 비켜 갈 궁리조차 허락지 않으십니다. 나의 존경하는 아우 김주연 교수, 이 글은 어차피 다자多者 사이에 나누는 편지가 되고 말았으니, 이 지면의 독자뿐 아니라 하늘에 계신 우리들의 어머니 두 분도 함께 읽으시도록 몇 자 적으려오.

  나는 좀 엉뚱하게 말머리를 꺼내려 합니다. 우리나라 남성중심의 가계家系에 맞서서, 아니 맞선다기보다는 대응해서, 나는 '여성가계설女性家系說'을 주장하곤 했지요. 나의 집안인 선교장船橋莊 같은 벌열閥閱들이 어찌하여 집안을 그토록 융성시켜 왔을까를 연구하고 궁리해 왔던 것이지요. 그런 끝에 다음과 같은 결론을 얻고 있습니다. 즉, 운명적으로 태어난 집안의 남성들만으론 가통家統의 우성優性을 보장해 갈 수 없으므로, 뛰어난 다른 집안으로부터 우수한 며느리감을 모셔와 그 집안의 우수한 디엔에이를 수혈輸血함으로써 가통을 다져 왔다는 사실이었소. 이 소견은 아주 새로운 것은 아니로되, 나는 꽤나 설득력있는 생각으로 확신하고 있으며, 지금도 이 연구를 조금씩 심화深化시켜 나가고 있소이다. 남성가계와는 별도로 여성가계도를 작성해 보면, 한 집안의 내부구조가 환히 보일 거라는 믿음을 가지고 있다오. 하여, 이 분야의 학자 한 분과 함께 우선 우리 선교장 집안의 '여성가계도'를 그리고 있습니다.

이런 사연으로, '내 마음의 선교장 여성가계도'엔 우리들의 외조부이신 청탄聽灘 오건영吳建泳 님이 늘 함께 계시외다. 해주오씨海州吳氏인 외조부와 동래정씨東萊鄭氏인 외조모께선 슬하에 일곱 남매를 두셨지요. 삼남사녀(?) 가운데 나의 어머니 오숙근 님과 김 교수의 어머니 오희근 님이 둘째 셋째 따님으로 나란히 계시지요. 돌아가실 때까지 그분들은 어쩌면 그리도 다정한 자매이셨는지! 행사에 나갈 외출 준비를 하시던 두 분의 대화를 며느리들은 지금까지도 기억하며 깔깔댑니다. 오희근 여사가 언니인 오숙근 여사에게 전화해 "언니, 오늘 결혼식엔 무슨 옷 입고 갈 거야?"로 시작되는 대화는 한 시간이 지나도록 멈출 줄 몰랐답니다. 팔십을 넘기신 연세에 어린 소녀와 같으신 두 자매의 모습을 머리에 그려 봅니다.

모계혈족母系血族, matrilineal family 중심을 연상시키는 이런 내 생각은 조선 후기사회를 지배하고 있던 유가儒家 집안에선 단연코 이단적異端的인 발상이었지요. 유가의 완고한 남성중심의 사고는 우리 사회를 아직까지 견고하게 지배하고 있지만, '여성가계설'에 의하면 우리는 같은 씨족으로 곧 형제일 터이외다. 이를테면, 해주오씨이신 외가의 성을 따라 전주이씨全州李氏인 나와 광산김씨光山金氏인 김 교수는 오기웅吳起雄과 오주연吳柱演으로 불

김주연 숙명여대 석좌교수(왼쪽)와 함께.
파주출판도시 열화당 사옥. 2013. 3. 20.(위)
열화당책박물관 삼층에 마련한
'김주연 문학의 방'.(아래)
문학비평가 김주연 교수는 열화당 창립 때부터
뜻을 함께했으며, 열화당에서는 그의 책
『문학비평론』과 『독일시인론』을 출간한 인연도
있다. 최근 열화당책박물관의 한 공간을
할애하여 그가 애독해 오던 문학 관계 책
천여 권으로 '김주연 문학의 방'을 마련하고,
계속해서 가꿔 가고 있다.

릴 거요. 아니, 외조모께서 동래정씨이므로 우리들 어머니는 정숙근 정희근이요, 우리들은 정기웅 정주연으로 불리겠지요. "외할머니의 외할머니의 외할머니의 외할머니의 외할머니…"로 거슬러 올라가 시조 외할머니에 이르러 그 시외조모가 안동권씨安東權氏라면 그 후손들은 모두 권씨가 되어, 우리의 어머니들도 권숙근 권희근이지요, 우리도 권기웅 권주연이 되겠지요. 하지만, 이같은 발칙한 생각일랑 지금에나 가능한 일이지, 우리가 태어날 무렵만 해도 감히 가설조차 세우기 어려운 생각이었습니다. 1930년대 말 엄혹했던 일제강점기에 우리 어머니들은 각기 강릉의 선교장 전주이씨 댁으로, 서울의 광산김씨 댁으로 출가외인出家外人이 되어 시집의 길을 떠나시었지요. 가엾은 젊은날의 여인들이시여, 얼마나 외롭고 슬프셨나요? 하지만 마음의 여유를 부리실 틈도 없이 이내 우리들을 낳으시고, 험난한 전쟁기에 우릴 곱게곱게 거둬 기르시려 무척이나 애태우셨습니다.

이제 오늘의 우리들 이야기로 돌아갑니다.

인간의 삶이 길어야 팔구십인데, 우리 나이가 지금 얼마입니까. 그동안 자라며 철없이 다투고, 쾌락까지는 아닐지라도 쓸데없는 현세의 욕망에 요량없이 휘둘리는 삶에서 크게 벗어나지 못했다는 자괴감에 자주 빠져드외다. 김 교수는 문학을 하고 나는 출판을 하는데, 철없던 시절에는 그 두 장르가 크게 다른 줄 알았지요. 이 나이에 이르니, 문학과 출판이 한통속이었음을 깨달은 지도 그리 오래지 않다는 부끄러움도 있어요. '말'과 '문자文字'로써 성립되는 우리들의 이 직분은 소명의식召命意識 없이는 불가능했으며, 앞으로는 더욱 치열한 소명을 필요로 한다는 생각을 하게 되지 않소? 함부로 생각하고 함부로 글 쓰고 함부로 책 내는 우리들이 참으로 부끄러워져요. "될수록 책을 적게 내자"는 것이 나의 일상, 나의 좌우명이 돼 가고 있습니다.

어머니들의 솜씨 안에서 젖 먹고 씻기우고, 옷과 치장을 익혀 큰 우리들이 학교에서, 사회에서, 세상에서 받은 가르침은 무엇이고, 그리고 어머님들이 주신 우리 내부의 힘들이 무엇인지 따지고 또 가늠해 봅니다. 칠십여 평생을 자라 온 우리의 몸과 마음을 들여다봅니다. 그리곤 이처럼 기도해 봅니다. "위대하셨던 우리들의 어머니시여! 우리는 아직도 그대들 섬세한 양육養育의 손길이 필요합니다. 어떤 완성을 향한 욕심이 아닙니다. 그저 참인간됨을 향한 소망일 뿐입니다."

엊그제 만난 자리에서 내가 '안중근기념 영혼도서관' 건립 얘기를 또 꺼냈을 때, 김 교수의 눈빛이 예전과는 사뭇 다름을 느끼고 참으로 기뻤소이다. 당신의 맑고 당당하고 지혜로운 그 눈빛이. 어릴 때부터 변함없이 지니고 있던 그 천재성의 눈빛! 우리의 내부에 깊이 잠재해 있던 의식이 서로 부딪쳐 일치하는 순간이기도 하겠죠? 요즘 만나기만 하면 꺼내는 나의 말, 곧 '영혼도서관' 계획과 '북팜시티(책농장의 도시)' 계획을 진지하게 귀기울여 주는 김 교수의 모습이 고맙기 그지없소.

내가 일지사一志社에서 일하면서 열화당悅話堂 창립을 준비할 때 김 교수는 자신의 회사를 설립하는 듯 애써 주었는데, 그처럼 2015년에 맞이하게 될 '열화당 이백 주년 기념사업'의 추진에도 크게 힘써 주기를 기대하오. 그리고 이제 우리 더욱 자주 만나, 말과 문자를 다루는 이로서의 직분, 참된 인간으로 사는 길에 대해 깊이있는 이야기 나누도록 합시다. 하늘에 계신 그리운 우리 두 어머니의 가르침 아래에서 말이오.

4

나의 '책밥' 이야기

열화당 출판,
잃어버린 시간을 찾아서

내 고향은 강릉江陵이라지만, 태어난 곳은 서울 성북동이었다. 소학교 때부터 고향 선교장을 떠나 서울 유학을 하셨던 아버지는 의사가 되셨고, 병원을 개업하신 아버지 따라 우리 가족은 서울에서 살림을 시작했다. 1941년 태평양전쟁이 터지면서 아버지 경초鏡樵 이현의李顯儀 님은 혜화동 로타리에 있던 병원 문을 닫는다. 곧 이어 세 살 된 나와 온 가족은 이삿짐 트럭에 실려 고향인 강릉선교장船橋莊을 향해 낙향한다. 아버지께서 전쟁으로 살벌해진 서울을 떠나기로 결심하신 것은, 당시 일제가 내린 소개령疏開令에 따르면서도, 대장원大莊園인 고향 선교장으로 내려감으로써 전쟁으로 궁핍해진 생필품을 비롯해 생활에 얽힌 여러 문제들을 고향집에 기대시려 했던 듯하다.

선교장 집안 어른들의 표정은 전쟁으로 하여 어둡고 그늘져 보였다. 하지만 아버지의 고향 집을 둘러싸고 있는 산과 들, 물과 바다, 그리고 사람들은 아주 푸근하고 따뜻했다. 전통을 아끼는 명절名節들은 잘 전승되고 있었으며, 세시풍속은 누가 뭐래도 때가 되면 일상의 법도와 관행에 무르

녹아 잔잔히 흐르고 있었다. 나는 그 한가운데에서 행복했고, 무럭무럭
자랐다.

아흔아홉 칸 선교장 살림집의 손때 묻은 정갈한 자태, 그 정겨운 구석
구석은 어린 내 사유의 틀을 가다듬어 주었다고 회상한다. 공간환경이 인
간을 만든다는 말이 있지만, 활달하기 그지없는 활래정活來亭 누마루에서
들려 주시던 큰아버지 경미鏡湄 이돈의李燉儀 님의 흥미진진한 우리 역사 이
야기는 어린 우리들의 머리와 가슴을 영글게 했다. 열화당悅話堂 손님맞이
심부름, 동별당에서의 시제時祭를 비롯한 각종 제삿일 역시 유교적 질서를
여물게 가르치는 수업이었다.

그리고, 선교장 그 전부가 나에겐 하나의 '미술美術'이었다. 거대한 건축
공간이나 조경공간 들은 균형잡히고 조화로운, 그리고 절제와 사랑으로
충만한 '삶의 미술세계'였다. 세 살부터 열아홉 살까지 열일곱 해 내 유소
년시절의 선교장 삶은, 그야말로 온전한 '생활미술의 세계'였다. 선교장
의 건축공간과 그 안에 갖추어 있는 가구며 도구 들은 이 공간 안에서 면
면히 삶을 이어 온 공간연출의 원리였으며 조영造營의 기술이었다. 이러한
원리에 따라 집채 이곳저곳에 장식된 현액懸額과 족자簇子, 기둥에 가지런
히 달린 주련柱聯과 그 글귀에서 드러내는 뜻깊은 의미와 조형, 그리고 그
림들은 주위의 정원들과 잘 어울려, 마음의 균형을 잡아 주었다. 그 시서
화詩書畵에서 풍겨내는 조형적 아름다움과 의미의 심장함은 부지불식간에
나를 격조 높은 문향文香의 세계로 이끌어 주었다. 집안 도처에 추사秋史와
단원檀園과 혜원蕙園, 그리고 사임당師任堂이 있었다. 서가書架마다 아름다운
서책들이 가지런히 놓여 있던 열화당의 풍경도 다시금 기억에 떠오른다.
계절에 따라 피고 지는 정원수庭園樹들의 꽃과 열매는 자연과 삶의 천리天理
를 소리없이 일깨워 주었다.

사실 선교장은 조선조의 전통을 이어받으면서도 그 가계家系를 지켜 온

142

백범白凡 김구金九 선생의 휘호 〈天君泰然천군태연〉(아래),
그리고 이 휘호를 원래 주인인 선교장船橋莊에 되돌려주는 기증식(위).
파주출판도시 열화당책박물관. 2014. 8. 27.

백범 선생이 1948년 4월에 써서 당시 강릉 선교장 주인인 이돈의李燉儀 선생께 보낸 이 휘호가
1962년에 망실되어 그동안 행방을 모르다가, 오십이 년 만에 소재가 파악되었다.
문화유산국민신탁 김종규金宗圭 이사장(오른쪽)과, '정본 백범일지白凡逸志' 간행을 준비 중인
열화당 이기웅李起雄 대표(왼쪽)를 통해, 원 주인인 선교장 이강백李康白 관장(가운데)이 서예 전시회가
열리는 열화당책박물관에 이 글씨를 회수하는 자리를 가졌다. "天君"이란 '사람의 마음'을,
"泰然"이란 '머뭇거림이나 두려워함 없는 기색'을 뜻하는 말로, 즉 선비의 의연한 마음가짐을
표현한 것으로 풀이된다. 일제강점기에 선교장에서는 독립운동가들에게 남몰래 물심양면으로
도움을 주었고, 백범 선생이 해방 후 환국하여 보답의 뜻으로 이 글씨를 보내 준 것으로 알려져 있다.

역대 주인들이 시대의 진운進運에 지혜롭게 반응해 왔다. 그 흔적들을 나는 오랜 시간을 거치면서 서서히 터득해냈다. 특히 나의 할아버님이신 경농鏡農 이근우李根宇 님은 최성기最盛期의 우리 집안을 일구시면서, 격동의 근현대사 속에서 우리 가족들이 삶의 가치로 충만한, 곧 절제와 균형과 조화와 사랑으로 잘 가꾸어진 삶터로 꾸려 가기를 꿈꾸신 분이셨다. 그러니까 일찍이 선교장이야말로 바로 이같은 원리를 내게 가르쳤음을 지금 깨닫고 있다. 신문명을 꿈꾸셨던 조부 덕분에, 나라에서도 변방인 강릉 땅 선교장에는 새 시대의 여러 나라 여러 지역의 물산物産들이 고루 갖춰지고 있었다. 잘 디자인된 전기기기, 음향기기 들이 우리의 전통 가구들과 절묘하게 어우러져 놓여 있던 그 무렵의 풍경은, 마치 고전주의와 모더니즘이 섞이어 잘 어울린 모습이라고 할까, 유니크한 미술풍경을 연출하고 있었다.

예술은 삶에서 우러나는 것이며, 삶에서 유리되는 순간 그 생명력은 끊어진다는데, '삶의 예술' '삶과 함께하는 예술', 그것은 내가 태어나고 자란 '선교장 미술학교'가 가르쳐 준 미술교육이었다.

내가 열 살 되던 해에 육이오 전쟁이 터졌고, 다음 해에 일사후퇴의 비극이 이어졌다. 전황戰況에 따라 젊은 숙부叔父들이랑 족형族兄들을 비롯한 친족들이 국방군으로 또는 인민군으로 또는 전쟁일꾼으로 끌려나가, 행방이 묘연하거나 죽음의 문턱을 넘어 불귀의 객이 되어 돌아왔다. 많은 어머니들이 슬픈 울음을 멈추지 못했다. 전란 속에서도 여장부이신 청풍김씨淸風金氏, 나의 할머니께서는 혼자 남아 선교장을 굳건히 지키셨다. 폭격기가 네이팜탄을 떨어뜨려 집에 불이 옮겨붙었다. 그 불을 할머니는 용맹스러운 소방관처럼 동네 사람들과 함께 끄셨고, 피란길에서 돌아온 우리 온 가족들을 팔 벌려 맞이해 주셨다. 일찍이 없었던 전란에 대비해, 선교장이 이뤄 온 많은 문화재급들, 곧 전적典籍과 서화書畵와 도자陶瓷류들을 큰 오지독에 넣어 단단히 봉해 땅에 묻었다. 그런데, 안타깝게도 빗물이 들거나 도둑맞거나 해서, 선교장의 그 많던 문화유산들이 대량으로 망가지거나 흩어지게 되었다. 그 이전 일제강점기에도, 수차례에 걸쳐 눈 밝은 조선총독부朝鮮總督府의 고위高位들에게 선교장의 빛나는 문화예술품, 생활공예품 들이 수난을 당했다는 말들이 전해 온다.

선교장엔 한때 인민군 전투부대가 주둔하다가, 수복한 뒤론 국군 공병부대 군인들이 머물렀다. 할머니와 우리 식구들은 남과 북의 젊은이들에게 밥을 지어 주기 위해 매우 분주했다. 남과 북의 군인들과 어울려 놀던 어린 우리들 눈엔, 그들 모두 순박하고 인정많은 이웃 아저씨들이었다.

일사후퇴 다음해인 1952년에 할머니께서 급자기 돌아가셨다. 전란기여서 장례식은 어둡고 침울하게 치러졌다. 어째선지, 어린이로서는 유독 나만이 여러 만장輓章 중 하나를 잡고 장례행렬에 서게 되었다. 그 기억이 지금도 선연히 머릿속에 그려진다. 내게는 힘에 겨웠던 크고 긴 만장대를 잡고, 쓰러진 할머니를 바로 일으켜 세워드려야 한다는 듯이, 안간힘을 쓰면서 하염없이 걸었다. 걷는 동안 내내 울음을 삼키고 또 삼켰다.

할머니를 잃음과 함께 뭔가 많은 것들을 잃었다는 느낌을 지울 수가 없었다. 할머니를 추원追遠하듯, 멀리 아득히 그리워하면서 육이오 전란이 앗아간 소중한 것들을 생각해 본다. 건물의 외부공간에 매우 자연스럽게 놓여 있던 농경시절의 크고 작은 도구들, 그리고 그 도구들을 부리면서 영위하던 농사일들, 사람들이 부르던 농요農謠와 화전놀이, 뱃놀이, 농삿꾼들의 착한 몸놀림과 순한 말씨, 달가운 음식물과 그것을 풍성히 담았던 그릇들, 이 모두를 알지 못할 그 누군가에게 앗겼다는 박탈감을 나의 머릿속에서 지금도 지우지 못한다. 정원의 나무들마저 잡스런 인위人爲의 솜씨로 망가져 있고, 길들도 묘한 휘둘림으로 왜곡돼 있어, 지금까지도 나의 눈을 낯설게 한다. 그러나 결국 잃은 것은 무엇보다 사람이고, 사람의

「제2회 선교장 포럼」. 선교장 열화당 앞. 2013. 5. 11.
'선교장 포럼'은 시기별 적절한 주제를 가지고 강릉 선교장船橋莊에서 자유담론自由談論하는 행사로,
우리 전통문화 공간의 체험과 더불어, 해당 주제에 관한 강연회 또는 집담회 형식으로 운용되고 있다.
제2회 포럼은 '우현 고유섭 전집' 열 권 완간(열화당)을 기념하여 우현 선생과 관계되는 분들의 발언과
토론으로 진행되었다. 왼쪽부터 최강현(한국기행문학연구소 소장), 이기웅, 황유자(황수영 선생의 장녀),
권영필(상지대 초빙교수), 김주연(숙명여대 석좌교수), 허영환(성신여대 명예교수),
전보삼(한국박물관협회 회장), 이기선(미술사학자), 이구열(한국근대미술연구소 소장),
이강근(서울시립대 교수), 이재욱(황수영 선생의 사위), 정태완(시인), 황호종(황수영 선생의 장남).

「제3회 선교장 포럼」.
선교장 문물관 앞. 2014. 6. 14.
제3회 포럼은, 선교장 열화당 건립 이백
주년을 앞두고 김봉렬 교수의 「열화悦話와
활래活來─선교장의 건축적 정신」이라는
제목의 특강에 이어, 「백범일지白凡逸志,
어떻게 복간할 것인가」를 주제로 한
열화당 측의 발표와 자유토론이
진행되었다. 선교장 가족과 내외빈 백여
명이 모여 성황을 이루었다.

1 이강령(선교장 가족), 2 이강륭(선교장
장주莊主), 3 이기웅, 4 박청수(원불교 원로교무), 5 김지하(시인), 6 나선화(문화재청장),
7 지건길(아시아문화중심도시조성위원회 위원장), 8 이승신(시인). 9 김오성(오봉인터내셔널 회장), 10 염돈호(강릉문화원
원장), 11 최두환(시와진실 대표), 12 김영준(경세원 대표), 13 최홍규(중앙대 명예교수), 14 전보삼(만해박물관 관장),
15 이강숙(선교장 가족), 16 형난옥(월간유아 발행인), 17 정현숙(열화당책박물관 학예연구실장), 18 윤세영(사진예술
편집장), 19 유영희(한국의 맛 연구회 이사), 20 이기혁(선교장 가족), 21 이윤주(배화여대 교수),
22 이기선(불교미술사학자), 23 양성전(국제문화도시교류협회 이사), 24 이근형(한국의 맛 연구회 이사),
25 김상분(장문사 대표), 26 정세현(국제문화도시교류협회 감사), 27 전정원(한국의 맛 연구회 전 회장),
28 최례기네(서강대 명예교수), 29 이미자(한국의 맛 연구회 회장), 30 윤광봉(전 히로시마대학교 교수), 31 백태남(열화당
편집위원), 32 이계열(교육자), 33 이원재(선교장 가족), 34 안은영(이기웅 이사장 부인), 35 홍광선(세종대 명예교수),
36 신우균(고려대 명예교수), 37 노미자(선교장 가족), 38 이창현(서울연구원 원장), 39 이환구(파주출판도시 조합
상무이사), 40 최인수(조각가), 41 조기섭(양현재 현우회 회장), 42 임옥상(미술가), 43 채수훈(이기웅 이사장 수행비서),
44 김종구(조각가), 45 김인규(전문 경영인), 46 조윤형(열화당 편집실장), 47 윤화자(선교장 가족),
48 이수정(열화당 기획실장), 49 차장섭(강원대 교수).

마음이었다. 전쟁의 참화란 이를 두고 이르는 말이겠다.

그 후 나는 알게 모르게 우리의 원형성原形性을 찾는 일이 값지다는, 신념에 가까운 마음을 갖게 되었다. 우리의 정체는 무엇이며, 그 정체의 가치는 어떠한 것인가에 대한 확인 말이다. 선교장뿐 아니라 온 나라에 걸쳐 돌림병처럼 번지는 전통 훼손, 원형성 상실은 심각하다 못해 국가적 위기로까지 인식하게 되었다.

출판사를 영위하다 보니, '열화당悅話堂'은 어쩌다 나의 아호처럼 불려지기도 한다. 매월당이나 사임당의 경우와 같겠다. 열화당은 나의 오대조부五代祖父이신 오은鰲隱 이후李厚(1773-1832) 할아버지에 의해 1815년, 지금은 강릉이라 불리는 명주溟州 경포鏡浦의 운정雲亭에 건립되었다. 열화당 건립에 백 년 앞서 이내번李乃蕃(1703-1781, 나의 칠대조) 할아버지에 의해 이곳에 터잡혀, 선교장의 조성이 시작되었음은 잘 알려진 바이다. 열화당의 당호가 도연명陶淵明의 「귀거래사歸去來辭」 중 한 구절인 "가까운 이들이 정다운 이야기를 나누며 기뻐한다悅親戚之情話"에서 따온 것처럼, 식구들과 이웃들이 한데 어울려 사는 이상적 마을을 꿈꿔 도모했던 공간이었다고 여겨진다. 그저 작고 아담한 공간으로 보이지만, 선교장 식구들이 공동의 뜻을 가꾸면서 인간의 가치를 찾으려는 집이었던 것이다.

인문주의자이시며, 건축가요 도시계획가이시며, 그리고 기행문학가紀行文學家이기도 하신 오은 이후 할아버지는 무엇보다도 출판인이셨다. 마치 정조正祖(재위 1776-1800) 임금께서 규장각奎章閣(1776년 설치)을 세우시어, 이를 국립출판원이요 국립도서관으로서 역할하게 하시면서, 군왕의 통치이념을 국정에 구현하시려 했던 일에 감히 견주어 본다. 이보다 앞서 세종世宗(재위 1418-1450) 임금께서 집현전集賢殿(1420년 확대 개편)을 지원하신 것도 유사한 생리生理 곧 탄생원리라 생각한다. 이백 년 전의 사정에 비추어도 그러하지만, 한양漢陽에서 강릉江陵까지 가려면 빠른 걸음으로도 열흘이 걸렸다는 외진 곳 선교장의 지역적 처지로 보면, 열화당 같은 자그마한 문화센터 하나를 건립하여 쓸모있게 운용한다고 하는 사실은 여간 힘든 일이 아니라는 것은 알 만하다.

그분 오은繁隱 어른께서는 열화당을, 지금으로 말하면 종합문화센터로 운영할 생각이셨던 것 같다. 아마 틀림없었다고 나는 믿고 있다. 그 증거들을, 오은께서 그 특별한 공간을 마련하신 의도며 그 안에서 하셨던 구체적인 일들을 하나하나 꼼꼼히 정리하여 따져 볼 생각이다. 이 열화당은 이른바 사랑채라 불렸는데, 요즘으로 말하면 내방來訪 인사들의 숙박宿泊과 집회가 가능했던 곳이다. 그 안에서 문집文集이나 고전古典류의 책, 그리고 간혹 족보族譜류도 찍어 꿰매었으며, 전적典籍류들을 다수 수장했으니, 그제와 이제의 사정을 감안했을 적에 당연히 출판사요 도서관이었으며, 인쇄소와 제본소, 그리고 책방의 기능도 했다고 보는 것이다. 모든 기능들이 분화되지 않은 채 통합돼 있는 원시형태이었을 것이다. 오늘의 분야 나누기에 따를 수 없는 것이었으니, 당연히 경계가 애매했을 터이다. 이런 여러 다양한 기능들이 있기는 했지만, 막상 구체적인 형식이 부족하거나 공허했는데, 곧 이상적인 공간으로 보완돼 나가면서 그 공간에 크게 영향을 받아 가며, 그런 구체적인 요소들이 탄생되고 있었다고 해야 정확할 터이다. 나의 이런 추론推論은 우리나라 사회사社會史나 건축사建築史 연구의 방법론에서 널리 준용해야 한다고 주장한다. 물론 지나치게 비약해서는 안 되겠지만 말이다. 그러니까 당시로 봐서 오은께서는 놀라운 문화조직자文化組織者이셨던 것이다. 놀랍고 또 놀라워라, 도서출판 열화당 첫 대표님 '열화당 문화의 전당' 첫 대표님!

그분은 건축이 무엇인지를 잘 알고 계셨다. 그분은 지금의 도시都市, 당시의 개념으로서는 취락聚落이라는 공동체의 뜻이 뭔지를 잘 아셨다. 인간이 함께 모여 산다는 의미와, 그에 따르는 갖가지 경험과 교훈의 축적을 깊이 터득하고 계셨다. 조선문예朝鮮文藝의 인문적人文的 축적과, 수준 높은 유가儒家의 법도가 잘 섞여 농익은 발상으로, 선교장의 가구家具, 서양건축에서 이르는 'FFE'(finishing, furnishing, equipment)와 건축의 외관外觀, 그리고 조경造景을 노련하게 보살피셨던 것으로 보인다. 또한 선교장이라는 큰 집안의 구성원들, 곧 식구들이 감당해야 할 일과, 그리고 그분과 같은 지식인이 해야 할 책무나 능력까지도 두루 갖추셨던 것 같다.

그분은 벼슬을 하신 적이 없다. 관로官路에 발 들여놓지 않으셨다. 그것이 그분이 특별히 의도하신 바인지, 아니면 집안 사정이거나 어쩌지 못할 특별한 여건 때문인지는 알 수 없으나, 관계官界와 인연을 맺지 않으셨다는 사실은, 지역의 한 뛰어난 지도자가 한눈팔지 아니하면서, 한 지역, 나아가 한 시대의 창의적인 문화인자文化因子를 꿈꿔 키워 보겠다는 남다른 사연과 결심이 있었음으로 보인다.

하여, 그분에 의해 선교장이라는 일대 장원莊園이 구축되는데, 이만한 장원을 구축하여 그 시설과 집단적 삶의 시스템을 운영하면서 고도한 문화적 성과를 지속적으로 얻어내는 데 성공한다. 집안을 '만석萬石꾼'이란 호칭을 얻게 한 그분의 사업 능력은, 선교장의 문화가 꽃필 수 있는 놀라운 조건을 만들어낸 것이다.

대가족을 이뤄 이 지역에서 우뚝 선 선교장을 책임지는 장손으로서의 위치에 서게 된 것은 그분의 나이 십삼 세 때이셨으니까, 열화당을 지으신 것은 종손宗孫으로서 책임맡게 된 어린 때로부터 삼십 년 뒤인, 사십삼 세 때이셨다. 참으로 놀라운 집중력과 탁월한 역량이 아니면 불가능한 성취였던 것이다.

열화당과 활래정이라는 두 건축은 선교장 배치도에서 화룡점정畵龍點睛의 뜻을 갖는다. 오은 할아버지의 윗대(上代), 곧 아버지 이시춘李時春 님, 할아버지 이내번李乃蕃 님이 앞서 선교장의 조성계획에 어떤 성과와 역량을 보이셨는지는 아직 구체적으로 정리되지 않았다. 다만 오은의 계획에 따라 빛나는 성취가 이뤄졌음은 분명하다. 따라서 출판사 열화당의 탄생은 이와 같다. '열화당 탄생 이야기'는 앞으로 사료史料를 더 보완하면서 진화進化시켜 갈 것이다.

나의 조부이신 경농 이근우 님이 발행인으로 명기돼 있는 문집 한 권이 발견되었지만, 그 책 발행처의 주소지가 서울 재동齋洞이라는 것밖에는 아직 발간 사연을 밝히지 못하고 있다. 나는 우리 열화당의 대표 자격으론 경미 이돈의 님, 곧 나의 백부伯父님을 꼽곤 한다. 1940년대부터 열화당에서 책 다루시는 그분의 모습을 자주 뵈었으니, 더 말할 나위가 없다. 내 친구 심교웅沈敎雄 군의 아버지이신 심의섭沈義燮 님은 백부의 십 년 손아래 벗으로 절친한 관계이셨는데, 요즘으로 말하면 백부님 밑에서 편집 책임자 노릇을 하셨다고 여겨진다. 서적용 종이를 쌓아 놓는 일에서부터 접는 일, 자르는 일을 비롯해 편집일, 먹으로 미는 일, 먹으로 인쇄된 종이를 추리고 가다듬어 꿰매는 일 등 한 권의 책을 완성시키기 위해 치잣물을 들인 책판冊板 문양의 표짓감을 다루는 일까지, 그분의 매서운 솜씨를 보아 왔다.

백부께서는 내게 열화당 군불 때는 일을 많이 시키셨다. 워낙 땔나무가 귀했으므로, 대체로 불규칙하게 생긴 삭정이라든가 가랑잎이나 '소가리'(솔잎을 긁어 모은 땔감)로 땠는데, 불길이 온돌 아궁이로 잘 빨아들여지기까지는 연기가 계속해서 밖으로 내치기 때문에, 어린 내겐 여간 고통스런 일이 아니었다. 하지만 그때의 생생한 기억은 아직까지도 소중한 인연인 듯 추억 속에 자리잡고 있다.

1961년 나의 대학 학창 이학년 때 백부께서는 세상을 뜨셨다. 학업을 마친 나는 이어 장교로 군무까지 마친 다음 벼르고 벼르던 책 만드는 일에 뛰어든다. 1966년 출판 명문 일지사一志社에 입사하게 된 것이다. 김성재金聖哉 사장으로부터 '책을 향한 정직한 마음과 자세'를 배운다. 이어서 1971년 '열화당'의 이름과 그 정신을 서울로 옮겨와 현대식 출판사를 마련했다. 그 당시 나로서는 이런 운명의 노정路程을 아주 구체적으로 계획하거나 계산하진 않았으되, 서울과 파주 열화당 마흔네 해를 맞이한 오늘에서 보면, 그간 매 순간을 달려오면서도 역사 속에서 잠자고 있던 사실들을 기억해내고, 또 '열화당'의 명호名號가 시사하는 바 묘한 운명의 아이러니를 생각하게 된다. '열화당'이라고 하는 이름이 준 뜻과, 내게 피와 살과 혼을 주신 선조의 가르침과 당부當付의 음성이 귓가를 스친다. 미술과 한국전통문화에 관한 출판에 힘써 온 것 역시 오은 할아버지를 비롯해 조상의 가르침이었음을 깊이 느낀다.

또한 오은께서 열화당과 활래정을 중심으로 선교장을 대장원으로 조성하시면서 하나의 작은 문화공동체를 구상하신 것은, 오늘의 내가 여러 뜻 있는 출판인, 건축가 들과 함께 이곳 파주坡州 땅에 '책의 도시'를 마련하게 되는 원천이었다고 깨닫고, 또 그리 믿게 되었다.

서울에서 서른다섯 해에 이어, 2004년 파주 땅 출판도시로 옮겨 와 십년 동안 나는 열심히 책을 만들어 왔다. 하지만, 말농사 글농사로 일컫는 출판일을 하며 버티기엔 너무나 척박한 환경이기에, 그동안 내가 한 일을 돌이켜 보면, 좌충우돌 천방지축으로 점철된 듯하여 부끄럽고 걱정스러울 뿐이다. 말과 글을 다룬다는 출판일이야말로 얼마나 조심스러운 일이겠는가. "말이 서야 집안이 선다"는, 선교장 집안 어른의 가르침은 이런 일을 걱정해서일 터이니 말이다. '오은 할아버님, 이것저것 잘못이 많사옵니다' 하고 용서를 빌곤 한다. 용서 비는 장소가 정해져 있는데, 주로 그 어른이 열화당과 비슷한 시기에 지으신 활래정活來亭에서이다. 선교장에서의 잠자리를 가능하면 활래정 온돌방으로 정해 놓고 있다. 잠든 나는 그곳에서 오늘의 나를 있게 하신 어른들을 뵙는다. 아버지, 둘째아버지, 고

모님, 큰아버지, 할아버지, 증조, 고조, 그리고 오은 할아버지를 만난다. 그분들 앞에서 책농사꾼으로서의 마음을 가다듬고 옷깃을 여미어 본다.

앞서 말했지만, 2004년 파주에 열화당 새 건물을 마련했다. 출판계가 뜻을 모아 세운 출판도시 안에 자리잡았다. 새 열화당 건물을 영국 목수 플로리언 베이겔과 캐나다 목수 필립 크리스토에게 맡기고, '도서관 도시'라는 출판도시의 지향점에 걸맞은 공간을 건물에 도입하도록 주문했다. 건축가는 주문대로 '도서관+책방'이라는 복합공간을 설계하고자 애써 주었다.

이 공간 한쪽에 벽감壁龕을 마련하고 오늘의 우리를 있게 해 주신 이들을 모셨다. 시각적으로 기억될 수 있도록 선교장 식구들의 얼굴사진을 작은 액자로 진열해 놓았으며, 다른 한쪽에는 오늘의 열화당을 있게 한 책의 중요 저자들 얼굴사진 액자를 진열해 놓았다. 모두가 고인故人이므로, 이 공간을 찾는 이들은 특별한 느낌으로 책을 생각하게 될 터이다. 사람이란 역사歷史의 존재요, 영적靈的 존재임을 상기시킨다. 책을 다루는 모든 이에게 남다른 소명召命을 일깨워 주려는 것이다.

강릉 열화당에서 서울 열화당을 거쳐 파주 열화당에 이르는 시공간의 이동축移動軸은 매우 길어 보이지만, 오은 할아버지의 입김이 늘 함께하시면서 이 공간에 서려 계실 터이다. 이백 년 전의 열화당이 지금 파주에 와 있으며, 오늘 열화당 발행인이란 직분은 오은 할아버지께서 내리신 나의 벼슬이요 직분이 아닌가 하는 생각이 든다.

2015년 첫 해가 밝자, 시무식을 마친 다음, 앞선 해부터 가다듬어 오던 '열화당 귀감출판龜鑑出版 칠훈七訓'을 이수정 실장에게 주면서, 이것이 내 뜻이니 귀하게 여기며 조윤형 실장을 비롯한 직원들과 함께 새로운 마음으로 이 다짐을 가다듬자 하고 말했다. 이백 년의 해 내내 가다듬을 뿐 아니라, 앞으로 누대累代에 걸쳐 가다듬어 나가야 할 일이라 믿는다. 열화당은 책을 팔거나 자랑하기 위함이 아니라 가치를 위해 출판하며, 적은 부

존 버거와 함께 파리의 그의 집에서. 2014. 3. 10.(왼쪽)
존 버거와 그의 아들 이브 버거가 아내이자 어머니인 베벌리를 추모하여 만든
*Flying Skirts: An Elegy*의 한국어판 『아내의 빈방』(2014).(오른쪽)

선교장 열화당 건립 이백 년(1815-2015)을 맞아 출판사 열화당도 책만들기에 임하는 각오를 새로이 하고 있다.
그런 생각으로 2014년 3월 파리에 있는 존 버거 선생을 찾아가, 그동안 그의 책 열한 권을 만들면서 쌓아 온,
그리고 앞으로 쌓아 갈 관계를 확인하는 의미로, '아름다운 협약서'를 나눠 가졌다. 협약서의
"진실한 말―글쓰기와 책만들기―로써 이 거친 자본주의 시장 속에서 존립하는 일이 얼마나 어려운 일인지를
깊이 되새기며, 존 버거와 열화당은 굳은 믿음으로 연대連帶한다"라는 문구는, 이 시대에 책 만드는
저자와 편집자가 가져야 할 생각의 상징적 표현이었다. 한편, 이 자리에서 존 버거의 부인인
베벌리 버거를 추모하는 글과 그림의 출판을 약속했고, 우리는 베벌리 버거의 일 주기가 되는
2014년 7월 30일 이 책을 발행했다.

수이지만 오래가는 책을 지향하며, 편집자와 저자는 이를 위해 비록 외롭더라도 함께 협력해 나가야 한다는 것이 이 칠훈의 골자였다.

이렇듯 이백 년을 맞게 된 선교장 열화당 앞에서 출판사 열화당의 책임감은 남다른 것이다. 앞으로 열화당은 무슨 일을 해 나가야 하는가, 이 대목에서 나는 깊은 생각에 잠긴다. 좀 더 긴 안목을 가지고, 좀 더 넓은 세계를 바라보고 출판에 임해야 할 때라는 생각이 든다. 우리는 그 어느 때보다도 '출판出版'이라는 본령本領에 충실해야 한다고 믿는다.

출판물이란, 고도의 정신적 활동을 말, 즉 문자를 통해 표현하는 이 시대의 가장 기본이 되는 매체이다. 문자文字란 무엇인가. 인간의 정신적 산물이라 할 '생각'이 드러나는 일차적인 방식을 '말'이라 한다면, 이것이 정리된 형태가 '글'이겠다. 글은 '문자'를 수단으로 한다. 이렇게 문자를 수단으로 한 글을 더욱 정교하게 가다듬고, 배열하고, 구성하는 일이 '편집編輯, 編集'이며, 이것이 '출판'의 요체인 것이다. 저 갑골문자甲骨文字며 수메르문자, 이집트문자 역시 이와 같이 인간의 정신적 사고를 시각적으로 드러나도록 표현하고자 발상發想된 것이며, 이것이 세월을 거듭하며 정교해진 것이 오늘날 우리가 쓰는 문자언어라 할 수 있다. 인류 역사상 최고의 발명인 '문자'로 하여 모든 정신적 물질적 문명이 발전해 왔음은 두말할 나위 없다.

그러나 이 시대의 문자의 위상은 어떠한 모습을 하고 있는가. 문자, 그리고 책이 차고 넘친다. 인간들은 우리 주위를 가득 메우고 있는 말과 글, 문자와 책으로 하여 주체할 수 없을 지경이다. 문자로써 우리는 스스로 병들어 가고 있다. 열화당은 바로 이 점에 주목해 미래를 그려 가고자 한다.

말의 위상, 문자의 존엄을 다시금 되살리는 출판을 생각한다. 한 인간의 삶을 성찰적으로 또는 진실된 기록으로 남기는 자서전自敍傳이나 전기傳記의 출판, 옛 선인들의 아름다운 출판물을 오늘의 사정에 맞도록 되살려 우리들의 삶에 거울삼는 복각작업復刻作業이 앞으로 지향해야 할 작업의 하나로 생각한다. 이런저런 참일들이 진행되는 과정에서 연리지連理枝 꽃 같은 창의로운 출판작업들이 태어날 터이다. 여기에는 기존의 편집원칙에 충실함은 물론이지만, 한자漢字의 병용, 세로쓰기 편집 등, 우리가 분명치 않은 이유로 버린 과거의 오랜 편집방식을 다시 살리는 것도 깊이 고려되고 있다.

열화당이 궁극적으로 실현해야 할 것은, 작금의 상업주의 출판 시스템에서 벗어나, '시장 바닥에서 말을 파는' 게 아니라 '역사를 향하여 말씀을 바치는' 출판을 생각한다. 곧, 출판의 진정성을 회복하는 일이 현실적으로 가능할 수 있도록 새로운 시스템을 만들어내는 것이다. 그동안 쌓아온 열화당의 인적人的 네트워크가 이를 실현하는 데 큰 역할을 할 것이다. 많은 사람과 더불어 목표를 이룰 때 그 의미가 배가倍加됨을 잘 알고 있으며, 출판도시出版都市 역시 많은 사람과 더불어, 서로의 힘을 합해 이루어 왔음을 역사가 증언하고 있다.

지난 과거를 돌아보고 또 현재를 직시하며 앞으로의 미래를 그려 나아가는 것은, 한 개인의 성찰을 뛰어넘어 시대적 인식에 기인해야 할 터이다. 그러므로 오은께서 시작하여 일구신 일을 되새기면서, 그분의 정신을 받들며 열화당과 더불어 출판도시를 이끌어 온 나날들을 다시금 돌아볼때, 열화당은 출판도시와 함께 우리 시대 책의 문화를 좋은 길로 인도하는 대열의 맨 앞에 서야 할 것이다.

2013년 4월 15일 '선교장 문물관文物館' 개관식이 있었다. 개관식에서 이강릉李康隆 종손宗孫은 다음과 같이 인사말을 해 참석한 이들을 숙연케 했다.

저희 선교장이 1966년 개인 주택으로서는 최초로 국가지정 민속문화재로 지정된 이래 어려운 경제여건에서도 정부와 강릉시 등 관계기관과 여기 참석하신 여러분의 애정과 관심 속에 복원과 보수 등 외관 공사를 거의 마무리짓고, 그 내용을 정리하기 위한 작업을 하고 있습니다. 우선 삼백 년 역사의 소장 유물들을 공개하고자 이 년여의 작업 끝에 오늘 선교장 문물관을 개관하게 되었습니다. 이 전시관에는 선교장 가계家系의 일세이신 완풍부원군完豊府院君, 이세이신 완계군完溪君을 위시한 대대 선조님의 교지敎旨와 묘지명墓誌銘, 선교장 재산형성 과정의 토지거래 계약서인 칠백 점의 명문明文, 선교장에 건립한 강원 지역 최초의 사학私學인 동진학교東進學校 관련 자료, 고조高祖이신 강릉부사江陵府使 겸 관동초모사關東招募使의 동비토벌東匪討伐 관련 자료를 비롯한 선교장의 생활과 사대부가의 문화적 면모를 보여 주는 귀중한 유품, 수많은 서책書冊, 서화書畵, 장계狀啓, 그리고 퇴계退溪, 율곡栗谷 등 조선조 웬만한 명망가의 이천여 점에 달하는 간찰簡札을 전시합니다. 또한 제이 전시실인 옛 동진학교 자리의 생활유물 전시관에는 가구家具와 제기祭器, 각종 반상기飯床器와 접시 등 선교장의 방문자나 이곳을 찾은 풍류객, 대가족大家族 들이 쓰던 살림살이 도구 등이 전시됩니다.

이번 전시에서는 서책과 간찰, 장계, 명문 등은 보존과 정리, 번역을 위해 한국학중앙연구원에 위탁하여 연구작업 중이므로 관람할 수 없지만, 연구작업이 종료되고 그 결과가 출판까지 되면 이어서 공개될 것입니다.

오늘 전시관을 개관하면서, 광복과 육이오 전쟁 등 격변기를 거치며 이 모든 것을 보존하시느라 애쓰시던 할아버지 경미鏡湄 님, 그리고 어려운 시절, 복식 등 선교장 유물전시관을 준비하시면서 애쓰시던 어머니 성기희成耆姬 님을 생각하니 만감이 교차합니다.

저 자신도 어릴 적 사학자史學者 등이 할아버지를 찾아오실 때마다 서화, 서책들을 수납하던 일, 특히 원로 사학자 황의돈黃義敦 박사가 오셨을 때, 고려시대의 의서醫書인 『황제내경黃帝內經』은 귀중한 자료이니 잘 보관하라고 할아버지께 당부하시던 말씀 등, 이런 모든 분들이 오늘 문물관 개관의 힘이 되신 분들이라 생각하며, 그분들이 이것을 보셨으면 하는 생각이 간절합니다."

이와 같이 열화당 건립 이백 주년에 즈음하여 선교장의 이강륭 종손과 이강백李康白 관장 등 집안의 여러 사람들이 많은 노력을 쏟고 있으며, 출판사 열화당에서도 여러 일들을 통해 이백 년을 기념해 나갈 것이다. 오은 할아버님의 금강산 기행문인 「풍악지장도겸시축楓嶽指掌圖兼詩軸」의 번역은 그 첫번째 일이며, 오은 할아버님에 관한 더 많은 기록을 찾아 모으는 일, 그리고 선교장 최성기까지 열화당과 활래정, 선교장이 어떻게 변모되어 갔는지를 밝히는 일 등이 그 중심이 될 것이다. 그렇게 선교장 열화당 건립 이백 년의 역사를 기록하는 일은, 우리 역사에 숨어 있는 미시사微視史를 밝힘으로써 한국 문화의 역사적 면면들을 드러내는 소중한 작업이 될 것으로 믿어 의심치 않는다.

백범白凡 김구金九 선생과
우현又玄 고유섭高裕燮 선생

『백범일지白凡逸志』를 염殮하다
우리 기록문화유산의 올바른 정립을 위하여

『백범일지』는 백범의 연세 쉰셋 되던 1928년 봄 무렵 상해 임시정부 청사에서 집필하기 시작하여 이듬해 5월 3일 완료한 '상권'과, 예순일곱 되던 1942년 중경 임시정부 청사에서 쓴 '하권', 해방 후 귀국 과정과 귀국 후의 활동에 관해 구술 기록한 '계속'분으로 구성되어 있다. 여기에 「나의 소원」을 덧붙여 1947년 국사원國士院에서 출간한 것이 활자본 『백범일지』의 효시이다.

백범은, 기미년己未年 삼일운동 이래 독립운동이 점점 퇴조기에 들면서 임시정부라는 명의名義를 유지하는 것만도 어려워 침체한 국면을 타개할 목적으로, 한편으로는 미국의 동포들에게 금전적 후원을 부탁하고, 또 한편으로는 철혈남아鐵血男兒들을 물색하여 의거 운동을 계획하던 무렵에 『백범일지』의 상권 집필을 완료했다고 밝히고 있다. 곧이어 일어난 이봉창李奉昌의 동경 의거와 윤봉길尹奉吉의 홍구虹口 의거가 성공하면서, 이때부터 백범은 죽음을 각오했던 것 같다.

『백범일지』의 상권을 쓰고 난 후 백범은 자신이 '왜놈'의 손에 언제 죽을지 모르고, 또 그렇게 되기를 바라는 각오 아래, 인仁과 신信 두 아들이 성장하면 아비의 일생경력이라도 알게 할 목적으로 이 원고를 미국 컬럼비아대학교에 보내어 보관토록 했다. 1979년 미국 컬럼비아대학교에서 보관하던 『백범일지』 등사본에서 1930년에 쓴 백범의 친필 서한이 반세기 만에 발견되었는데, 간결한 서한에는 그러한 사정이 잘 드러나 있다.

귀사원貴社員 전체 동지同志에게 간탁懇托하나이다.
구九는 본이불문本以不文으로 장편기문長篇記文이 처음이요 또 막음입니다. 연래로 점점 풍전등화風前燈火의 생명을 근보僅保하나 왜놈의 극단활동으로는 어느 날에 무슨 일을 당할지 알 수 없으며, 구九 역亦 원수 손에 명맥命脉을 단송斷送함이 지원至願인즉 시간 문제일 것이외다. 그러므로 유치幼稚한 자식들에게 일자一字의 유서遺書도 없이 죽으면 너무도 무정無情할 듯하여 일생경력一生經歷을 기술하여 자녀姊에 앙탁仰託하오니 미체微體가 분토화墳土化한 후, 즉 자식들이 성장한 후에 탐전探傳하여 주시면 영원 감사하겠나이다. 그 이전에는 사고社庫에 봉치封置하시고 공포公布치 말아 주옵소서.
민국民國 11년 7월 7일
김구金九 정례頂禮

이렇듯, 『백범일지』는 일종의 유서遺書였던 셈인데, 1947년 초판 출간 이래 세월을 거듭하면서 다양한 판본으로 출간되어 널리 읽혔으며, 어느새 우리 국민들에게 정신적 버팀목이 되는 상징적 존재가 되었고, 그 원본은 현재 보물로 지정되어 우리의 소중한 기록문화유산으로 남아 있다.

그러나 안타깝게도 『백범일지』의 출간은 처음부터 단추가 잘못 꿰어졌다. 원본성原本性이 크게 훼손된 것이다. 첫 출간 당시 원고의 교열을 본 이는 춘원春園 이광수李光洙로 알려져 있는데, 그로 인해 백범의 냄새가 거의 모두 지워져 버렸다. 중국 상해上海와 중경重慶의 긴박했던 독립운동 현장에서 기록한 원본의 생생함이 적잖이 희석되었고, 백범 특유의 투박한 듯한 문체가 너무나 말끔하게 윤색되었을 뿐 아니라, 인명, 지명의 착오, 내용의 뒤바뀐 서술, 심지어는 원문이 대폭 생략되기도 하는 등, 오히려 원본에서 가장 멀어진 교열본이라는 평가를 받기도 했다.

이 국사원본이 당시로서는 백범 선생의 서문을 받아 수록했고, 또 백범 선생의 발간 승인을 얻은 유일본이었기에 이를 저본 또는 대본으로 하는 『백범일지』가 이후 계속해서 출간되어 국민의 애독서, 필독서가 되어 왔지만, 이와 같은 문제의식을 근본적으로 바로잡은 판본은 지금까지 나오지 않았다.

1976년 8월, 백범 선생 탄신 백 주년을 기념하는 행사의 일환으로 노산鷺山 이은상李殷相 선생이 주축이 되어 신세계백화점 화랑에서 백범의 유품과 유묵을 전시한 적이 있었는데, 이때 『백범일지』의 친필 원본도 함께 공개된 바 있다. 이때 노산은 한 언론과의 인터뷰에서 "1947년 혼란기에 춘원이 손을 대 내놓은 『백범일지』는 백범의 뜻을 그대로 전달하지 못하고 있다. 친필 『백범일지』는 백범의 진면목을 알기 위해서도 원문대로 출판되어야 마땅하다"(『경향신문』, 1976. 8. 24.)고 밝힌 바 있다.

이후, 1994년 백범 선생의 차남 김신金信 장군이 『백범일지』의 친필 원본으로 영인본을 만들어 출간함으로써 비로소 『백범일지』의 원본이 대중적으로 공개되었다. 그러나 기존의 『백범일지』가 안고 있는 심각한 태생적 문제를 해결한, 원본에 준하는 '정본 백범일지'는 아직까지도 출간되지 않고 있다. 열화당悅話堂은 이러한 문제의식에서 『백범일지』의 복간을 결정하고, 그 첫발을 내딛고 있다.

올바른 원본이 존재한 연후에 이를 토대로 한 주석본, 번역본, 교육용

도서, 아동용 도서 등이 나와야 함이 출판의 원칙이라 한다면, 이러한 사실만으로도 『백범일지』를 다시 출간해야 하는 당위는 충분할 것이다.

물론, 『백범일지』의 복간은 원본성原本性 문제에서 출발한 것만은 아니었다. 이러한 결정을 하기까지에는 우리의 올바른 '말뿌리'와 '글뿌리'를 찾고자 하는 열화당의 출판정신이 그 배경에 깊숙이 깔려 있다. 1443년 세종世宗임금께서 그 지혜로운 과학정신과 언어감각으로, 천지인天地人의 이치에 따라 훈민정음訓民正音을 창제하시었으나, 알다시피 십구세기까지 우리의 '글쓰기'는 주로 한문漢文으로 이루어져 왔다. 우리의 올바른 말뿌리와 글뿌리를 찾는 일은, 이런 우리 언어의 태생적 역사적 운명을 소상히 이해하는 것에서 출발한다.

『백범일지』 원본의 수많은 한자, 그리고 한문투의 문장 들은 한자와 한글이 함께해 온 우리말, 우리 문자의 역사적 운명 속에서 이루어진 소산이다. 우리의 한글과 한문은 떼려야 뗄 수 없는, 떼어서는 아니 되는 언어적 숙명관계에 놓여 있으며, 그러한 시대적 상황에서 우리 어문語文을 향한 백범의 글쓰기를 그대로 받아들이는 것이 중요하다. 이런 언어 전통을 잘 알고, 이를 기반으로 한글과 한문을 조화롭게 구사하는 글쓰기 작업에 매진했던 선구적인 문인과 학자, 그리고 다양한 분야의 선각자 들에 의해 오늘의 글쓰기에 이르는 놀라운 글길〔文道〕이 이뤄져 왔기 때문이다. 그 글길과 글뿌리를 파악해내어, 선인들이 말과 글을 통해 어떻게 우리의 정신문화를 일구어 왔는지 되돌아보고, 다음 세대에 그 뛰어난 정신과 더불어 올바른 우리글의 전범을 제시하기 위해, 열화당에서는 그동안 우리 시대 의미있는 책의 복간작업에 매진해 온 것이다.

그렇다면, 왜 『백범일지』인가. 우리에게는 문학성, 기록성, 역사성을 두루 지닌, 우리 말과 글의 어미 되는 위대한 기록이라 할 문헌들이 매우 많다. 예컨대 일연一然의 『삼국유사三國遺事』, 이순신李舜臣의 『난중일기亂中日

'백범일지, 어떻게 복간할 것인가'를
주제로 열린 「제3회 선교장 포럼」.
2014. 6. 14. 강릉 선교장 교육관.
그동안의 『백범일지』의 문제를
바로잡아 다시 정본으로 내는 것은,
역사를 염斂하는 행위일 뿐 아니라,
백범 선생의 소중한 말씀을 염斂하는
일이기도 하다. 그러한 중차대한 일이기
때문에 백범 선생과 관계되는 여러
분들을 모시고 「선교장 포럼」을 통해
귀한 말씀을 나누었다.(위)
특히 사진가 이명동 선생은 돌아가시기
삼 일 전 경교장에서 찍은 백범 선생의
사진, 그리고 돌아가신 직후 염하는
모습의 사진을 김녕만(왼쪽) 사진가를
통해 이기웅 이사장에게 기증하여 더욱
뜻깊은 시간이 되었다.(아래)

記』, 정약용丁若鏞의 『목민심서牧民心書』, 김시습金時習의 『금오신화金鰲新話』, 박지원의 『열하일기熱河日記』, 신채호申采浩의 『조선상고사朝鮮上古史』 등 이 모두가 우리의 '말뿌리'와 '글뿌리'를 찾는 작업, 즉 기록문화유산 재생작업의 대상이 될 터이다. 그런데 『백범일지』는 다른 책들과는 달리, 우리의 역사적 현실적 문제에 가장 가까이에서 아직도 큰 영향을 끼치고 있는 책이다. 게다가 처음부터 잘못 접근된 출판으로 인해 역사의 진실을 바로잡아야 한다는 문제가 걸려 있다. 여기에 '정본 백범일지' 발간의 시급성이 있는 것이다.

『백범일지』의 복간작업은, 김구 선생의 친필본을 원본 그대로, 세로짜기로 활자화한 '복간본復刊本', 원본 내용을 오늘의 언어로 풀어낸 '우리말본', 그리고 『백범일지』와 관련된 자료들을 엮은 '자료편資料篇'에 이르기까지, 이 모두를 수록하는 정본 『백범일지』의 발간을 지향하고 있다. 책의 형식 또한 우리 말뿌리, 글뿌리를 복원하기 위한 매우 중요한 요소다. 동아시아에서 세로쓰기는 필사나 책자 형식의 기본원리로, 오늘에 맞는 세로쓰기의 복원을 통해 우리는 『백범일지』 원본의 형식뿐 아니라 백범의 정신과 숨결을 가장 잘 살릴 수 있다고 믿으며, 그럼으로써 진정한 의미의 '복간'을 하고자 한다.

백범 선생이 서울 경교장京橋莊에서 돌아가신 지 어언 칠십 년에 가까워진다. 『백범일지』의 간행 역사를 보면, 우리는 환경과 여건에 따라 그 본의本意가 잘못 전달되고 있음을 알 수 있다. 이것이 역사의 기록으로 그대로 굳어질 것을 두려워하면서, 백범의 체취가 살아 있는 육필 원고를 정성껏 염殮하는 심정으로 이 책을 복간하고자 하는 것이다. 『백범일지』의 출간에서 힘을 빌릴 최고의 솜씨는 오로지 백범뿐이다. 아무도 이를 대신할 수 없다. 이런 생각으로 우리는 철두철미 원본에 근거한 『백범일지』를 복간할 계획이다. 이는 정녕 우리 민족의 자존이 걸린 일이 아닐까 한다.

이 복간사업은 한 개인이나 단체의 힘만으로 될 일은 아니기에, 백범 선생의 유족은 물론, 전공 학자, 관련 단체와 기관, 그리고 백범 선생의 애국정신과 독립투쟁 업적을 기리는 전 국민의 성원으로 완성해 나가고자 한다.

조선 인문학의 글뿌리를 찾는다
우현 고유섭의 수상隨想과 기행紀行

'우현又玄 고유섭高裕燮 전집'의 완간은 우리 민족문화사에서도 크게 기록될 일이라고 나는 자긍自矜하고 있다. 온갖 비극적인 사건으로 점철되고 있는 오늘의 세태 속에서, 2013년 올해는 이 전집의 완간으로 하여 역사적인 해로 기록될 수 있다고 감히 의미를 크게 부여하고 있다. 열화당이 새천년에 접어들면서 기획했던 도서 가운데 '우리 문화예술론의 선구자들'이란 시리즈가 있다. 우리 한민족 문화사文化史에서 위대한 도구라 할 '우리글' 쓰기의 전범을 보여 주기 시작한 1900년대의 많은 선각자들의 행로와 업적을 정리하고자 한 것으로, 선구자들이란 바로 고유섭高裕燮, 문일평文一平, 윤희순尹喜淳, 김용준金瑢俊, 최남선崔南善 등의 지식인들이다. 왜인가. 그런 작업이 왜 필요하다는 말인가.

나는 문필가文筆家들이 사라져 가는 세태를 한탄한다. 문필가란 문필을 업으로 하는 사람을 가리킨다. 문필이란 '글과 글씨'를 일컫는다. 그러므로 글과 글씨 쓰는 일을 업으로 하는 사람을 가리킴인데, 이는 우리네 동아시아의 옛 지식인을 지칭하는 말임을, 나는 지금 자긍의 뜻을 가지고 그들을 머릿속에 그리면서 거론하고 있다. 동방東方의 지식인들이 문방사우文房四友를 곁에 두고 붓을 잡거나, 철필鐵筆 또는 만년필萬年筆을 잡고 글씨를 써 나가는 모습이야말로 우리 인문학의 현장을 바라보는 풍경이 아니겠는가. 하지만, 지금 이 글을 쓰고 있는 나 역시 노트북 컴퓨터를 잡고 씨름하고 있으니, 우리 문필의 현장은 가히 그 모습을 잃어 가면서 변질되고 있음을 부정할 수 없겠다. 다만 그들이 추구했던 글쓰기의 작업들이 당대의 가치로만 행세하다가 사라져 버리는 세태까지는 '아니다' 하는 생각이다. 그분들의 앞 세대의 경우도 마찬가지다. 글쓰기, 글짓기, 글읽기 들이 누대를 거치면서 단절을 거듭해 온 우리 말뿌리, 글뿌리 들을 보면서 한숨짓지 않을 수 없다.

19세기까지 우리의 주요 글쓰기 작업이 한문으로 이루어졌고, 이런 전통을 기반으로 하여 한글 쓰기의 작업에 매진했던 선구적인 작가들과 학자들, 그리고 다양한 분야에서 글쓰기를 했던 선각자들에 의해, 오늘의 글쓰기에 이르기까지 놀라운 글길이 다듬어져 마련돼 왔음을 우리는 알아야 한다. 그 글길과 글뿌리를 파악해내어 앞으로 다음 세대들이 인지해야 할 '우리말'과 '우리글'에 대한 책임감을 확실히 해 두는 작업들이 부지런히 마련돼야 하리라.

세종임금께서 한글 창제의 뜻을 세우고 이루신 이래 우리 글과 말이 꾸준하게 이어져 왔다고는 하나, 그 힘씀이 미약하여 그것을 실용화하는 데 큰 효과를 거두지 못했다. 대부분의 글은 한문漢文으로 씌어졌고, 소수의 글만이 우리글로 씌어지는 정도였으니, 우리의 문학과 학문은 한문학漢文學이라 일컬을 수밖에 없는 현실이었다. 나라의 지도이념이나 교육에서의 텍스트와 경전經典, 역사서歷史書, 그리고 시문詩文과 서간書簡 들이 온통 한문이었던 까닭에, 우리의 모든 언어생활이 오랜 세월 그 패턴과 그 구조 속에서 굳어져 왔다.

여기서 과연 '한문漢文' 또는 '한자漢字'란 무엇인가 살피고 넘어가도록 하자. '한자'의 생성이 중국에 뿌리를 두고 있음은 맞다. 삼천 년도 훨씬

우현 고유섭의 미발표 초고草稿들.

십 년에 걸쳐 완간한 '우현 고유섭 전집'은 발표한 글 백사십여 편과 미발표 글 백십여 편,
단행본 한 권, 그리고 단행본 출간을 위해 집필한 초고 두 편 등을 모두 열 권으로 편집한 것이다.
그러나 전집에 수록되지 못한 미발표 초고가 아직도 사과상자 대여섯 상자 분량으로 남아 있다.
우현은 이 모든 저술을 원고지에 붓 또는 펜으로 한 자 한 자 적었다. 그가 남긴 저술은 문필가文筆家의
전형을 보여 주는 것이기도 하다. 위 오른쪽부터 시계방향으로 「작품의 영원성」(사백자 원고지 다섯 장),
「세계미술의 불임증」(이백자 원고지 스물한 장), 「예술사회학의 문제」(사백자 원고지 두 장 반),
「인상파 이후」(사백자 원고지 여섯 장).

넘는 세월을 지닌 갑골문자甲骨文字에서 시작된 '상형象形 한자'는 한漢나라의 막강한 국세國勢를 타고 동아시아 온 지역에 떨쳐, 이름하여 '한漢나라의 글자' 곧 '한자漢字'라 불렀던 것이다. 한국과 중국과 일본, 그리고 베트남 등이, 국가로서 국경國境에 긴장감이나 예민한 이해관계가 오늘날처럼 그리 첨예하지 않았으며, 국가 조직이나 자국어 들이 분명하게 성립되지 않았던 당시에 한자를 차용하여 함께 썼었다. 이 문자의 생성은 한나라 지역에서 발원되었지만, 이 지역의 여러 나라가 오랫동안 함께 써 왔기에 '동아시아 문자' 또는 '동방문자東方文字'라 일컬어야 마땅하다고 생각한다. 따라서 한자를 중국 문자라 단정하는 주장은 온당치 않을 뿐 아니라, 차라리 어리석다.

하지만, 우리의 말과 글은 한자 또는 한문에만 안주하거나 그 세계에 정체해 오지 않았다. 그런 현상은 우리만이 아니었다. 동아시아 여러 지역, 일본과 베트남의 경우도 마찬가지로, 그들만의 특수한 인문, 자연지리 환경 속에서 그들만의 독특한 언어구조와 음운체계를 가지고 한자를 사용해 왔던 것이다. 우리나라의 경우, 세종임금 때 그분의 지혜로우신 과학정신과 언어감각으로, 그리고 천지인天地人의 이치에 따라 훈민정음訓民正音을 창제하시고 오늘에 이르게 하시니, 이런 우리의 어쩔 수 없는 언어의 역사적 운명을 소상히 이해함으로써 우리의 올바른 말뿌리와 글뿌리를 찾을 수 있다고 생각한다. 그러므로 우리의 한글과 한문은 떼려야 뗄 수 없는, 떼어서는 아니 되는 언어적 숙명 관계에 놓여 있음을 알아야 한다는 말이다. 당장 불편하므로 한자나 한문을 임시로 빌려 쓴다거나, 고전古典에 접근하기 위해서 필요하다는 등의 설명은 극히 소극적인 주장이다.

몇 가지 예를 들어 보자. 우리는 한문학의 최고最古 시가詩歌로 고조선 때의 작품으로 알려진 「공무도하가公無渡河歌」를 들고 있다. 백수白首 광부狂夫

가 강을 건너다가 빠져 죽자 그의 아내가 이를 한탄하면서 부른 노래로, 이를 들은 곽리자고霍里子高가 자신의 아내 여옥麗玉에게 들려주자, 여옥이 공후箜篌를 연주하면서 곡조를 만들어 불렀다는 노래다. 「공후인箜篌引」이라고도 하며, 시인 안서岸曙 김억金億이 조선시대 여류시인의 한시漢詩 이백 수를 선별해 옮겨 엮은 『꽃다발』(1944년 박문서관博文書館 발행. 열화당에서 2013년 '열화당 한국근현대도서 복각총서' 세번째 책으로 복각 발행)이라는 책에는 「공후곡箜篌曲」이라는 제목으로 다음과 같이 원문과 번역을 싣고 있다.

公無渡河	님아님아 이 江을 건너지 마소
公竟渡河	마소마소 했건만 期於건너다,
墮河而死	물에들어 그대로 돌아갔으니
公將奈何	님아님아 이일을 어이할는가.

김억은 위의 시를 다음과 같은 시조 형식으로도 의역하여 소개하고 있다.

건너지 마소마소 그리도 말렸건만
기어이 건너시다 물속에 들었으니
이님아 이일을 장차 어이어이 하리오.

한편, 경상남도 김해시 구지봉龜旨峯 주위에 살던 구간九干과 그 백성들이 가락국 김수로왕金首露王을 맞기 위해서 불렀다는 고대 가요인 「구지가龜旨歌」가 『삼국유사三國遺事』에 실려 있는데, 북한의 학자 리상호는 다음과 같이 번역했다.

| 龜何龜何 | 거북아 거북아! |
| 首其現也 | 머리를 내밀어라. |

若不現也	만일 아니 내밀면
燔灼而喫	불에 구워 먹겠다.

시대를 훨씬 내려와 조선 정조 때의 문장가요 실학자인 연암燕巖 박지원
朴趾源의 한문소설 「양반전兩班傳」의 첫머리는 다음과 같다.

兩班者 士族之尊稱也 旌善之郡 有一兩班 賢而好讀書 每郡守新至 必親造其
廬而禮之 然家貧 歲食郡糴 積歲至千石 觀察使巡行郡邑 閱糴糴 大怒曰 何物
兩班 乃乏軍興 命囚其兩班

'양반'은 사족士族을 높여 부르는 말이다. 정선 고을에 한 양반이 살고 있었는
데, 그는 어질면서도 글읽기를 좋아하였다. 그래서 군수가 새로 부임하면 반
드시 그 집에 몸소 나아가서 예를 표하였다. 그러나 살림이 가난해서 해마다
관청의 곡식을 꾸어 먹은 것이 여러 해 동안에 쌓여서 천 석이나 되었다. 관
찰사가 여러 고을을 순시하다가 이곳에 이르러 관청 쌀의 출납을 검열하고는
매우 노하여 "어떤 놈의 양반이 군량을 이렇게 축냈단 말이냐?" 질책하고는
명령을 내려 그 양반을 가두게 하였다.

구태여 번역문을 읽지 않고 한문 원문만 보더라도 한글소설 못지않게
하나의 단편소설 서두로서 박진감 있는 전개가 이루어지고 있음을 느낄
수 있다.

다음은 우현 선생의 「금강산金剛山의 야계野鷄」라는 기행문 중 본론 부분
에 해당하는 내용의 일부다.

이삼 년 전에 금강산金剛山을 갔을 적 일이다. 장안사長安寺에서 곧 마하연摩訶衍
까지 치달아 그곳 여관에서 자게 되었다. …그럭저럭 여급女給이 둘이나 들어
와서 시중을 든다. 원래 여급이 둘밖에 없다 하고, 더욱이 손이라고는 그때의
우리 일행인 두 사람밖에 없었으니까 총출동격總出動格이 된 모양이다.

위의 인용에서는 물론 이 글 전체에도 '야계野鷄'의 국어사전적 설명인

'멧닭'이나 '꿩'에 관한 이야기는 한 글자도 나오지 않는다. 아무리 윗글의 제목을 「금강산의 멧닭」이나 「금강산의 꿩」이라고 풀어 보아야 의미가 전혀 통하지 않는다. 야계野鷄는 "매춘부를 뜻하는 중국어 예치野妓를 더 비꼬아 부르는 말로, '野妓'와 '野鷄'는 중국어로 발음이 같다"라는 주석이 있어야 우현 선생의 글을 이해하면서 재미있게 읽어 나갈 수 있는 것이다.

이렇듯이, 한글과 한자, 한문은 혼용해 쓰면서 언어적 효용성을 극대화해 나가는 것이 운명이요 도리道理임을 인지해야 한다.

'우현 전집'을 바탕으로 하여, 우리 문화 예술을 사랑하는 사람들에게 우현의 글들을 쉽고 편하게 읽도록 하는 작업에 착수하려 한다. 그의 전집 가운데에서 기행문과 수상과 일기처럼 이 학자의 딱딱한 논문식 연구의 글보다는 인간적 속내가 환히 들여다보이는 글들을 먼저 읽도록 한다. 글쓴이의 내면의 깊이를 하나하나 이해하면서 우현에 다가가도록 하려는 기획이다. 이러다 보면 차츰 재미를 붙이면서 그의 어렵고도 전문적인 글까지도 마음을 붙여 읽음으로써 종내에는 우현의 세계에 차분히 다가가도록 하려는 생각이다.

이청준李清俊을 생각한다

광주·장흥 출신의 소설가 이청준을 추모함

이청준의 호는 '미백未白'이다. 그의 수필 「작호기作號記」에서 이 아호의 사연을 읽을 수 있는데, 일찍 머리가 하얗도록 세어 버린 그가 노모老母께 큰절을 올릴 때마다 "절하지 말고 그냥 앉거라. 에미보다 머리가 센 자식 절을 받으려니 민망스러 못 당할 꼴이다" 하며 만류하시었단다.

그는 1939년 전라남도 장흥군 대덕면(현 회진면) 진목리 참나무골에서 나고 자랐다. 어릴 때의 그는 공부를 썩 잘했다. 교육환경은 열악했지만, 좋은 교사들로 하여 그 시절은 그에게 큰 문학적 자산이 되었다.

초등학교를 졸업한 그가 광주서중으로 진학한 것을 두고 주위에선, 진목리에서 천재 났다고 떠들었다. 중학교 삼 년을 마친 그는 명문 광주일고에 들어가 학업을 마치니, 그가 장흥사람이되 광주사람이기도 했다.

가난한 시골뜨기 이청준이 처음 광주에 몸을 의탁한 곳은 친척 누님 집이었다. 장흥 어머니가 자루에 담아 마련해 준 게를 울러메고 광주 누님에게 선물로 드렸는데, 게는 이미 상할 대로 상해 자루를 받아들자마자 누이는 악취 풍기는 이 게를 바로 쓰레기통에 버리는 일이 생겼다. 그 일로 크게 수모를 느꼈던 회고담이 있다.

그때 그 쓰레기통에 내던져진 것은 그 썩은 게자루만이 아니었다. 나 자신은 물론 내 척박한 고향시절과 거기서 품어 온 남루하기 그지없는 꿈까지도 가차 없이 내던져진 격이었다. 두고 봐라. 나도 이제부턴 이 누추한 시골내기 태를 깡그리 벗으리라. 이를 악물고 너희와 함께할 수 있는 부끄러움 없는 삶의 길을 열심히 배우고 익히리라. 너희 속으로 함께 섞여들어 그 유족有足하고, 자랑스런 도회인의 삶의 길을 떳떳하게 살아가리라. 그런 다짐 속에 거의 혼자 힘으로 중학교와 고등학교를 졸업하고, 서울로 대학 진학까지 해 올라갔다.

광주에서의 두 가지 일은 그를 이해하는 데 기억해 둘 만 하다. 한 가지는, 광주일고 삼학년 때 직접선거를 통해 학생회장으로 뽑힌 일이다. 자신의 의지로 출마했고 당선됐지만, 그때의 경험으로 정치에 대한 혐오증을 갖게 된다. 그래서인지, 고향 사람들과 집안에서는 법대法大 같은 세속적인 출세의 길을 기대하고 있었지만, 그같은 길을 택하지 아니하고 문과文科를 지망한 일이다.

또 한 가지는, 고향집이 남의 손에 넘어가고, 식구들이 뿔뿔이 흩어지게 됐다는 슬픈 소식을 들은 일이었다. 우리 문학사에 길이 남을 작품「눈길」은 이미 남의 집이 된 옛집에서 어머니를 만나고 헤어지는 이야기이다. 이런저런 이유로, 그는 고향 장흥을 오랫동안 찾지 않는다.

내가 이청준을 처음 만난 것은 1969년. 그때 나는 서울의 한 출판사에서 편집을 맡고 있었다. 그 무렵 발표된 이청준의 소설들을 열독熱讀하면서, 동시대 내 또래의 이 젊은 작가가 어쩌면 이런 놀라운 글솜씨를 가졌을까 거듭 놀라고 있었다.

그와 만나고 싶었다. 편집자의 본능이었다. 내가 일하던 출판사는 마침 출판의 새 지평을 열기 위해 계획을 세울 때여서, 내 심중에는 이청준의 초기 단편들을 묶는 일에 마음이 가 있었다.

한 식당에서 처음 만난 이청준의 화법은 그의 소설 문맥만큼이나 독특했다. 식사가 끝나 갈 무렵, 나는 이제까지의 그의 소설 전부를 한 권의 책으로 묶어 출판하자고 제의한다.

그 뒤 우리는 열심히 만났고, 열심히 교정보면서 책을 만들었다. 이름하여 '李淸俊創作集 별을 보여 드립니다'. 이청준 문학 인생에서 첫 책이 나온 것이다.

그가 세상을 뜨던 날부터 나는, 이제 그를 위해 내가 할 수 있는 일 무엇이 있을까, 오랫동안 생각에 잠겨 왔다. 장고長考 끝에, 오 주기가 되는 날에 맞춰 그를 위해 '불혹不惑의 기념출판'을 준비하기로 했다. 그 첫 창작집이 나온 지 사십이 년, 불혹의 세월을 넘긴 오늘, 세로짜기 이단 조판의 옛 판에 가깝도록 복간復刊하는 일은 매우 뜻깊게 생각되었다.

이런 출판행위는 그저 단순한 복고적 의미만을 갖지 않는다. 이 복간의 의미를 두고 문학평론가 김병익 씨는 "이 책은 이청준 문학의 첫 얼굴로서, 사십여 권에 이르는 그의 소설세계의 밑그림을 이루며, 그의 창작정신의 근원적인 자리를 보여 준다"고 말한다.

글쓰기와 책만들기는 '문학'이라는 예술을 온전한 존재로 성립시키기 위한 협업協業이다. 사십여 년 만에 새롭게 단장되는 추모追慕 기념판 『별을 보여 드립니다』는 그동안 일궈낸 이청준 문학의 성취에 어울리면서 기념비적 토대를 이룰 것을 믿는다.

『별을 보여 드립니다』복간을 기념하는
'이청준 오 주기 추모 출판기념회'.
2013. 7. 30. 파주출판도시 열화당 사옥.
이청준의 첫 책인 『별을 보여 드립니다』를
그의 오 주기일에 맞추어 복간하고,
유족 및 문학계, 출판계 여러 인사들과 함께
복간을 기념하는 행사를 가졌다. 이 작업 역시
이청준의 작품을 다시금 염殮하는 일이었고,
문학은 결국 책으로 존재한다는 생각을
함께 나눴다. 위 사진 왼쪽부터
김종규(삼성출판박물관 관장),
김병익(이청준기념사업회 회장),
임인규(동화출판공사 대표), 이기웅,
남경자(이청준 선생의 부인), 이은지(이청준
선생의 딸), 김주연(문학평론가),
정병규(북디자이너), 정현종(시인).

이청준 문학의 한 토대를 위한 책 만들기
작가의 오 주기 기념출판에 관한 생각과 몇몇 추억담

우리가 살고 있는 동안의 존재와 죽은 다음의 존재 사이에는 크나큰 계곡이 가로놓여 있다. 마치 그랜드캐년의 깊고 두려운 절리峻理와 단애斷崖로 갈라진 괴리처럼 느껴진다. 복닥거리던 현세에서 인간은 갑자기 저 계곡 너머 알지 못할 세계로 휘딱 가 버리고 만다. 문득 태어났다 문득 가 버리는 인생을 놓고 많은 일들이 벌어지고 있다. 저승[來生]을 모르니 이승[今生]의 일들이 서투를밖에 없다. 쉽게 정의내리긴 어렵지만, 이 서투름을 뭔가 어떻게 해 보려는 우리들의 노력이 인생이요 문학이요 책 만들기가 아닐까 한다.

내 평생이 책 만들기의 길을 벗어나지 않았다. 돌이켜 보면, 그저 운명에 이끌려 온 길이 아니라 스스로 선택해 책의 길을 헤쳐 왔다. 서투르기 짝이 없을 이승에서 내가 해야 할 일이 '책'임을 다시금 다짐하고 있다.

이청준 선생이 평생토록 써 왔던 '글'과 내가 만드는 '책'이 다를까. 뭔가 확연이 다를 것 같지만, 다르지 않다. 그 둘은 '문학'이라는 것을 온전한 형식으로 성립시키기 위한 협업協業이다. 둘은 매우 가깝다. 가깝다 못해 서로 뗄 수 없는 한몸이어서, 떼는 순간 둘 다 쓰러진다.

글쟁이가 살아 있는 동안에 글 쓰고, 책 내고, 그걸 가다듬어 다시 내고 해 왔지만, 우리글과 우리 책이 그 형식과 형태로써 우리들 앞에 내민 얼굴 모습은 매우 불만스럽다. 이런 나의 생각은, 실은 문학책에만 머물지 않는다.

글은 왜 쓰는가, 책은 왜 만드는가.

저승을 향한 이승의 서툰 생각을 가다듬는 우리들의 노력으로써는 가당치 않은 모습임을 깨닫는 일이 매우 중요하다. 세종임금의 한글 창제

이래 가다듬어 온 한글 자체字體를 보라. 뛰어난 세계 문자들이 역사를 거듭하면서 가다듬어 온 예에 비하면, 터무니없이 뒤떨어져 있음을 보게 된다. 게다가 책의 판면版面짜기에서, 1980년대까지 이어 오던 세로짜기가 하루아침에 가로짜기로 바뀌는 현상을 목도하면서, 우리 사회의 문화조직이 '냄비현상'에 휘둘리고 있는 전형적인 모습을 발견하게 된다. 그렇다고 내가 세로짜기를 무조건 고집하는 바는 아니다. 세로짜기에서 가로짜기로 가더라도, 오랫동안 세로짜기 또는 세로쓰기를 해 온 동아시아의 문자문명이 하루아침에 가로쓰기로 가야 하는지, 그 사유를 분석하고 검토하고, 그리고 또 검증하고 하는 신중함과 진지함이 크게 결여되었음을 지적하고자 함이다. 한글 창제 당시 세종임금에 의해 발간된 『훈민정음해례訓民正音解例』의 한글체는 세로쓰기에 적합하도록 만들어졌다는 사실이 이미 전문가들에 의해 증언되고 있다. 그에 앞서, 중국과 일본과 우리 한국은 오랜 역사 속에서 세로쓰기의 전적문화典籍文化를 일구어 왔던 점을 간과해선 안 되겠다. 알파벳 문화에의 맹종을 경계하는 지적에 귀 기울일 일이라고 생각한다. 또 한 가지, 갑골문자에 연원을 둔 한자漢字는 중국글자로 단정하기 어려운 것이다. 붓글씨를 쓰는 한국과 중국과 일본이 함께 사용해 온 동양문자요 동방문자東方文字, 곧 '동아시아 문자'라고 불러야 옳을 것이다. 우리나라가 동방문자를 버릴 경우 한글은 고립될 것이고, 나아가 한국문화의 고립화와 빈약화가 명약관화하며, 마침내 한글은 힘을 잃고 말 것이다.

나의 오대조五代祖이신 오은鰲隱 할아버지께서 1815년 외진 땅 강릉에 열화당悅話堂을 세우시면서 내심 고뇌하셨던 것이 이러한 문제와 크게 다르지 않을 것이다. 그 집의 명호名號와 구조, 곧 그 집에서 해야 할 일에 합당하는 공간연출空間演出과 유품遺品 들이 나에게 그 뜻을 넌지시 일깨워 줘 왔다. 규장각奎章閣의 전적典籍이나 열화당의 옛 서질書帙 들이 오늘의 나를 향해 꾸짖고 있다. "책은 왜 만드는 것인지, 그리고 어떻게 만들어야 하는지, 너는 아는가 모르는가" 하고 말이다.

앞에서도 말했지만, 이청준을 처음 만난 1969년 무렵, 서른 살 무렵의 나는 참으로 어렸다. 모든 면에서 부족했다. 그런데 얼굴도 본 적이 없는 젊은 이청준의 소설들, 이를테면 「퇴원」 「병신과 머저리」 「임부」를 비롯해 1966년에서 1969년에 이르는 소설들은, 나와 동시대의 인물일 뿐 아니라 나와 비슷한 또래가 어쩌면 이런 놀라운 문맥의 이야기를 풀어낼 수 있단 말인지 탄복케 했다. 「굴레」 「바닷가 사람들」 「등산기」 「나무 위에서 잠자기」 들을 흥분된 가슴으로 읽으면서, 그와 만나고 싶어졌다. 편집자의 본능이요 욕망이었을 터이다. 그 소망은 곧 이루어졌다. 곽좌근郭佐根이라는 나의 군대시절 친구가, 자기 아내가 이청준의 부인 남경자南京子 씨와 대학 동기라는 것이었다. 그로부터 이청준의 전화번호를 건네받았다. 처음엔 나 혼자 그를 직접 찾을까 했다가, 마음을 바꾸어 친구를 앞세우기로 했다. 이내 날 잡아, 점심시간에 우리 남자 셋이 한 식당에서 만났다. 이청준도 나를 만나고 싶었다고 말하는 것이었다.

그때는 마침, 학습지 출판에 몰두해 왔던 일지사—志社 김성재金聖哉 사장이 끈질긴 나의 푸념에 힘을 실어 주어, 수험서를 탈피하는 본격적인 책의 출판에 착수하고 있었다. 나는 일지사의 편집장이었다. 그분 김 사장은 학술출판과 문학출판의 새로운 기획에 나의 주장이 앞장서도록 재량권을 크게 주었다. 내 심중에는 책의 목록 첫번째로 이청준의 초기 단편을 묶는 일이 있었다. 초기 작품이라는 것은 그제까지의 이청준의 모든 작품을 엮는 일이었다.

이청준의 화법은 독특했다. 그의 말투에 익숙지 않았던 나는 음식을 들면서 나누는 대화 내내, 말귀를 잘 잡지 못해 "예?" 하고 되묻곤 했던 첫

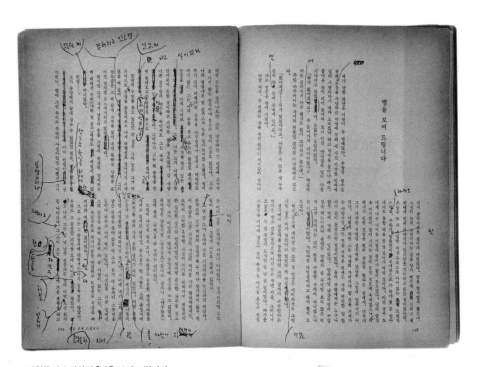

이청준이 소장하던『별을 보여 드립니다』
초판 교정본(위), 그리고 2013년 오 주기를
기념하여 복간한『별을 보여 드립니다』와
자료집『불혹의 세월이 남긴 기록들』(아래).
이청준은 1971년 일지사一志社에서
첫 작품집으로 발행하고, 이후 이 책에
수정사항을 표시하면서 작품을 다듬었다.
이 작품집 한 권은 이후 이청준 문학세계의
'씨앗주머니'가 되었다. 사십여 년 만에
오백 부 한정본으로 복간한『별을 보여
드립니다』(전2권)는, 초판본의 형식을 따라
세로쓰기 이단 조판으로 만들어졌으며,
사십 년의 세월 동안 쌓인 다양한 자료들을
별권으로 묶었다.

날의 인상을 지금도 잊지 못한다. 식사가 끝나 갈 무렵 나는 그에게 드디어 출판을 제의했다. 거두절미하고, "이제까지의 당신의 작품을 전부 묶읍시다"고 말했던 것 같다. 그때 풍경을 좀 재미있게 그려 보면, 한 남자가 우아하고 기품있는 한 아름다운 여인에게 "저와 결혼해 주시겠습니까" 하고 청혼하는 순간과 같았다고 할까. 그러자 그는 다소 놀라는 표정이었던 기억이 난다. 당시 그도 무슨 잡지인가를 맡아 편집하고 있었으므로, 출판계의 현실이 얼마나 어려운지를 누구보다도 잘 알고 있었을 것이다. 자신의 책의 출판이 이렇듯 쉽게 이루어짐에 크게 고무된 표정이었고, 이어서 우리는 서로 많은 이야기를 나누었던 기억이다.

그 뒤 우리는 열심히 만났고 열심히 교정 보면서 책을 만들었다. 문학평론가 김현본명 金光南이 끼어들고 장정에 능했던 소설가 김승옥金承鈺이 가세해, 책은 그제까지 단행본 소설책의 규모와 양식과 표정을 훨씬 넘어서는, 신예작가의 두툼하고 의미심장한 모습으로 주목받게 되었다고 기억한다.

지금도 그러하지만, 나는 책을 만들 때 저자에게 당신이 원하는 바를 충분히 말해 달라고 문을 활짝 열어 주곤 한다. 그가 원하는 바가 온당하고, 그 온당함을 흡족히 받아 주었을 때 좋은 책은 탄생할 것이란 판단 때문이다. 그때의 이청준에게도 마찬가지였다. 그는 '이 책을 낸 뒤 언제 또 책 낼 기회가 금방 올 것인가, 이 차가 막차가 될지도 몰라' 하는 심경이었던 것 같다. 얼마만큼 마감을 한 다음에도 빠진 원고를 가져오고 또 가져오고 해서, 책에 실릴 원고의 양은 일반 단행본의 세 권 분량이 되었다.

책 이름을 짓는데 '행복원의 예수'와 '별을 보여 드립니다'를 놓고 오랜 동안 뜸을 들인 끝에 '별을 보여 드립니다'로 낙착이 되었다. 일반 단행본이 350원에서 비싸야 500원인데, 책의 정가를 과감하게 1200원을 매긴 일을 두고 우리들은, 독자와 작품 사이에 벌어지곤 하는 '책값의 사회학'에 매우 멋진 논거를 제공한 사례로 꼽곤 했다. 좋은 책이라면 책의 정가와 관계없이 팔린다는 원리 말이다. 말하자면 '독자는 현명하다'이다. 이 책이 서점가에 배본되자 이내 베스트셀러 순위에 올랐고, 쇄를 거듭하면서 칠십년대 내내 국내소설 베스트셀러 1위에서 5위 사이를 오르내렸다.

이청준 첫 창작집 『별을 보여 드립니다』를 기획하고 원고를 모으고, 편집하고 교열을 끝낸 다음 인쇄하고 제본하여 완제完製된 책을 서점에 배포하는 일련의 과정들이, 이청준에게도 그러했겠지만, 내겐 값지고 행복하기 그지없는 시간이요 경험이었음을 고백한다. 나는 그 후 그 출판사에서 많은 문학관계 책들을 기획 편집했으며, 특히 '서정주 문학전집'(다섯 권)과 '조지훈 전집'(일곱 권)을 기획 편집 제작하는 경험을 쌓게 된다. 한 권의 책이란 저자와 편집자가 힘과 지혜를 모아 함께 만들어낸다는 진리를 거듭 확인했던 경험이었다.

일지사를 물러나와, 열화당으로 독립해 문학과지성사의 김병익金炳翼 선생과 한 사무실을 쓰면서, 문지文知는 문학 쪽으로 열화당은 미술 쪽으로 길을 가면서도 나는 간간이 문학책을 냈는데, 그때 이청준의 중편 『자서전들 쓰십시다』와 산문집 『작가의 작은 손』을 낸 적이 있다. 그 뒤로 열화당은 미술책에 매진함으로써 자연히 이청준과의 관계도 예전과는 다르게 되었는데, 그것이 늘 아쉬웠다.

이청준의 부음에 접한 이후, 현세에 남은 나는 그를 위해 무엇을 할 것인가를 생각하고 또 생각하곤 했다. 육십년대에 그와 맺은 인연을 그냥 흘려 버릴 수는 없다는, 몸속에 오래 간직해 오던 유전자가 나를 괴롭혔다. 지난 다섯 해 동안 내내 지니고 있던 나의 이 연민에 찬 감정이 세월이 흐르면서 하나하나 구체적인 모습으로 들고 일어났다. 이청준 오 주기 추모 기념출판으로, 내 손으로 만들었던 이청준의 첫 작품집 『별을 보여 드립니다』 복간본을 그의 기일에 맞추어 발행하기로 하고 한 해 동안 출간

준비를 해 왔다. 1971년 초간본의 내용과 형식에 가장 가깝게 재현하는 일이지만, 그동안 일궈낸 이청준 문학의 성취에 어울리게 기념비적으로 꾸미고자 노력해 보았다. 세월을 거치는 동안 작가는 작품에 손을 꽤 대었으므로, 오늘 읽히는 작품과는 다소 차이가 있을 것이다. 그러나 세월 동안 달라진 작품의 변모를 볼 수 있을 뿐만 아니라, 데뷔 시절의 젊은 작가의 민얼굴을 본다는 가치가 매우 클 것으로 생각한다. 초간본이 나온 지 마흔두 해, 불혹의 세월을 겪고도 이청준 문학의 첫 얼굴이요 그의 창작 정신의 토대를 보여 주는 책으로 우뚝 서기를 빌어 보는 심정이다.

열화당이 십 년 동안 힘써 왔던 '우현又玄 고유섭高裕燮 전집' 열 권이 2013년 완간되어, 우리 사회의 이목이 집중되었다. 한 거대한 문화재를 설계도도 없이 복원해냈다는 평가와 함께, 우리는 큰 자부심을 가지게 되었다. 돌아가신 분의 유산, 곧 문필가들의 유고나 작품 들은 끊임없이 가다듬어지고 재구성되어 그 가치들이 역사와 더불어 자라고 커 갈 수 있도록 해야 한다는 생각이 크다. 책만들기야말로 이런 유산의 복원과 발전 계획의 기반을 이룬다고 백번 강조해도 모자랄 것이다. 우현 전집은 십 년에 걸친 우리의 '염殮' 작업이었음을 고백한다. 육신의 염은 소멸되지만, 정신 곧 작품과 저술에의 염은 그 염 작업의 성과에 따라 창대해지고 알차질 터이다. 다섯 해 동안 마음을 추스르고 책을 가다듬었던 이청준을 향한 염은 두 권의 책으로 마무리지어 그의 영전에 상재上梓해 올렸다.

이청준 형, 편히 주무시오.

백영수白榮洙 화백의
출판미술을 말한다

궁핍했던 시절의 출판과 미술

『백영수의 1950년대 추억의 스케치북』(2012년 발행)에 실린 스크랩들은 1950년 발발한 한국전쟁, 이른바 육이오 전란기戰亂期에 발행되었던 일간지에 실렸던 백영수의 글과 그림인데, 이들은 우리 화단畵壇 및 한국 현대미술의 역사뿐 아니라 백영수의 화력畵歷을 이해하는 데 중요한 자료들이다. 매우 특이한 부류들이므로, 이에 대한 새로운 해석을 촉구하는 뜻으로 이 책 출간의 일차 의미를 두려 한다. 우리 시대의 출판出版과 미술美術이 깊숙이 교류했던 사례를 보여 주는 것으로서, 근현대 우리 문학사文學史, 회화사繪畵史, 출판사出版史, 그리고 사회사社會史 연구에도 소중한 자료가 된다는 판단이다. 그 궁핍했던 전란기에 예술가들이 먹고살기 위해 몸부림칠 때, 유일한 생존 방법으로, 매체들에 쉽게 의탁했던 지혜로운 모습들을 증언하고 있는 징표들이기도 하다.

짧은 산문散文 또는 시문詩文에 스케치를 곁들인 이 칼럼들은 일정한 양식을 구성하고 있는데, 당시 일본 매체들의 형식을 일부 차용하고는 있지만, 그러나 우리 문학가나 화가 들이 지니는 우리의 정서나 취향이 짙게 드러나 있음을 도처에서 느낄 수 있다. 백영수의 경우, 이 분야에 선구적인 역할뿐 아니라 작업한 양으로 봐서도 다른 화가들이 따를 수 없을 정도로 많은 신문, 잡지에 글과 그림, 칼럼과 대담을 기고했던 것으로 보아, 가히 독보적이라 할 만하다. 당시 그와 함께 이런 작업을 했던 화가로는 청전靑田 이상범李象範, 심산心山 노수현盧壽鉉, 수화樹話 김환기金煥基, 운보雲甫 김기창金基昶, 그리고 이중섭李仲燮 길진섭吉鎭燮 정현웅鄭玄雄 김용환金龍煥 김의환金義煥 김훈金熏 이승만李承萬 이순재李舜在 한봉덕韓奉德 김영주金榮注 박고석朴古石 우경희禹慶熙 홍우백洪祐伯 박성규朴性圭 이준李俊 박생광朴生光 변종하卞鍾夏 변영원邊永園 등이 있었다. 이들은 삽화뿐 아니라 책표지의 장정裝幀을 비롯해 책과 잡지와 각종 신문에 이르기까지 많은 매체媒體들과 광범위하게 관계를 맺음으로써, 종래에는 출판미술出版美術이라고 하는 독특한 분야를 구축하게 되며, 백영수 예술에서 이는 중요한 요소를 형성하고 있음을 살필 수 있다. 백영수는 『조선일보朝鮮日報』『동아일보東亞日報』『중앙일보中央日報』『경향신문京郷新聞』 등을 비롯한 일간지와, 『민성民聲』『현대문학現代文學』『자유문학自由文學』『새벗』『학원學園』『희망希望』『문예文藝』『소년少年』『신태양新太陽』『신천지新天地』 등 월간지, 그리고 전매청이나 교통부 같은 정부의 기관지 등의 내지內紙나 표지화表紙畵, 제호題號 디자인 등은 물론, 을유문화사乙酉文化社 정음사正音社 학원사學園社 박문사博文社 대한교과서大韓敎科書를 비롯해 크고 작은 주요 출판사의 일을 헤아릴 수 없을 정도로 많이 해내었다. 그가 한 일이 우리 출판물 편집 제작과 독자에게 끼친 영향을 말하라고 한다면, 이제까지의 연구와는 따로 깊고도 넓은 연구가 필요할 것이라고 단언할 수 있다.

백영수가 이 분야에 독보적일 수밖에 없는 이유가 있다. 육이오 공간에 그린 그림 솜씨는 단연코 매체 편집자나 '데스크'가 요구하는 의도를 잘

꿰뚫어 봄으로써 성립되고 있었다. 신문, 잡지의 편집자들은 빠른 속도로 자신의 의도에 따라 주는 화가를 원했을 터이다. 삽화를 그림에 있어서 화가가 자신의 작가의식을 내세워 편집자와 대립한다면, 그 공생관계는 오래 지속될 수 없을 것이다.

김환기의 일화를 소개한다. 김환기도 삽화를 꽤 그렸을 뿐 아니라, 지금 보면 그의 삽화로써도 그 작가의 세계를 잘 볼 수 있는 수준높은 작품들이다. 그럼에도 당시에는 편집자의 의도를 잘 따라 주지 않는다는 평 때문에 그에겐 백영수만큼의 일거리가 따라 주지 않았다는 것이다. 삽화란 그저 '글의 반주 역할'을 하는 것이라는 견해의 편집자들은 말했다. "선생님, 삽화라는 건 독창회의 피아노 반주와 같은 것이잖습니까. 내용에 맞추어서 그려 주셔야지, 계속 이러시면 어떡합니까." 이런 견해에 대해 김환기는, 삽화가 반드시 글의 내용을 직접적으로 나타내야만 하는가, 간혹은 간접적으로 시사하기도 하고, 또 은은한 배경으로서의 삽화도 가치가 있는 것 아닌가 하고 편집자에 대립하곤 했다는 것이다. 김환기는 말했다. "어떻게 내용만 꼭 그려요. 예를 들어, 두 사람이 방에서 얘기를 나눌 때 옆에 정물도 있을 수 있고 밖에 풍경도 있는 것이지, 내용과 꼭 관계가 없는 것도 소설에 도움이 되는 것이잖소." 사실 어느 면에서 김환기의 견해는 옳았다. 그러나 그 작가는 뛰어난 작품 생산 능력이 있음에도 이런 일을 제한적으로 할 수밖에 없었다는 현실에 관한 이야기였다.

여기에 비해 백영수의 기량이 편집자들에게 베푼 협력은 놀라웠을 것이다. 온갖 데에서 청탁이 몰려 왔고, 그의 경험과 기량은 많은 캘리그래피와 컷을 그려내었고, 그 흔적들이 우리 출판물의 곳곳에 미쳐 존재하고 있음을 본다. 편집자들은 재미있고 아름다운 컷을 많이 그려 달라고 해서 많이 보유하고 있다가, 편집 진행 과정에서 어떤 여백에 집어넣거나 특별한 관계가 없더라도 컷 하나를 글 속에 집어넣어서 보기 좋은 데 쓰곤 했는데, 이런 요구에도 적절하게 응해 주는 요령을 잘 터득하고 있었다. 어느 면에서 그는 뛰어난 편집 디자이너였으며, 그를 비롯해 김환기, 정현웅, 김훈, 길진섭 같은 이들은 대단한 에디토리얼 디자이너였다고 믿는다.

당시 인쇄는 사진을 찍어서 하는 게 아니라, 그림을 가져 가면 그 원화原畵를 제판 기술자인 화공畵工이 그림을 일일이 베껴 새로 만든 다음 그걸로 인쇄하는 공정이므로, 원화와 전혀 달라지는 경우가 허다했고, 이를 잘 알고 있는 백영수는 그림을 먹으로 검게 그리되, 되도록이면 중간색을 피하도록 하지 않으면 안 되었다. 이런 일거리를 맡으면, 그는 주로 금강다방에서 작업을 했다. 경험이 없는 이중섭에게 일거리를 나누어 주면서 이런 노하우를 일일이 가르쳐주기도 했다. 일거리가 없을 땐 이 다방에서 이중섭과 함께 손장난을 했다.

이중섭은 다 피운 담뱃갑 속의 은박지를 싹싹 펴서 연필로 간단한 컷을 그려 보곤 했다. 금강다방 테이블이 나무였고, 또 그것이 오래되어 오돌도돌했으므로 연필을 움직일 때마다 여간 재미있는 것이 아니었다. 간간이 깊은 테이블 홈에 종이가 약간 찢어지기도 하고, 깊이 박혀 버리기도 하고, 때로는 연필이 생각한 곳보다 빗나가기도 하여, 그 놀이를 할 때마다 묘한 스릴을 느끼곤 하였다. 그렇게 그려낸 것을 구겨서 버리고 또 그리고 하였는데, 우리의 놀이를 지켜보던 문인들도 다 피운 담뱃갑의 은종이를 모아서 주기도 하였다.

이중섭과 지낸 다방 생활의 회고담은 이중섭의 은박지 그림이 태어나던 시절을 머릿속에 사실처럼 떠오르게 한다.

피란 당시 미국 공보원의 문정관文政官인 브루너는 그림을 무척 좋아해, 많은 미술가들이 도움을 받았다. 가난한 피란 중의 예술가들을 돕고자 하자, 예술가들은 이구동성으로 미술 재료를 도와줄 것을 부탁했다. 브루너는 약 오십 명의 예술가 명단을 만들었는데, 얼마 지나서 엄청난 그림 재

백영수 화백이 1950년대 한 신문에 「르네쌍스」라는 제목 아래 기고했던 글과 그림.
르네쌍스는 한국전쟁과 함께 피란 문단文壇이 형성되었던 대구 향촌동의 음악감상실로,
오륙십년대를 풍미했던 문인과 화가 들의 발자취가 선연한 곳이다.
피란 온 문화예술인들이 날마다 이곳에 모여, 전쟁의 후유증 속에서 삶의 고뇌와
문학과 예술에 대한 꿈, 실향과 이산의 아픔을 나누던 곳이다.
르네쌍스의 구체적인 자취는 백영수 화백의 이 그림으로만 남아 있다.

료, 곧 두꺼운 종이 전지全紙 수백 장과 팔레트, 오일박스, 물감, 기름, 붓, 그리고 아사 캔버스 한 두루마리 등등씩을 모두에게 나누어 주었다. 당시 삽화, 컷, 표지 등 출판 관계의 일을 조금씩이라도 하던 화가들이 모여 출판미술협회出版美術協會란 단체를 만들었고, 미국 공보원 전시실을 사용하도록 브루너의 동의를 얻어 협회전協會展을 열기도 하였다. 출판미술협회를 결성한 일은 당시 출판미술이 차지하는 영역의 중요성을 상징적으로 웅변해 주는 것이다.

해방 전후, '잠복기의 화가' 백영수

수원水原에서 태어난 백영수는 두 살의 어린 나이에 홀어머니를 따라 일본으로 건너가, 귀국할 때까지 유년시절과 청소년기를 그곳 오사카에서 보낸다. 일본에서의 이름은 출생지명을 따서 미즈하라 기요시水原清라 불렀다. 그의 배움이 어떤 배경에서 이루어졌는지는 여러 자료나 증언으로 살필 수 있겠으나, 초등학교 시절엔 학업에는 전혀 흥미와 관심이 멀었고, 오직 스케치에만 몰두하거나 마음을 쏟았었다는 고백을 통해, 이미 그가 유년기부터 사물을 표현하고자 하는 본능을 강하게 지녔음을 알 수 있다. 오사카의 사쿠라가와櫻川초등학교와 이마미야今宮중학교를 거쳐 오사카미술학교를 마치는 스무 해 동안, 그는 미술뿐만 아니라 이른바 개화開化 일본에서 새 문물들의 영향을 꽤 많이 받아들였으리라.

　해방을 맞을 무렵 배를 타고 여수麗水로 온 그는 목포고등여학교에 미술교사로 부임하게 되는데, 광복 직후 교사教師가 부족했던 우리의 현실로 하여 목포중학교의 미술교사를 겸임하면서 두 해를 보낸다. 물론 이곳 교육 현장에서도 그의 사생寫生 의지는 여전히 불탔으리라는 짐작이다. 그것을 반영하듯 1945년 목포 조흥은행 회의실에서 첫 개인전을 연다. 귀국하자마자 전시회를 여는 이 젊은 미술교사의 생활과 욕망의 모습이 우리의 머릿속에 선명히 그려진다. 다음해 광주光州 조선대朝鮮大 교수를 거쳐 서울로 온다.

1947년, 그동안 조선대에서 겪은 나쁜 기억들을 잊고자 지리산 화엄사華嚴寺의 구층암九層庵에 잠시 은거하면서 그린 작품을 가지고 화신백화점 화랑에서 개인전을 연다. 이어서 1948년 그에게 지대한 도움과 영향을 주었던 프랑스인 알베르 그랑을 만난다. 당시 그보다 나이가 두 배나 많은 쉰 살 정도의 문화인이었는데, 그는 유엔 한국위원단의 공보관으로 와 있으면서 그 기관이 자리잡고 있는 덕수궁에서 일하고 있었다. 『국제보도』란 잡지에 농촌풍경을 그린 팔십호가량의 백영수 작품이 실렸었는데, 이를 우연히 본 알베르 그랑이 작가를 만나고 싶어 해 그와의 첫 만남이 이루어졌고, 그 이래 두 사람은 믿어지지 않을 정도로 가까이 지내는 관계가 되었다.

그 만남의 기념인지, 그 해 3월에 알베르 그랑의 제의로 덕수궁 석조전에서는 최초로 그의 개인전이 열리게 되고, 이어서 6월에 동화백화점(현 신세계백화점) 사층 화랑에서 「백영수 양화洋畵 근작전近作展」이 열린다. 네 페이지짜리 전시 안내장엔 작가의 글과, 알베르 그랑의 전시평이 실려 있다. 전시 작품목록에는 알베르 그랑의 초상화가 있고, 마침 그 작품이 실려 있다. 두 사람의 관계가 선명하게 그려지는 대목이다. 알베르 그랑의 글에는, 그가 처음으로 백영수를 발견하게 된 풍경화 〈농촌의 두 여인〉을 향한 찬사가 씌어 있다. "이 작품은 내가 조선朝鮮에서 얻어 가지고 돌아갈 다른 여러 진리들, 곧 '침착한 자신감' '용기와 무한한 인내忍耐' '안정된 희망' '고문화古文化의 특전을 냉소하는 기회' 등을 이해하는 근본 원리로 삼겠습니다. 이 작품을 본 후로 조선을 생각할 때마다 이 작품 〈봄 언덕〉은 내 회상回想을 줄곧 새롭게 하는 환상의 한 편이 되어 있습니다"라고 젊디젊은 화가 백영수를 향해 이 노련한 예술 애호가는 넘치는 애정을 쏟아붓고 있다.

이와 함께 안내장에는 백영수 자신이 쓴 「잠복기潛伏期의 화가」라는 작가의 말이 실려 있는데, 예술을 향한 젊은이의 열정이 느껴진다.

어느 사회에나 우수한 예술에 정진하고 있는 청년 화가가 많이 있을 것이다. 그러나 그들은 꽃이 아름답게 피기 전에 꽃씨가 지하에서 싹트고 자라듯이, 사회 표면에 나타나기 전에 일정 기간의 성장기를 가진다. 그 사람들이 가치 있는 작가생활을 하는 사람이라면 그럴수록 이 성장기를 길게 가지다가 많은 예술가들은 슬프게도 이 기간에 비참한 예술가 생활에 빠져 버리고 만다. 대부분의 청년 화가는 빈곤한 생활자이기 때문이다. 그러나 청년 화가들이 그림을 그려서 하루 속히 돈을 모으려 생각하고 있지는 않으며, 그들이 세상 표면에 나가지 못하는 원인도 돈의 부족이나 피로에서 오는 것은 아니다. 또는 화가가 돈만을 위하여 그림을 그려서는 안 될 것이다. 그들 작가의 그림은 일반인의 눈을 만족케 하려는 미관美觀의 용의用意는 없다. 그들의 통속通俗 유희성遊戲性을 떠난 그림은 일반 사람들의 눈에는 거칠게 보이는 것도 있을 것이다. 그들을 믿고 그들의 장래에 많은 희망을 가지고 있는 사람은 그들의 얼마 되지 않는 우인友人과 아내가 있을 뿐이다. 그들은 귀족적인 사교술을 모른다. 여기에 화가 아내의 비애가 있다. 그러나 예술가들은 그들의 예술은 희생하지 않고 다른 것을 희생한다. 그래서 화가의 가정에는 침묵과 곤궁함이 거듭하는 것이다. 화가의 예술이란 무엇인가. 그들이 그림을 그리는 것은 자기 혼자서 그리는 것이 아니다. 그들의 생활이 그려내는 것이다. 그들에게서 사교성을 없애고 미복美服과 넥타이와 구두를 없이하더라도 그들은 아무것도 잃지 않는다. 그들이 무서워하는 것은 다만 그들의 선線이 빈약해지는 것이다. 그들의 요구는 오로지 무겁고 두터운 선과 그리고 소박한 자연自然이다. 그러나 이 성장기에 있어서 정열의 선을 지속하면서도 세상에 나타나지 못하고 사라져 버리는 사람이 많음을 나는 슬퍼한다.

—1947년 12월 31일 백영수

1949년 10월, 미국문화연구소에서 백영수는 신작新作 양화전洋畫展을 연다. 역시 네 페이지짜리 전시 안내장을 보면, 스물두 점의 전시 작품목록과 함께 시인 공중인孔仲仁의 '백영수 회화 제시題詩'가 실려 있다. 다섯 점의 회화작품 하나하나에 시를 붙여 놓은 것이다. 독창회에서의 피아노 반주처럼 삽화나 컷이 신문, 잡지에 실리는 글에 봉사하는 역할을 하는 것이라면, 이 경우는 전적으로 화가의 작품에 시인이 봉사하는 셈이어서 우리의 눈길을 끌기에 충분하다.

작품 1번 — 태우다 태우다 못해 망막하게도 / 보라빛 비끼는 사이 사이로 / 설움 겨워 알알이 맺힌 꿈의 날개 / 너븐디 엷어 엷어선 / 예쁘디 예쁘디 피어질꺼나 / 남몰래 흘린 눈물 이슬지어 하늘거리며 / 꽃精의 불붙는 상처를 휘어잡고 / 내 또한 絕對의 꽃이 되고저!

작품 2번 — 그윽하게, 썩도 의젓하게! / 사랑하며 죽어갈 나날 / 사랑받아 죽어갈 나날 / 때가 오면 식어질 香爐 곁에 / 애수어린 心琴을 울리며 / 노을빛 채우다 못해 / 쓰러질 가슴의 피맺힌 터전에 / 목마른 사랑에 부서질 千年의 꿈이여.

작품 3번 — 포기포기 으르대는 꽃을 더불어 / 첫길을 거니는 公主처럼 나는 가리 / 하이얀 옷매 가벼이 날리며 / 살포시 한가롭게 휘어져 / 사쁜히 銀粉 밟고 나는 가리 / 내 가슴은 내 마음에 물으되 / "정작으로 머얼리 묻혀도 좋으랴?" / 내 마음은 내 가슴에 이르되 / "고요히 그저 고요하라고" / 아, 머언 現世로 돌아옴이 없이 / 푸른 말샘 포근히 소곤거리며 / 첫길을 거니는 公主처럼 나는 가리.

작품 4번 — 초조하게도 흐느껴 오는 / 마지막 餘映을 거느리고 / 白鳥마냥 설백한 꿈의 祭壇으로 / 가슴의 鼓動이 중심 잃어 얼빠진 한낮 / 花冠으로 엮은 久遠의 노래여 / 본 적 없는 深淵의 푸름처럼 솟아 오라 / 태고적 蒼碧을 휘적시며 / 스스로 이루우는 바람 속에 너는 오너라 / 영원히 닫힌 '禁斷'을

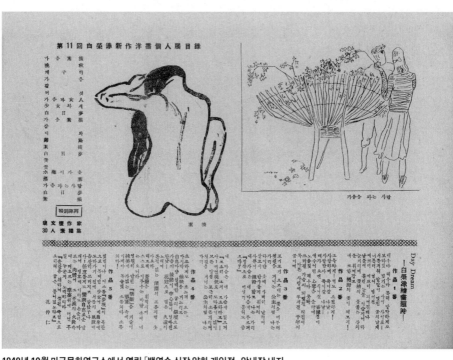

1949년 10월 미국문화연구소에서 열린 「백영수 신작 양화 개인전」 안내장 내지.
하단에 시인 공중인孔仲仁의 「백영수 회화 제시題詩」가 실려 있다.

거슬러 / 純美에 가없는 華麗 속에 / 이제야 목숨껏 소름 치라 소름 치라!

작품 5번 ― 몇 번이나 어스름 '夢現'의 복판으로 / 목메인 소녀여 네 자신에 돌아가기 전에 / 설움의 風波에 음산히 쓰러지고 말았구나 / 아, 任意롭게도 變調 自在로운 날개여 / 영혼에 이리도 온순히 따르는 肉體여 / 그 不滅의 火焰 속에 떠오르는 聖臺 위에 / 머언 후일 누군지 노래하리라 / "순간을 위하여 꽃핀 죽엄으로 오히려 꿈은 묻어졌노라"고.

전쟁 중에도 사그라들지 않는 예술의 불꽃

육이오가 나기 두 달 반 전인 1950년 4월 10일, 백영수는 『미술개론美術槪論』(남향문화사)이라는 책을 세상에 내놓는다. 해방 후 사회 모든 체제와 환경이 빈곤하고 열악했던 시절, 228쪽짜리의 그의 책은 목차만 보아도 스물아홉 살의 청년이 저술했다고는 믿기 힘들 정도로 짜임새가 있다. 그러나 그 책이 널리 알려질 기회도 없이, 백영수는 6월 25일 갑작스럽게 변한 세상에 놓이게 된다. 서울의 공산共産 치하에 남게 된 이 예술가는 9월 28일 서울이 수복되기까지 삼 개월 동안 남의 눈을 피해 고통의 세월을 보낸다.

그동안 명동明洞은 백영수를 비롯한 문화예술인들의 정신의 보금자리였다. 낮에는 소공동小公洞의 플라워·할빈 다방, 명동의 콜롬방·돌체·에덴 다방에 흩어져 차茶와 담론을, 저녁 어스름이면 한잔 술을 기울이기 위해 명동 대폿집으로 슬슬 모여들기 시작한다. 명동에 연이어 충무로 4가엔 영화인이 경영하던 가람다방이 있었다. 이 다방의 단골 얼굴로 백철白鐵 정지용鄭芝溶 설의식薛義植 김동성金東成 김동리金東里 김송金松 이무영李無影 조연현趙演鉉 박영준朴榮濬 구상具常 박목월朴木月 김소운金巢雲 최정희崔貞熙 이봉구李鳳九 서정주徐廷柱 조병화趙炳華, 그리고 여성화가 정온녀鄭溫女, 시인 전봉래全鳳來 공중인孔仲仁 김윤성金潤成 등과, 신문사, 잡지사 기자들, 그리고 많은 문학소녀들이 드나들었다. 1950년 무렵엔 시공관市公館 건너편 모서리에 새로이 '마돈나'라고 하는 다방이 생겼는데, 여류문학가 손소희孫素熙 전숙희田淑禧 유부영 셋이 경영했던 카페다. 백영수는 이런 생태 공간에서, 이 책에 실린 글·그림의 꿈과 사색思索을 키웠다. 그런데 명동을 중심으로 한 이 장소들이 6월 25일 북한군이 서울로 진주해 오고 전쟁의 분위기가 한번 스치자, 명동의 생태 체온은 하루아침에 무너지며 싸늘하게 식었고, 석 달 동안 암울한 세월 아래 있었다. 서울이 수복되자, 명동은 다시금 활기를 되찾았지만, 그 다음 해 또다시 서울이 위기를 맞는 일사후퇴로, 육이오 때 한번 크게 놀랐던 백영수는 부산으로 재빨리 피해 간다.

일사후퇴 후 열이틀 만인 1951년 1월 16일, 그는 부산 밀다원蜜茶苑 다방에서 전국문화단체총연합회의 후원으로 닷새간 「백영수 소품전」을 갖는다. 그 긴박했던 시절, 열악했던 환경에서 전시를 조직했다는 건 참으로 놀라운 일이다. 이를 알리기 위한 당시의 빛바랜 안내장에는 소설가 박계주朴啓周의 따듯하면서도 의미있는, 다음과 같은 글이 실려 있다.

> 우리의 젊은 예술가 백영수 형이 항도港都 부산의 하늘에 누구보다도 먼저 불꽃〔花火〕을 올린다. 그것은 검은 구름이 짜개지면서 나타나는 별이기도 하리라. 백 형을 대하는 사람이면 누구나 잔잔한 유리 같은 호수의 인상을 받으리라. 그보다도 그 호수가에서 아무 울음소리 없이 풀 뜯는 사슴을 연상하리라. 그처럼 그는 조용한 사람이요, 그의 예술 역시 요란한 데가 없이 조용한 것이 우리를 안온安穩하게 한다.
>
> 요란한 색채를 피하는 그의 지장질적脂腸質的이 아닌, 주로 선線의 미美로 우리의 마음까지 담백하게 하는 그의 그림은, 피란避亂과 모리謀利로 먼지투성이인 이 항도까지를 담백한 공기 속에 잠시 안겨 줄 것을 믿어 의심하지 않는다. 그러나 그의 작품의 진열 속에 펄펄 뛰는 생선 한 마리가 그려져 있는 것이 없다면 이 고장 인사人士의 이마를 찌푸리게 할지도 모른다.

부산에서의 생활과 그 이후의 생활에서 만들어낸, 이 책에 실린 글과 그림 들은 추억의 스크랩에서 발췌한 것들이다. 말하자면 부산 피란시절과 그 연장에서 태어난 매체들에 기고寄稿했던 글·그림들을 스크랩북에 오려붙여 고이 간직했던 많은 것에서 발췌했다. 그러고 보니 그것 하나하나가 낡은 '종이 액자'에 든 작품 같다. 질 나쁜 이 갱지 종이는 육십 년이나 산화酸化되어 노오래졌다. 그것들은 이 예술가의 품에 고이 간직되어 육십 년 세월 동안 그와 함께 나이를 먹었다. 누군가 "오래된 것은 모두 아름답다"고 말했다던가, 낡은 종이액자는 그 자체가 하나의 작품으로 승화되었다. 바스러진 가장자리, 우연히 지나간 칼자국 하나, 그건 우연이 아니라 필연의 창작의도創作意圖처럼 자태를 드러내고 있다. 아름다움을 향한 그리움, 궁핍함을 이겨내려는 의지 같은 것들이 잘게 용해되어 여기저기서 묻어난다. 그림뿐 아니라 글에서는, 글쟁이보다 더 글쟁이다우려는 의욕이 넘친다. 실은, 문학가는 그림을 그리지 못하지만, 화가는 글을 쓸 수 있다는 우월감 같은 것도 보인다.

『난쏘공』 표지그림의 전말

세월이 종이액자와 함께 육십 년을 건너뛴 지금, 나는 아름다운 백영수의 한 장 삽화挿畵 곁에 한 토막의 아름다운 삽화挿話를 정리해 두려 한다. 그건 참으로 기묘하고 정다울 수밖에 없는 '이야기'이다. 1978년에 그려진 백영수의 이 작품은 1978년 6월 5일 출판사 문학과지성에서 출판된 조세희趙世熙의 그 유명한 소설집 『난장이가 쏘아올린 작은 공』, 이른바 『난쏘공』의 표지화로 쓰였다.

1978년 『난쏘공』의 초판이 나온 지 사십 년 가까이 흐른 지금까지 그 책은 롱셀러의 자리를 굳건히 지키고 있다. 그런데 이 책은 초판 당시부터 백영수의 그림 한 장으로 표지表紙 이미지가 구성돼 있다. 언젠가 판화가 이철수李喆洙의 작품으로 이미지를 바꿔 보려고 시도했지만, 여의치 않아 다시금 백영수의 그림으로 돌아왔던 적이 잠시 있었을 뿐이다. 그러니, 조세희의 소설집『난쏘공』과 백영수 그림 한 장의 인연은 오래고 또 깊다.

한 사물이 우연이든 필연의 이유에서든 어떤 다른 사물과 인연因緣이 맺어졌을 때, 둘의 관계는 떼려야 뗄 수 없는 관계로 성립되는 것인가. 이 소설 속의 주인공 '난장이'를 비롯한 가족, 등장인물 들과 소설의 상황들이 백영수 작품의 세계와 어떤 함수관계가 있는 것일까. 나는 이런 상황을 머리에 떠올릴 때마다 백영수의 작품집을 꺼내 놓고는, 두 작품집을 번갈아 가며 들여다보곤 한다. 그 어떤 깊은 인연이 짚어질 것 같기 때문이었다.

『난장이가 쏘아올린 작은 공』이 나올 무렵, 내가 경영하는 출판사 열화당悅話堂과 문학과지성은 한 사무실을 쓰고 있었다. 문지文知 출판사의 책 표지 디자인은 소설가 김승옥金承鈺과 시인 오규원吳圭原이 주로 맡았는데, 그때의『난쏘공』표지는 오규원이 했다. 어떤 인연에서인지 1978년의 작가 사인이 들어 있는 백영수 작품이 오규원에 의해 이 책『난쏘공』의 장정에 쓰였던 것이다. 이젠 세상 떠난 오규원이 아니면 '왜, 어떤 경로로' 이 작품이 책표지에 쓰였는지 알지 못한다. 작가인 조세희도, 발행인인 김병익金炳翼도 기억하지 못한다. 다만, 나의 추리에 의해 다음과 같이 정리되었다.

『난쏘공』의 표지 디자인이 이루어지던 1978년 무렵, 오규원은 화장품 산업으로 성장하던 태평양화학에서 회사의 선전지宣傳紙로 발행하던『향장香粧』이라는, 얇지만 매력있는 잡지의 편집 책임자로 일할 때였으므로, 그의 문화적 권력은 대단했었다. 아무리 화장품 판촉販促 역할을 하는 매체라 할지라도, 당시의 문필가들이나 미술가라면, 몸을 가꾸려는 젊고 발랄한 여성 앞으로 매달 수십만 부에서 백만 부가 깔려 배포되는 이 잡지에 실릴 원고 청탁받기를 기다리지 않을 장사가 없었던 터였다. 백영수가 이 그림을 그릴 1978년은 파리로 이주하기 위해 프랑스와 서울 사이를 왔다갔다 할 때라고 증언하고 있다. 화가는 그런 어떤 청탁도 기억하지 못한다. 오규원은 작업을 끝낸 표지 디자인 원고를 백영수의 원화原畵와 함께 김병익에게 건네었단다. 김병익이 이 그림에 대한 비용은 어떻게 하느냐고 물으니, 오규원은 다 해결되었으니 염려 말라고 했고, 빨리 인쇄소에 넘겨 교정쇄를 뽑자 했다고 기억하고 있다. 그 당시 시인 오규원은 문지文知의 동인同人은 아니지만 거의 동인급의 친교를 맺고 있었으므로, 가급적이면 이 동인들이 끌고 가는 출판사에게 이롭도록 하는 게 자신의 일이라고 생각했던 것이다. 그래서 김병익에게는, 지금으로 말하면 그 출판사의 디자인·제작실장의 역할을 해 주는 오규원이 고마웠고, 또 마음 든든하게 생각하고 있었을 것이다. 당시나 지금이나 평화당平和堂이라면 최고의 질을 유지하는 인쇄소다. 그런 평화당이 오규원에게는 사진寫眞 제판製版을 연구하고 디자인을 구상하면서 실제로 인쇄화해 결과를 얻어내는 좋은 실험장이었고 새로운 기술을 습득하는 학습장이기도 했으므로, 오규원의 디자인 솜씨는 현장감이 살아 있어 늘 뛰어났던 것이다.

이렇게 태어난 『난쏘공』은 좋은 반응을 얻으면서 1979년 동인문학상東仁文學賞을 탄다. 이미 그때 '난장이'의 미래 운명이 감지됐다고 할까. 동인문학상 시상식 이후 조세희와 나는 점점 친해져, 사진가 강운구姜運求와 사진가이기도 한 소설가 조세희와 나 셋은 이른바 '땅 공부' 또는 '땅 여행'이라 일컫는 국토 순례의 길을 자주 나서게 되었다. 그런 우정으로 나는 『난쏘공』 이래 가장 호평받는 조세희의 사진산문집 『침묵의 뿌리』를 열화당에서 출간했다.

그 후 조세희의 큰아들인 조중협은 1996년 3월 1일 열화당에 입사하여 편집과 제작을 배우게 되었는데, 내 짐작이기도 했지만 조세희는 앞으로 『난쏘공』 발행인을 아들인 조중협에게 맡길 계획을 생각했던 것이다. 이런 계획은 뛰어난 소설가의 노련한 구상이요 플롯이 되었다고 할까. 조중협의 열화당 입사로 그의 대부代父가 된 나는 그를 나름대로는 출판실무와 책의 장인됨을 열심히 가르쳤다.

1999년 새천년을 앞둔 시간에 조세희는 문지文知에 대해 『난쏘공』의 출판권 사용을 정지하는 소견을 내었다. 놀란 문지의 경영층, 곧 김병익을 중심으로 한 문지 동인들은 매우 당황해하였다. 왜냐면, 『난쏘공』이야말로 문지의 대표상품이요 문학적으로도 상징성이 큰 작품이자 책이었기 때문이다. 문지의 김병익은 나를 만나고자 해 두어 번 만났는데, 조세희는 작가이고 출판사의 역할이 있는데, 서로 큰 트러블 없음에도 헤어지는 게 모양이 썩 좋아 보이지 않으니, 조세희가 뜻을 거두어 주었으면 좋겠고, 나로 하여금 설득해 달라는 요지였다. 그러나 조세희는 완강했다. 내가 어렴풋이 짐작하고 있었던 대로, 그의 계획은 오래전부터 세워져 있었던 것이다. 이미 '이성과힘'이라는 출판등록을 준비하면서 문지로부터 판을 가져오는 작업을 발행인인 조중협이 작가인 아버지와 진행하고 있었다. 신생 출판사이고 할 일이 딱히 없었으므로, 조중협의 열화당 직원 자리를 당분간 그대로 유지하도록 조세희는 나와 합의한다. 역시 집안이 넉넉지 못한 살림을 고려해서, '이성과힘' 출판사가 우뚝 설 때까지 열화당에 있으면서 출판사의 실력을 키우라고 조중협에게 일렀다. 하지만 한편 오랜 친분을 유지해 왔던 문지의 김병익에겐 공연히 미안한 생각이 들었고, 혹여 조세희의 책을 옮겨 가는 일에 내가 개입했다고 오해하진 않을지 걱정되었다. 얼마 지나서 그런 오해는 깨끗이 풀렸겠지만, 당분간은 좀 찜찜했었다. 내가 조중협의 대부요 후견인 노릇하는 모습이 역연했고, 또 그의 출판사 주소를 열화당과 같은 주소에 두었으니까.

'이성과힘'의 이름으로 출판한『난쏘공』첫 책이 나오자 작가의 증정 서명이 적힌, 제본소에서 막 가져온 따끈따끈한 새『난쏘공』을 조중협이 들고 왔다. 표지는 백영수의 그림이 아니라 판화가 이철수의 작품으로 바뀌어 있었다. 그 판이『난쏘공』134쇄였다. 아마 새롭게 만들어지는 '이성과힘' 판은 쇄신판刷新版으로 내겠다는 의욕이 뚜렷하게 보였다. 그 책에 적힌 글은 이랬다. "이기웅 사장님께, 22년 만에 '귀가'한 '난장이가 쏘아 올린 작은 공'의 '이성과힘' 첫쇄본을 처음부터 이 일을 가능하게 도와주신 우리의 큰 후원자, 이 사장님께 바칩니다. 2000년 7월 10일 조세희 올림." 그런데 나는 '아니, 이건 아니야' 하고 속으로 크게 외쳤다. 정말 아니었다. 그건『난쏘공』이 아니었다.『난쏘공』은 백영수였다. 백영수가 아니면 안 되었다.『난쏘공』과 백영수야말로 전생前生에서부터 맺어진 인연처럼 느껴졌다. 조세희와 나는『난쏘공』이 옛 표지로 다시 돌아가야 한다는 데 의견의 일치를 보았다. 하지만 모처럼 이철수에게 부탁해 만든 작품으로 한두 번 표지로 쓰고 만다는 게 인사가 아니어서, 149쇄까지만 이대로 찍고 다시 원점으로 돌리는데, 이번에는 표지를 내가 한번 해 보는 게 어떠냐는 데 의견이 모아졌다. 나는 고도한 디자인이나 기상천외의 구성을 하겠다는 마음은 추호도 없었다. 다만 백영수의 그림을 가장 정감있게 모시되, 소설에서 절묘한 대목을 뽑아 활자를 배열해 그림과 대위對位시키는 일이었다. 여기에 하나 더, 이철수의 글씨 가운데 표지의 여러 요소들에 잘 어울리는 목판 글씨체를 주문해 다시 새겨서 150쇄 판을 준비했다. 그러니 이 책의 표지 디자인은 다음 세 사람이 디자인한 것으로 책 날개에 표시되었다. "표지그림-백영수, 표지제자-이철수, 표지구성-이기웅."

조세희는 150쇄가 나온 날 또 자신이 서명한, 제본소에서 막 가져온 따끈따끈한 책을 들고 나를 찾았다. 그는 책에 다음과 같은 글을 적었다.

조세희 소설집 『난장이가 쏘아올린 작은 공』 표지에 사용된 백영수의 그림. 1978.

이기웅 사장님께, 이렇게 좋은 '150쇄 난쏘공'을 만들어 주셔서 고맙습니다. 덕분에 난장이 가족이 1978년 6월 첫 쇄 이후 24년 만에 예쁜 옷을 입고 아름다운 집에 살게 되었습니다. 표지가 이렇게 따듯하고 이렇게 인간적일 수 없습니다. 이 사장님 정말로 고맙습니다. 2002. 6. 10. 조세희 올림.

손 떨림으로 하여 글씨가 흔들렸지만, 그의 마음이 분명하게 잘 드러나 있었다. 서명이 든 이 두 권의 책은 아직도 잘 보관하고 있다. 새 출판사의 첫 책 증정 서명에서 조세희는 『난쏘공』이 스물두 해 만에 '귀가歸家'했음을 '선언宣言'하고 있다. 이 '귀가'의 의미를 새겨 보고 또 새겨 본다. 『난쏘공』은 조세희의 가족이고, 그래서 그의 식구들과 흩어져선 안 되는 존재다. 그들이 함께 모여 정말 잘살기를 바란다. 다만 '이기적'이거나 생각과 삶이 빗나가는 풍경이 아니기를. 나는 조세희를 참 좋아한다. 내가 누굴 이처럼 좋아할 수 있을까 종종 의아할 때가 있다. 그의 무엇이 좋을까. 우선 그의 '글'이다. 글이란 생각에서 나온다. 그러니까 총체적으로 좋다. 영원한 벗이다. 그런 생각을 하면서 또한 백영수를 생각해 본다. 그도 『난쏘공』을 통해서 바라보게 된다. 이렇듯 어쩌면 『난쏘공』이 이토록 지금까지 날 따라다닐까. 내 스스로가 원해서일까. 한편 생각하면 그렇기도 한 것 같다. 그러니까 조세희도 나를 좋아하는 것 같다고 믿지 않을 수 없다.

아름다운 해후

2010년 3월 어느 날이었다. 프랑스 대사관에서 한 훈장 수여식이 있었다. 환기미술관의 박미정 관장이 프랑스 정부로부터 문화훈장인 '슈발리에 장章'을 받는 자리에서 백영수 님 내외분께 인사를 드리게 되었다. 이어서 저녁 만찬을 드는데, 백영수 님 내외분과 박미정 관장 내외분과 내가 서로 마주하여 앉는 자리였다. 누가 꺼냈는지, 우연히 『난쏘공』 얘기가 나왔다. 그랬더니 백 선생께서 파리에 계실 때의 기억을 되살렸다. 파리에서 어느 날 주프랑스 한국문화원 주최로「한국문학의 밤」행사를 하는데, 그 자리에서 상영된 짧은 다큐 영상물에 당신의 작품으로 디자인된 책 사진이 얼핏 지나가는 것을 보고, 이게 뭔가 하고 궁금해했고, 언젠가 알아 따져 봐야지 생각했다는 얘기를 들려 주었다. 나는 순간 이 책에 뭔가 얽힌 사연이 있구나 직감했고, 내가 알고 있는 사실을 얘기해 드렸고, 이어서 다음 날 이 사실을 조세희에게 알렸다. 혹여 저작권 문제로 얘기가 진전되지는 않을까 하는 걱정은, 평생 책을 만들어 온 나의 본능本能이었다. 아무것도 모르는 조세희는 매우 긴장했을 것이다. 나의 본능은 그때부터 수사搜査 계획에 착수한다. 나는 늘 자신을 수사관搜査官으로 자칭하곤 하는데, 이는 곧 '진실을 캐는 자'를 지칭한다고 정의하곤 한다. 한 걸음 더 나아가, 모든 사물事物에 가해지는 나의 임무인 '진리眞理'를 알아내는 바와도 통하는 일이라고까지 말한다. 그런 의미에서 『난쏘공』 표지 사태는 '진실한 앎'이 절대로 필요했다. 모든 비밀은 오규원이 싸 안고 저승길을 떠났으니, 수사에 고도한 기교가 필요했다. 자칫하면 이생에 남은 점잖은 양반들끼리 오해를 하게 되거나 쓸데없이 소모가 날 수 있다.

우선 김병익을 만났다. 그에 의하면 『난쏘공』이 출시되고 세간의 관심이 고조되자, 그는 표지로 쓰고 난 백영수의 원화原畵 그림을 오규원에게서 받아 두었었는데, 이걸 자신이 가지고 있을 게 아니라 작가에게 주어야겠다는 생각이 들었단다. 그래서 이 작은 그림을 소중하게 액자에 넣어 조세희에게 주었단다. 발행인의 선물이었다. 조세희는 그것을 잘 보관하고 있었다. 이사 다니다 보니 유리 액자가 불편해서, 액자는 빼고 작품만 책갈피에 끼워 두었단다. 나는 조세희에게, 이 문제를 단박에 깨끗이 정리하기 위해 노인이신 백영수 댁을 방문하자고 제안했다. 그게 내 성격이요 근성根性이었으므로. 조심스럽기 그지없는 성격의 소유자인 그는 머뭇

거렸다. 당연했다. 자신이 해야 할 일, 그리고 해야 할 범주에 관해 심사숙고하는 것 같았다. 나는 주장했다. 이런 일은 오래 묵혀 둘 일이 아닐 뿐 아니라, 어떤 유의 이해관계이든 그걸 떠나서, 가장 가까운 거리에 놓인 두 예술가藝術家께서 직접 만나셔야 한다, 빠를수록 좋다고 마구 주장해 대었다. 이것이야말로 나의 철학이고 인간사人間事의 가장 선善한 방법이라고 확신했기 때문이었다. 이 두 분이야말로 이 세상에서 가장 가까워야 할 관계라고 확신했기 때문이다.

2010년 어느 봄날, 조세희는 나와 함께 의정부의 백영수 님 댁으로 향했다. 조세희는 가져온 『난쏘공』의 표지 원화를 백영수 님께 보였고, 나는 이 일에는 아무도 잘못이 없으며, 어떠한 악의나 술수가 개입되지 않았음을 설명했다. 백영수 님은 모든 걸 충분히 이해해 주었고, 그렇게 두 사람의 오해 아닌 오해는 자연스레 풀렸다. 우리 셋은 부인이 차려 준 차와 과일, 그리고 소찬을 들면서 이런저런 이야기를 나누었으며, 깜깜한 밤이 되어서야 나지막하고 소박한 그 댁을 나왔다. 지금 생각해 봐도 아름다운 만남, 아름다운 해후였다.

백영수와 조세희, 『난쏘공』이 태어난 지 삼십여 년 만에 처음 만나는 것도 해후邂逅라면 해후인가. 오규원이 표지 장정으로 이 그림을 선택했을 때, 그는 난장이 가족을 생각했을 터이다. 소설 속의 난장이 가족과 백 화백 작품에서의 가족이 어떤 상관점이 있을까. 이 의문에의 답변 역시 오규원의 저승길 보따리에 싸여 있을 터이니, 나이와 관계없이 살아 있는 우리들이 두고두고 생각해 봐야 할 숙제가 아닐까.

유홍준俞弘濬의 답사기,
박맹호朴孟浩의 자서전

가을, 뉘른베르크에서의 사색
유홍준 교수의 『나의 문화유산답사기』 일곱번째 책을 읽고

시월이 접어들 무렵 나는 뉘른베르크의 거리를 걷고 있었다. 독일의 새벽 가을은 차갑고 무거웠다. 이 도시는 새벽 일찍이 깨어 산책 나선 나그네의 가슴을 안으로 지긋이 누르면서 사색의 길로 이끌었다. 나의 손에는 유홍준俞弘濬의 일곱번째 새 책『나의 문화유산 답사기』제주편이 들려 있다.

인류는 선사기先史期를 끝내고 혼돈의 깊은 잠에서 깨어나, 이른바 문자文字로써 문명인간의 삶을 일궈내기 시작한다. 역사를 거듭하면서 많은 오류를 낳기도 했지만, 예지叡智와 양식良識은 인간됨의 본령을 재빨리 되찾으려 노력해 왔다. 이런 노고 끝에 생성된 이른바 '유산遺産'이라고 하는 흔적은 이 세상 어느 도시 못지않게 뉘른베르크 곳곳에서도 볼 수 있다. 바이에른 지방을 대표하는 역사도시이고, 이른바 범게르만운동의 본거지이기도 하기에, 도처가 유적이다. 이십세기의 독일이 분단의 시대를 거쳐 통일을 이룬 지도 벌써 이십여 년이 지났다. 아직 동서독의 갈등요소가 다소 남아 있긴 해도, 통일된 독일이라는 엄청난 가치는 어떤 부정적 설명이나 비교도 용납되지 않는다. 통일 독일의 교훈과 더불어, 범게르만주의가 나치즘으로 왜곡 발전하며 큰 전쟁을 벌이게 되고, 종내엔 끔찍한 학살 만행에 이르도록 오류를 범한 독일이, 전후戰後 처리를 비교적 잘 정리하면서 가꾼 뜻깊은 유적들까지도 뉘른베르크에서 볼 수 있다. 말하자면, 근현대 문화재들의 변용變容의 지혜를 보게 된다. 예술적 역사적 의미, 건축적 의미가 다양하고도 의미심장한 조형성으로 구성되고, 또 시대의 요청에 따라 재구성된 실재들이 있었다. 한 나라나 사회가 시대에 따라서, 사람에 따라서, 집단에 따라서 입장이 전혀 달라진다 하더라도, 하나의 건축이 다양한 의미나 달라진 모습으로 존재할 수 있다는 현장을 보여준다.

나치 건축 가운데 가장 거대하며 잘 보존된 새 의사당을 보자. 뉘른베르크의 건축가 루드비히와 프란츠 루프가 설계한 이 건물은 오만 명을 수용할 대규모의 집회시설이었다. 나치 제국의 권위를 자랑하다가, 패전한 독일을 향해 진격하던 연합군에 의해 포격을 받아 많은 손상을 입었던 이 과대망상의 건축물을, 전후에 오스트리아 건축가 귄터 도메니히가 도큐멘테이션 센터를 이 옛 폐건물의 내부로 삽입시켜, 놀랍도록 재구성해 놓았다. 독일 제삼제국의 잘못을 비판 반성하고 자행된 만행을 기억하기 위해, 불행한 역사적 사실들을 이 센터 내에 재현해 놓은 것이다. 거대한 나치의 상징물인 이 건축물에 마치 화살처럼 꽂힌 사선斜線의 공간을 길게 개입시켜, 히틀러 나치의 망상을 부정하고 비판하는 이 건축가의 교묘한 패러디는, 문화유산이 가지는 놀라운 깊이와 넓이를 느끼게 한다.

독일과 같은 시기에 겪었던 분단의 아픔을 아직도 열병처럼 앓고 있는 우리를 생각하니, 이곳에서 『나의 문화유산 답사기』 일곱번째 책을 펴 들고 있는 나의 가슴은 새삼 멍멍해진다.

1982년 뿌리깊은나무 출판사에서 출간한 열한 권짜리 '한국의 발견'은 잘 접근된 우리의 지리지地理誌이지만, 발행인이며 편집인인 한창기의 간행사에서처럼 "지구 위의 한반도 특히 그 남쪽 절반을 다룬" 것이라, 안타깝지만 불구不具스러운 책이다. 유홍준은 그것을 극복하는 방법으로 이제까지의 답사기 일곱 권 중에 두 권을 할애하여 북한 지역을 다루었지만, 그저 불편한 읽을거리에 크게 다르지 않다.

'한국의 발견' 머리말에는 대동여지도大東輿地圖와 대동지지大東地志를 편찬한 외로운 선구자 고산자古山子 김정호金正浩 님께 그 책을 바친다는 헌사가 눈에 띈다. 고산자야말로 우리나라 지리 연구의 선구자였으며, 그가 겪었던 고난과 고통은 이루 다 말하기 어렵다는 뜻이 담겨 있다. 한창기는 말한다.

조선시대 말기의 침체된 나라 형편을 걱정하고, 실용학문의 중요성과 더불어 지도地圖와 지리지의 필요성을 누구보다도 깊이 깨달았던 그는 '청구도靑邱圖'를 만든 것에 이어 서른 몇 해에 걸쳐 지리지의 편찬에 골몰하여, 이 나라 오천 년 역사에 민간의 손으로는 처음으로 제대로 엮은 인문지리인 '대동지지'를 완성하여 '대동여지도'와 함께 내놓았으나, 그 다음에 그에게 주어진 것은 비참한 죽음뿐이었다.

이 비장한 찬사를 읽으면서, 유홍준의 답사기를 생각한다. 1993년 당시 첫 권의 서문을 보자. "나는 앞으로도 계속해서 답사기를 쓸 것이다. 그 양이 얼마가 될지 나 자신도 가늠치 못한다. 어림짐작에 국토의 절반, 남한땅을 다 쓰는 데만 서너 권의 분량이 될 것 같다." 이 글에 의하면, 북한 지역 두 권을 제외하고는 이미 완간된 셈이다. 그런데, 듣자니 저자와 출

'출판도시 건축기행'으로 갔던
티베트 여행에서. 2010. 8. 3.
위 – 얌드록초 정상에서. 앞줄 왼쪽부터
이환구(파주출판도시 조합 상무이사),
김정희(오섬훈 소장 가족), 오섬훈(어반엑스
소장), 김최도후(김인철 건축가 가족),
최영희(유홍준 교수 가족), 신성희(이종호 건축가
가족), 티베트 현지인, 김성우(한국예술종합학교
건축과 교수). 뒷줄 왼쪽부터 유홍준,
김영일(김인철 건축가 가족), 티베트 현지인,
이형석(김인철 건축가 가족), 최연옥(김인철
건축가 가족), 민현식(건축가, 기오헌 대표),
최덕주(공예가), 승효상(건축가, 이로재 대표),
박기준(케이디에이KDA 대표), 이종호(건축가,
스튜디오메타 대표), 김인철(건축가, 아르키움
대표), 우동선(한국예술종합학교 건축과 교수),
최항순(두오모duomo 회장), 이기웅.
아래 – 포탈라 궁 입구에서.
왼쪽부터 유홍준, 이기웅, 승효상.

판자 사이에는 계속해서 책을 낼 계획이라고 한다. 어찌 보면, 뚜렷한 계획 없이 '팔리니까 더 낸다'는 오해가 있을 수 있으므로, 지금쯤은 전체를 다시 가다듬어 마스터 플랜을 재수립하고 이를 공표해야 하지 않을까 한다. 이제까지 이 답사기는 글쓴이와 책읽는이가 함께 성공탑을 쌓아올렸다고 할 수 있다. 여기에 덧붙여, '답사기, 어떻게 다시 쓰고 어떻게 다시 출판할 것인가'란 주제 아래 공론화를 위한 세미나라도 한바탕 열면 어떨까 하는 의견이다. 여기서 '다시 한다' 함은, 기왕의 책이 나빠서라기보다 좋은 점들을 확실하게 보완하고 '전체성'을 체계적으로 정비한다는 목표를 말한다. 그렇게 한다면, 이제 드디어 '획기적'인 오늘의 우리 지리지를 기대하게 될 것이다. 게다가 남북을 아우르는 지리지를 완성함으로써, 고산자의 슬픈 전설은 새롭고 아름다운 유홍준의 책으로 크게 승화할 것이다.

유홍준은 놀라운 몇몇 요소를 가지고 있다. 첫째, 수많은 유물을 만지고 부딪치고 살펴어 비교하고 하는 그의 감수성과 노력 들은 참으로 별나고 뛰어나다. 집요할 정도이다. 매 순간마다 예민한 촉수와 반복적인 관찰로 하여, 남이 얻어내지 못한 요소들을 찾아 꺼내 놓는다. 그동안의 책들은 그런 순간순간들이 오래도록 축적된 기록이다. 둘째, 글쓰기의 근간은 자신이 우리 미술사학 전공자라는 신분을 잠시도 잊지 않는 태도에서 지켜진다. 생존해 있는 최고의 미술사학자나 미학자를 찾아가, 그 선배들이 하는 화법과 연구하는 방법, 그분들이 갖고 있는 자료들을 만지고 보고 하는 일은 그에겐 큰 자양滋養이 되었음에 틀림없다. 셋째, 그는 실핏줄같이 얽힌 네트워크를 통해 모은 소스나 정보, 그리고 문헌자료를 바탕으로 새로움을 향한 탐구, 즉 비교하고 분석하고 판단하여 글쓰기에 끊임없이 줄을 댄다. '유홍준식 부지런함'은 어느 분야에 비춰 보아도 들어맞는 성공 비결이다.

그는 생각하고 말하고 글쓴다는 삼각 원리를 잘 터득하여, 우리 문화를 옳게 보는 방법을 잘 세워 줄 것으로 기대된다. '제주학濟州學'이란 얘기도 이젠 자유로워졌고, 일곱번째 책 제주편은 마치 우리나라 지리지의 온전한 모습을 찾아 떠나려는 참에 울리는 뱃고동 소리 같다.

하지만 이 일은 그리 순탄치는 않을 것이다. 우리나라의 문화유산에 대한 정의나 기준, 그리고 범주와 한계 들이 너무나도 모호하고 방만해서, 엄격한 잣대와 관리가 시급하다고 생각한 지 오래다. 문화재가 매우 중요하다는 개념에의 교육도 중요하지만, 그러니까 그것을 보존 잘하고 엄격하게 관리해야 함은 오히려 더 중요하지 않을까. 내 눈과 기준으로 말한다면, 우리 문화재의 현주소는 위기 그 자체이다. 원형성의 훼손이 제일 시급한 문제인데, 이는 온 국민적 무지無知에 기인함은 모두 알 만한 일이다. 그런 의미에서 유홍준의 답사기는 현재의 수준에서 지리지의 수준으로 더 치밀하게 조직될 필요가 있다. '유홍준의 조선국토 지리지'(가제)가 그것이다. 이 책의 부록으로 남북을 아우른 '전국 문화유산 분포도'가 붙는다. 유홍준은 가능하다. 아니, 유홍준만이 가능하다.

에피소드 하나를 소개하련다. 작년 어느 일요일이었다. 경주 남산을 오르려고 들어섰는데, 그야말로 도떼기시장을 방불케 하는 풍경을 바라보게 되었다. 사진가 강운구와 '경주 남산'이라는 거대한 작업을 진행하던 팔십년대 초중반 무렵의 이곳은 순례자를 위해 준비된 길이었다. 일행의 어느 지식인은 이런 현상은 문화재 관심(그 지식인의 표현대로 하면 '맹목적인 관심')의 바이러스를 퍼뜨린 『나의 문화유산 답사기』때문이란 것이다. 옳은 말은 아니나, 이 순례의 길이 난장판이 된 무지의 책임을 감내하면서 이를 계몽하고 교육하지 않으면 안 될 책무까지도 짊어진다는 적극적인 태도가 필요하지 않을까.

한 출판인을 위하여

『박맹호 자서전』 출판기념회에서

나는 지난 주말에 꼬박 박맹호朴孟浩 회장의 자서전을 읽었다. 내 삶의 연표를 읽는 듯했다. 우리 출판계의 큰형인 박맹호 회장이 진정 팔순이란 말인가. 젊음의 표상처럼 여기던 우리의 장형長兄이 팔십이라는 세월에 도달했다니, 그러고 보니 아우들의 나이도 속된 말로 이미 장난이 아니다. 그 세월의 기록을 찬찬히 읽으면서 콧날이 시큰하기도 하고, 웃고 기쁘기도, 그리고 아, 그랬었구나 하는 놀라움과 경탄의 대목도 많았다.

그의 인생은 문학과 출판이었다. 우리는 알고 있다. 문학을 위해 출판이 있었음을. 그러나 문학의 집인 책이 옳게 존재하기 위해서 출판이 옳게 살아야 했다. 짧은 인생에 사람들이 일에 골몰하다 보면, 문학과 출판이 겉으로는 아니로되 안으로는 딴전을 부리는 일까지 있게 되었다. 하지만 우리의 장형은 이 두 장르를 옳게 잘 아울렀다. 그가 세상에 처함에 있어 우리를 가르쳤던 '중립적'인 언어들을 나는 잘 기억하고 있다. 그의 중립스러운 견해와 그에 따른 말엔 늘 화해와 평온과 이로움의 대안 들이 스며 있어서, 그 지혜로움이 우리를 이끌어 주었다. 그와 평생 지기知己인 문학평론가 이어령 선생이 2004년 『월간 중앙』 7월호의 인터뷰에서 적절히 표현한 대목을 음미해 본다.

> 그는 속내를 드러내지 않고 세속과 다투지 않으면서도 세속과의 게임에서 이긴 사람이다. 출판사를 운영하면서 세력화를 도모하거나 파당派黨을 만들지 않아, 문단과 예술계와 학계의 수많은 사람들의 의지처가 되었다. 그의 도움으로 책을 내고 필명 알리고도 다른 출판사로 옮겨가 안착한 사람들이 많지만, 그는 서운해하지 않았다. 그런 점에서 박맹호는 씨앗으로 싹틔우고 이앙(모내기) 전까지 길러내는 묘판苗板과 같은 삶을 살아왔다.

참으로 적절한 묘사였다. 박 회장은 이 책 258쪽에서 "신문에 책광고가 그리 많지 않던 시절, 민음사 책광고는 문화면 기사와 겨루는 수준이었다. 나는 적어도 그런 자부심을 가지고 광고를 만들었다"고 술회했다. 출판 편집자들을 향해 던진 배움 가득한 코멘트가 아닐 수 없다.

2005년 5월, 나는 내 인생에 큰 고비를 맞았다. 큰 수술을 받게 된 것이다. 그리고 간신히 일어나, 뒤늦게 맡은 프랑크푸르트 국제도서전 주빈국 행사의 집행위원장이라는 직분을 겨우겨우 수행했는데, 그해 주빈국 행사를 바로 눈앞에 둔 10월 어느날, 박 회장은 조용히 나를 불렀다. 그의 단골 한정식집에서였다. 여주인의 솜씨로 떡 벌어지게 점심상이 차려졌다. 그런데 뭔가 비장한 분위기가 감돌았다. 드디어 하는 말씀. "이 사장, 나 내일(모레인가?) 중국 천진으로 수술 받으러 가. 살아서 돌아올지 모르겠어." 그렇게 차분하고 의연할 수 없는 말을 어찌 현실로 받아들일지, 꿈처럼 느껴졌었다. 가까운 모든 이들이 느꼈을 것이다. "뒷일 잘 부탁해요." 산적한 출판계 업무는 어떻게 하지? 하는 염려도 염려지만, 그해 연초에 대한출판문화협회 회장이라는 중책을 맡으시도록 마구 밀어붙이던 그의 동료, 후배 들 틈에 맨 앞장을 섰던 나로서는 깊은 자책감이 어깨를 눌렀다. 그날 점심상의 수저를 드는둥마는둥 일어섰고, 모처럼 정성스레 상차림을 준비했던 주인이 민망해 안절부절못해하던 기억이 새삼 감회롭다. 그 뒤 다행히도 그는 건강을 되찾았고, 이 책에서도 밝혔지만, 더욱 여유로워졌음을 우리들은 기뻐한다.

1980년 사십여 일 동안 유럽과 미국을, 육 년 뒤인 1986년 다시 사십오 일 동안 세상 이곳저곳을 그와 여행할 때 꼭 같은 방에서 함께 잤다. 지금 생각하면 부자연스럽지만, 그 무렵은 다반사였고, 그것이 오히려 자연스러울 때였다. 내 기억으론 한방을 쓰는 것이 그렇게 편하고 자연스러울 수가 없었다. 삼십 년이 지난 그땐 미처 몰랐던 사십여 일 여행을 두 번씩

스페인 바르셀로나 구엘공원에서 박맹호 회장(왼쪽)과 함께. 1986.

이나 함께했지만, 불편했던 기억이 전혀 없으니, 철든 지금에야 큰형님다운 따뜻함이 절절히 내 가슴을 적신다.

　그때의 짧은 기억이 있다. 어느 날 나는 새벽 잠이 깨어 침대에서 조용히 일어나 그의 숨소리에 귀 기울였더랬다. 우리를 편케 해 주는 그의 숨소리는 어떠할까 해서였다. 평온하고 조용한 그때의 그 호흡 소리를 지금도 잊지 않고 있다. 그는 팔십 년 동안 어려운 고비도 의연히 넘기면서 살아왔다. 앞으로도 오랫동안 그 평온하고 고른 숨소리로 우리를 평화롭게 이끌어 주시기를.

　『박맹호 자서전』을 통해 그는 소설가의 면모를 보여 주었다. 이 책은 앞으로 개정판을 거듭하면서 우리 출판의 역사에 중요한 서지書誌로 남아야 할 것이다.

책의 문화를 향하여

국회도서관장 추천기推薦記

나와 도서관은 어느 누구보다도 인연이 깊다. 내 어린 시절 선교장의 열화당은 도서관이었다. 세종世宗임금 시절의 집현전集賢殿이나 정조正祖임금 때의 규장각奎章閣은 단단한 국립도서관이었다면, 외진 곳 강릉의 열화당悅話堂은 작고 쓸쓸한 사립도서관이었으리라. 홀로 조용히 일컫곤 했던 내 비밀스런 해석이요 꿈이었다. 1815년, 그러니까 올해로부터 꼭 이백 년이나 앞선 시기에 나의 오대조이신 오은鰲隱 할아버지는 왜 이런 낯선 곳에 이런 아름답고 의미심장한 공간의 설계도를 마련하셨을까, 철들어 가면서 떠오르곤 하던 의문이었다. 어른들께서는 이 집 아궁이에 군불 때는 힘든 일을 유독 어린 나를 시키셨으니, 조상님이 내게 전생에서부터 단단한 인연의 끈을 매어 놓으시려 한 게였다. 그 무렵의 강릉은 얼마나 외졌던 땅이었을까. 열화당과 비슷한 시기에 정조께서 깊은 뜻으로 규장각을 크게 정비하고 계시던 무렵이었다. 규장각의 한양漢陽으로부터 경포대鏡浦

臺가 자리한 동해안 강릉의 열화당에 이르려면 건장한 장정이 종일 걸어도 열흘 넘게 걸렸단다. 동력動力이 없던 때인 데다가, 우리땅 반도半島를 남북으로 가르는 백두대간白頭大幹이 가로막아, 오늘의 교통 사정과는 전혀 비교할 수 없었던, 힘든 시절이었다. 다만, 선교장은 관동팔경關東八景과 금강산金剛山 탐승探勝의 교두보요 베이스캠프였기에, 이 베이스캠프가 갖춰야 할 여러 요소 가운데, 갖가지 문헌文獻들과 시서화詩書畵와 지필묵紙筆墨을 비롯한 문방사우文房四友들과, 명사들이 체류하는 데 따르는 의료품醫療品이라든가 필수품必需品 들이 두루 갖춰 있어야 하거나, 즉시 조달이 가능한 네트워크가 필요했을 것이다.

당시의 탐승자들은 누구였을까. 잘 알려진 바 진경산수眞景山水의 대가인 겸재謙齋 같은 예술가들, 관료官僚들과 은퇴한 정객政客들, 문필가文筆家들을 비롯한 여행자들은 이 나라를 대표하는 명사들이었으니, 선교장이 늘 내세우는 접빈지례接賓之禮의 법도法度는 이름 높았을 터였다. 거기에 따르는 문물文物의 교류는 대단했을 뿐 아니라, 어떤 경우에는 한양에서 접하는 것보다 더욱 걸러진 수준 높은 시대의 문화를 접하는 교류처였을 것으로 추측하고 있다. 최근까지의 선교장의 유품들이 이를 웅변하고 있는 사실일 터이다. 이런 가운데에서 나는 출판사요 도서관이었던 이백 년 전의 열화당을 상상해 보곤 한다.

대학을 진학하기 위해 서울로 상경上京하면서 나의 도서관은, 이젠 대학 일학년생의 초라하고 조그마한 나의 공부방으로 옮겨진다. 나의 상상력 안의 도서관 열화당은 이제 내 소유 안에 놓여 있었고, 무척 자유로워서, 극히 나의 개성個性 안에서 재생再生되고 있었던 것이다. 나의 귀하고 귀한 책들은 그때부터 하나하나 모아졌다. 강릉 열화당보다 훨씬 협소해진 그 책의 공간은, 작았지만 거대하기도 했던 나의 작은 우주宇宙였다. 이 공간은 나의 대학 기숙사 생활과 군軍 장교 시절과 그 후 출판 편집자 시절의

경험치經驗値들과 삼투하며, 부끄럽지만 내 나름으로는 내밀하게 익어 갔
다고 해야 할 것이다.

　편집자 수련시절을 어느 만큼 보낸 다음인 1971년 출판등록을 한 나는,
그 뒤 청진동清進洞 골목에서 오늘의 개념으로 작은 구멍가게 같은 서울 열
화당 출판사를 차린다. 그 출판사 안에 또 하나 작은 공간, 자료실 같은
공간이지만, 얼[魂]의 공간이 함께 차려진다. 젊은 나의 혈기와 날로 거칠
어지는 시장주의市場主義 목소리 틈새에서, 내 작은 의식意識의 싹이 자랐으
니, '과연 책이란 무엇인가' 하는, 책이라는 존재를 향한 근원적인 질문을
던지는 삶이 시작되었다. 일백오십 년도 넘는 때의 조상께서 세우신 열화
당이 내게 무엇인가 하는 질문까지 아울러서. '책의 시장市場'은 어쩌면 재
앙을 불러오는 아귀다툼일 수 있다는, 그같은 우려와 절망감도 함께 싹을
틔웠다. 책 만드는 환경은 옛 열화당에서 얻었던 '말씀의 경건함'이나 '인
간의 가치'를 세우는 노력으로서의 책 만들기 모습들은, 책의 근원으로부
터 점점 멀어져 가고, 탐욕의 수단이요 현실경쟁과 물리적 생존경쟁의 도
구로, 피폐한 삶의 나락으로 내려앉고 있었다. 그런 징후들이 도처에서
감지되었다. 육칠십년대를 거쳐 팔십년대를 맞이하며 경제적으로 부유
해지면서 책의 환경은 오히려 뒷걸음질치는, 그래서 허풍스런 풍요가 '세
계 십대 출판국'이라는 허명虛名으로 자라고 있었다. 압축성장壓縮成長의 표
상이고, 구텐베르크를 앞지른 '활자 종주국' 어쩌구, 팔만대장경八萬大藏經
을 파는 거짓 말솜씨들이 '책 동네'를 위선의 동네로 몰아가면서, 우리 책
만들기의 환경은 극도로 나빠져 갔다. 뜻있다고 여겨지는 출판인들이 모
여 이른바 '출판도시出版都市' 조성계획을 꿈꾸었다. 좋은 책 만드는 '출판
의 이상국理想國' '책의 유토피아'라 할 출판산업 클러스터였다. 꿈은 야무
졌지만, 그런 이데아가 머릿속에 있을 때엔 멋졌는데, 막상 현실에 드러
나면서 너무나 많은 대가代價와 무모한 시간을 요구하고 있었다. 이 도시

는 물론 '좋은 책' 만드는 곳. 그 안에 가장 중요한 시설로 '도서관圖書館들'을 꼽고 있었다. 심지어 나는 "이 도시는 '도서관의 도시'가 되어야 한다"고 외칠 정도로 집요한 구상이었다. 그러나 현실과 이상은 너무나 멀었다. 먹고살기에만 급급한 우리 현실의 오래 굳어진 제도와 관행 들은 우리의 생각을 수용하지 못했다. 하여 '이 나라의 최고 통치권자를 설득하자'는 데 이르렀고, 노태우 대통령 시절 비서실장이던 정해창 씨를 찾아가, 청와대 도서관 계획을 브리핑했고, 나의 성실하고 진정성 깊은 뜻이 받아들여졌는지, 꽤나 빠른 속도로, 청와대 온실溫室 밑 지하 빛뜰 형태로 새로 건립되었다. 참으로 놀라웠던 경험이었고 또 보람이었지만, 그때 그 일이 통치권자와 그 주변부에 직발적인 효과를 얻었다고 보기엔 턱도 없었다. 역대 정권을 거치면서 나는 종종 그곳을 찾으면서, 점점 더 초라해져 가는 청와대 도서관이 청와대 근무자들이 담배꽁초나 비벼 끄는 휴게실로라도 존재함에 감사드려야 했다. 그것은 지금도 마찬가지다. 내 제안으로 만들어진 청와대 도서실을 도서관으로 번듯하게 다시 꾸민다면, 나는 그 관장직을 맡아 내 인생에 한 번쯤 제대로 나라에 봉사하고 싶다는 꿈을 가져 보곤 한다.

2013년 박근혜 대통령이 출판도시를 방문했을 때, 그분과 대화를 하면서, 내후년 2015년이 출판사요 도서관이었던 열화당의 이백 주년이라는 이야기 같은 여담餘談 나누는 시간에, 이 도시에 국립급 도서관인 '아시아지식문화아카이브'와 '한국출판인쇄역사박물관' 건립이 우리의 숙원사업임을 진지하게 진언進言했던 것이다.

이런 가운데에서도 나는 출판도시에 '열화당 도서관＋책방' '출판도시정보도서관' '서축공업기념도서관書築共業記念圖書館' 등 세 도서관을 세웠다. 나의 운명을 '책의 운명'이고 '말씀의 운명'이며 '도서관의 운명'임을 자인하며 살고 있다. 이미 이백 년 전에 나의 오대조 오은鰲隱 이후李垕 님

열화당 사옥에 마련한 '열화당책박물관'. 2014. 12.(위)
출판도시 이단계 서축공업기념관에 마련된 '서축공업기념도서관'. 2015. 2.(아래)
출판도시가 '도서관 도시'가 되어야 함을 역설하면서, 그동안 세 개의 도서관을 만들었다.
그것은 열화당의 '도서관+책방', 아시아출판문화정보센터의 '출판도시 정보도서관',
서축공업기념관의 '서축공업기념도서관' 이 그것이다. '도서관+책방'은
현재 '열화당책박물관'으로 운용되고 있다.

께서 점지해 맡기신 열화당 라이브러리 도서관장 직분에 따라 산다.

그런데 이번 국회도서관장 선임방식을 개방해서, 몇몇 전문가들에게 추천받아 결정하도록, 그동안의 못된 방식을 개선하겠다는 새정치민주연합의 결정을 알려 왔다.

그동안 의원의 다수가 출판기념회라는 미명 아래 요망스럽게 만들어진 책, 정확히는 책도 아닌 책을 가지고 정치자금이나 긁어모으는 치욕스러운 출판기념회를 저질렀다. 온 국민이 보는 앞에서 부끄럽지도 않다는 말인가. 아, 저 '벌거벗은 임금님의 우화'가 벌어지고 있는 풍경들을 우리가 한두 번 보았는가!

새로운 개방 인선人選의 제안은 평소 존경하는 원혜영, 신기남 두 의원이 앞장섰단다. 우리 의회議會가 통째로 '책의 부패 구조였다'고 정의하고 있는 터였는데, 바로 그 의회에서 복음과 같은 기별이 날아든 것이다. 정치 지도자들의 삶의 태도와 그분들이 책의 가치를 향한 생각이 당黨의 정강정책政綱政策을 이룰 것이고, 나아가 국정國政에 반영돼 나라의 통치統治에 이를 것이다. 그런데 그동안 헛발질해 온 폐단으로 또다시 원천을 바로 보지 못한다면, 이 양상을 바라보는 식자識者들의 안타까움과 아픔은 매우 클 것이다. 우리 추천위원 다섯은 엄정한 원칙을 세우고 그 테두리 안에서 역사의 한 순간을 맡아 판단해야 한다는 사명감으로 수차례의 진지한 토론과 협의 끝에, 한 사람의 성실한 일꾼 국회도서관장을 모시게 되었음을 기뻐한다. 이 일이 우리 정가政街의 미담美談만으로 끝나서는 안 된다. 이 불씨가 종국에는 개혁의 불이 되고, 이 나라 문화예술과 복지국가에 이르는 길을 환히 비추는 횃불이 될 것을 빌고 또 빈다.

또 하나의 책마을 공동체를 고대한다

새로 조성되는 삼례 책마을사업을 위하여

삼례三禮 책마을사업 전망과 운영자 프로그램을 위한 포럼에서 축사를 드리게 되어 매우 기쁘다. 그냥 기쁘다기보다는 내가 늘 꿈꾸는 또 하나의 '책마을'이 이곳 완주完州에서도 드디어 이뤄져 가고 있구나 하는 엄청난 감동의 기쁨에 사로잡혀 있다고 해야 맞다. 따라서 오늘이 있기까지 이 일의 주역을 해 온 박대헌朴大憲 호산방 주인, 내가 알고 있는 그를 다시 기억해 여러분에게 소개하는 것으로 축사에 대신하고자 한다.

팔팔 서울올림픽의 해가 지나고 팔십년대가 저물어 가던 어느 날, 나는 서울의 장안평 골동품점 거리에 있던 고서점 호산방壺山房을 처음 찾게 되었다. 그때 마주친 호산방과 그 주인 박대헌의 첫인상을 지금도 또렷이 기억한다. 그저 고서점이라고 부르기엔 뭔가 다른 선비네 집 사랑방, 조선朝鮮 문인의 체취가 은근히 배어서 풍기는 고문헌古文獻들의 냄새와 그것들을 분류 정리해서 공간에 배치한 정갈한 솜씨는 내 기억 창고 속에서 잠자고 있던 낱낱의 편린들을 흔들어 깨우기에 충분했다. 그때 나는, 이 집의 주인이 자신의 손에 들어온 문헌 하나하나에 이토록 정성을 쏟아 모시는 솜씨가 어디서 왔는가를 잠시 생각다가, 그것이야말로 우리 조선 선비들의 당연한 모습임을 잠시 잊고 있는 나 자신을 발견하고 소스라쳐 놀란다. 대부분의 이웃 고서점들이 귀중한 우리 고문헌들을 금방 버릴 물건들처럼 함부로 쌓아 놓은 모습과는 크게 대비되었기 때문이다.

우리의 삶이 어쩌다가 이렇듯 망가지고 거칠어졌는가. 어린 시절, 강릉江陵 선교장船橋莊의 한옥과 그에 딸린 세간살이 공간 속에서 온전히 자라왔던 나에게 선교장과 열화당의 건축 환경은 나의 또 다른 학교였다. 이런저런 풍경들은 기억 속에서 늘 다가오곤 함은 어쩔 수 없는 것이었다.

하지만, 오늘의 우리 국토와 땅과 도시들의 공간적 환경은 우리 고유의 모든 것을 상실케 할 위기적 상황으로 몰아가고 있었다.

좁지만 정갈한 호산방의 모습은, 잃었던 우리의 가치와 본질에의 기억과 근원을 향한 나의 본능을 놀랍도록 자극했던 것이다. '책방'이라면 그저 물건 파는 가게와는 다른 것이다. 우리 동아시아 나라들, 곧 중국과 일본과 우리나라의 사람들이 오랜 세월 동안 가슴에 지니고 살았던 문자향文字香과 서권기書卷氣가 그들의 삶에 깊이 배어 있었던 것처럼, 책향기 그윽하게 꾸며지는 공간으로 우리에게 다가오는 그들만의 정겨운 말이 '책방冊房'이었던 것이다. 이 공간에는 책과 더불어 필히 문방사우文房四友가 함께하고 있었다. 이곳엔 문필가文筆家들이 드나든다. 시서화詩書畵가 일체 곧 한 몸이라는 말이 있듯이, 시와 서예와 그림이 있되, 그들이 함께 섞여 있어야 하는 문화 또는 인문人文의 혼융混融 개념을 보여 주는 것이 책방이라는 나의 상식을, 소박하나마 잘 보여 주는 공간에 마주쳤던 것이다.

박대헌이 어디로부터 어떻게 얻어내어서 지녀 왔던 문화인자文化因子였을까 궁금했던 나는, 그 시기에 창간해서 이끌던 격주간 서평지『출판저널』의 표지 인물로 그를 취재토록 한다. 표지인물이란 대표적인 인문학 사회학 분야와 학술계와 예술계의 대표 인물을 이슈화하던 특집형 기사였기에, 주위로부터 놀라움과 함께 엇갈리는 반응이 왔던 것을 지금도 인상 깊게 기억하고 있다. 그러나 나는 단호하게 말했다. 이 매체는 우리가 그동안 잃었던 것을 되찾기 위해, 안주安住하려는 지식인知識人들과 위선에 젖어 있던 학문 순혈주의純血主義와 상업주의에 맹종하는 출판사들이 우리 문화와 출판을 평면화해 가고 있음에 자극을 가해야 한다면서. 그 대안으로 내가 젊은 고서점 주인 박대헌을 들어서 예시해 보여 주는 것이라 주장했던 것이다. 그 서평지의 편집인으로서의 나의 결정이 당시로서는 가히 파격破格이었다. 왜냐면, 문인文人의 기질을 드러내며 박대헌 나름의 근사한 '책의 길'을 닦아 나가는 모습이, 어느 문헌학자나 인문학 분야의 저술가 못지않게 또 다른 실천적 성과를 얻어내는 인물로 내게는 평가됐기 때문이다. 표지인물로 실린 『출판저널』 제55호(1990년 2월 5일자)에서 그는 기자와의 인터뷰를 통해, 기록문화와 문헌의 가치에 대한 확실한 이해와 함께, 소중한 문헌들이 원활히 유통되도록 고문서 시장이 활성화하지 않으면 안 된다고 주장한다. 특히 고서古書 판매가격을 합리적으로 정하고 이를 공개함으로써, 긴 안목으로 책방의 신뢰와 가격의 믿음을 성립시키는 방안까지 공개하고 있었다.

이후로 그와 나는 공감의 길을 긴밀히 터 오는 가운데 나의 출판사 열화당悅話堂에서 그의 저서 『우리 책의 장정과 장정가들』『고서古書 이야기』 등 두 권을 출간한다. 그 인연으로 하여 나는 지금 이 글을 쓰고 있다.

그가 이곳 삼례에서 꿈꾸고 있는 오늘의 모습은 나와 무관하지 않다. 출판단지의 부지가 확정되고, 그 배후 도시로 이른바 '서화촌書畵村'(지금의 헤이리 예술마을)이란 이름 아래 '고서촌古書村 예술마을'을 계획함으로써, 출판단지는 '새책 마을'이요 서화촌은 '옛책 마을'이라는, 오누이 마을을 꿈꾸던 때였다. 1995년 유월 어느 날 고문헌 수집가이며 연구가인 여승구呂丞九 회장이 이끌던 '애서가愛書家클럽' 회원을 모셔서 현재 예술마을 헤이리가 둥지를 튼 통일동산 부지를 답사할 때 임원으로 박대헌이 함께 참여했었다. 이곳 부지는 당시로서는 썰렁하기 짝이 없는 휴전선 접경지역接境地域인 데다가 아무 시설도 들어온 게 없었던 때라, 도심都心에서 영세하게 고서점을 운영하던 이들로서는 출판도시의 사람들처럼 먼 미래를 꿈꿀 수 없었는지, 고개를 가로젓고 손사래 치면서 물러나고 말았고, 우리들은 그곳을 예술 일반으로 확대 개방해 오늘의 헤이리에 이르게 되었다. 내 짐작으로는, 그때의 박대헌에게는 비전이 부족한 게 아니라 자금資金이 따라주지 못했기 때문이라고 생각한다. 그가 책박물관을 꿈꾸면서도

「삼례는 책이다: 삼례 책마을 조성과
발전방향 심포지엄」에서 축사를 하며.
완주 책박물관. 2015. 1. 16.(위)
'삼례 책마을' 프로젝트를 이끌고 있는
박대헌을 일찍이 표지인물로 소개했던
『출판저널』제55호. 1990. 2. 5.(아래)

끊임없이, 이 박물관을 중심으로 다양한 박물관들의 마을을 구상하며 '책마을공동체'를 이상으로 삼아 온 것은 나의 출판도시 조성운동과는 당연히 동질의 것일 터이다. 그러던 것이 영월 책박물관으로, 그 후 출판도시의 지지향紙之鄕 안에, 그리고 이곳 완주 책박물관으로 끊임없이 변신을 거듭하면서 가다듬고 익혀 온 그의 꿈이었다. 아주 오래전 팔십년대에 마주쳤던 나와의 만남에서 오늘에 이르기까지 그 인연을 물리칠 수 없는 것이었다. 다만 오늘, 이곳에 이른 박대헌의 꿈이 종착점에 이르렀다고 생각한다. 박성일 완주군수와 함께 이 계획이 온전히 자리잡을 것을 믿는다.

책마을 조성사업의 논의는 그동안 박대헌의 생각과 노력과 고민에서부터 시작하면 된다고, 나는 쉽게 그리고 짧게 말하고자 한다. 내가 삼십 년 동안 파주 책마을 조성과 헤이리 예술마을 조성에 앞장서 온 경험으로 말하는 것이다. 우리 사회가 이제 동어반복同語反復과 쓸데없는 소모를 통해 공동체의 노력과 공동의 가치를 얼마나 훼손해 왔는지 깨달아야 한다. 삼례 책마을 공동체는 그 선험적 케이스와 모범적인 선례先例 들이 충분히 있다. 신뢰와 협력이 착하게 이루어진다면, 언제든지 나의 경험과 노력도 보탤 각오가 돼 있다.

지금 파주坡州 출판도시가 일단계를 마무리짓고, 이단계 '책과 영화의 도시'가 분양을 완전히 끝낸 다음, 삼단계 '북팜시티(책농장의 도시)'를 한창 추진하는 일이야말로 이곳 완주 책마을과 연계를 돈독히 협력하는 길이라고 생각한다. 파주 책의 공동체가 늘 모토로 삼았던 네 키워드가 '절제' '균형' '조화' 그리고 '사랑'이었음은 이미 널리 알려진 바이고, 북팜시티의 세 키워드는 '책농사' '쌀농사' '사람농사'임도 많이 알려지고 있다.

더구나 이곳 책마을 안에 공간이 마련될 수 있다면, 나는 그동안에 축적된 나의 경험과 자료, 그리고 앞으로 신규자료를 효과있게 모으고 또

이 지역의 역사적인 문헌과 자료를 함께 수집해, 유익한 자료관을 만드는 데 도움을 드릴 수 있을 것이다.

나는 끝으로, 평소에 그가 출판인들에게 입버릇처럼 하던 말씀 한마디를 소개하고자 한다. "오십 년이나 백 년 후에 고서점에서 찾을 수 있는 책을 만들어 줬으면 좋겠습니다."

5

문화유산,
어떻게 보존하고 가꿔 갈 것인가

문화유산의 진정한 가치

우리에게 진정 소중하고 아름다운 것은 무엇일까
기록문화유산에 관한 나의 생각

"당신이 진정 소중하고 아름다운 것이라 추구하면서 얻고자 하는 가치란 과연 어떤 것이냐"고 내게 묻는다면, 그 질문에 답하는 대신 내가 평소에 늘 생각하고 있는 것, '말하기'와 '글쓰기' 그리고 '책 만들기'에 관해 이야기하고자 한다. 결국 이 세 가지는 모두 나의 '생각하기'에 뿌리를 두고 있으므로, 이들은 따로가 아닌 한통속이다.

모든 인류에게는 '생각하기'에 뿌리를 둔 '말하기'와 '글쓰기'라는 오랜 숙명宿命이 함께해 왔었다. '문자文字'라는 것을 보자. 갑골문자甲骨文字나 수메르문자, 이집트문자 들을 비롯해 오래된 문자들의 기원起源은 적어도 기원전 삼천 년을 훨씬 넘겼다고 하니, 그 숙명의 길고 끈질김을 알 만하다. 인류가 진화進化와 진보進步를 거듭할 수 있었던 것은, 바로 이 언어 곧 문자라고 하는 도구로써 가능했다. 인류의 진보나 진화는 무엇으로써 그 가치가 척도尺度되는가. 문명 또는 문화라고 하는 결과치結果値로써 척도된다 할 것이다. 그렇다면 인간은 이 결과치를 얻기 위해 언어 곧 문자라는 도구를 끊임없이 연마研磨하고 정련精鍊하면서, 이 도구를 옳게 부리는 삶을 영위하지 않으면 안 되었다. 역사기록과 문학, 그리고 과학, 학문, 예술 등 갖가지 분야의 문화현상은 이 도구 없이는 불가능했으므로, 인류의 역사는 곧 문자의 역사였다고 말할 수 있겠다. 이같은 인류의 '문자적文字的 운명'은 기쁨과 함께 행운을 가져오기도 했지만, 슬픔과 재앙을 몰아오기도 했으니, 인간의 지능과 지식이 진화와 진보를 반드시 보장하지는 않았음을 알 수 있다.

앞에서도 밝혔지만, 출판사 '열화당悅話堂'의 명호名號는 나의 오대조 오은鰲隱 이후李垕 할아버지께서 1815년 선교장 본채에 더하여 세우신 건물 이름을 이어받은 것이다. 이 건물을 흔히들 선교장의 사랑채 정도로 부르기도 하는데, 이는 잘못된 상식이다. 우리 집안을 위시하여 이 지역의 특별한 인문지리적 역할을 대변하거나, 이 지역에 문화적으로 필요한 역할을 수행했던 건축 공간임을 모르고 하는 말이다. 그래서 나는 열화당을, 이 건물이 세워지던 비슷한 시기에 정조正祖임금께서 규장각奎章閣을 세우고 운영하시던 일에 비견하여 넌지시 일깨워 주곤 한다. 그 둘의 규모는 매우 차이가 날 뿐 아니라, 규장각은 국립國立도서관이요 출판사이고, 열화당은 영동嶺東 지역의 일개 사립私立도서관이며 출판사에 불과하지만, 그 성격에서는 꽤 유사했었음을 강조한 것이다. 열화당은 2015년에 설립 이백 주년을 맞았다. 따라서 열화당 출판은 이백 년 전통을 이어 온 가업家業이다. 그러니까, '열화당'이라는 이름만을 이어받은 게 아니라, 그 건축공간이 담당했던 내적內的 가치와 업무를 이어받은 것이다. 해방공간과 한국전쟁을 겪으면서 가업의 정체성이 다소 흔들렸었지만, 우리는 우리의 본령을 이내 되찾고 이에 걸맞도록 매진해 왔다. 열화당은 이같은 역사성歷史性 또는 공공성公共性 위에서 출판 기획이 이루어져야 한다는 가업家業의 전통을 늘 새롭게 다짐하곤 해 왔다. 사라져 가는 우리 전통문화의 기록과 해석, 특별히 우리 학술學術과 예술藝術의 정수를 기록하면서 이를 토대로 하여 대중을 향한 배움의 결정체들을 생산한다고 하느라 노력해 왔다. "기록記錄되지 않으면 역사歷史가 아니다"하는 명언이 있다. 엄연한 사실도 올바르게 기록하지 않으면 후대에 역사로서 전수될 수 없다는 말로서, 기록의 중요성을 이처럼 정확하게 증언하는 말도 없다. 시장성市場性에만 기대느라 아무도 주목하지 않는 분야, 멸종滅種의 낭떠러지를 향해 무너져 내리는 우리 고유의 문화유산文化遺産들을 바라보는 열화당의 시선은 늘 어두웠고, 무거웠고, 고통스러웠으며, 안타까웠다.

기록은 어떻게 이루어져야 하는가. 인간의 지능이 오늘날의 이토록 놀랍게 이뤄낸 전자기술 시대에 우리가 올바르게 성취해야 할 기록의 방식은 과연 어떠해야 하는가. 재래의 방식과 새로운 방식은 어떤 융합融合이어야 하는가. 이런 고뇌들이, 문자와 언어가 극도의 혼돈에 빠진 이즈음에서, 열화당은 책 만들기에서 하나의 원칙을 세우지 않으면 안 되었다. 우리 땅에서 우리글로 이룩해 온 '글뿌리'를 찾는 일이었다. 이는 '말뿌리'를 찾는 일이기도 하고, '책뿌리'를 밝혀내는 일이기도 하다. 우리글과 우리말은 굴곡진 우리 역사만큼이나 일그러지고 왜곡돼 왔다. 문학文學만 해도 그렇다. 한문소설에서 신소설新小說을 거쳐 이광수李光洙나 채만식蔡萬植의 소설 같은 일제강점기와 해방공간의 소설과 함께 오늘의 소설에 이르기까지 이어져 오는 동안을 보자. 우리 문학사文學史에서 반세기만 지나도 당대에 빛났던 자국自國의 문학을 외면해 버리는 우리의 현실 아니던가.

문학을 포함하여 모든 언어는 한 지역, 한 시대가 이뤄내는 소산所産이요 시대정신의 표출임을 생각할 때, 어렵게 생산해낸 작품이 한 세기도 지나지 않아 폐기되는 소모적인 언어생태는 참으로 가슴 아픈 현상이 아닐 수 없다. 이를 깊이 인식하고 있는 열화당은 오랫동안 이 문제의 해결 방식을 찾아 헤매며 고뇌해 왔다. 특히나, 팔십년대까지 멀쩡히 써 오던 세로쓰기 판면版面을 아무 비판적 검토 없이 하루아침에 가로쓰기로 가 버린 일은 참으로 어처구니없는 일이 아닐 수 없었다. 새 디지털 기술을 도입하면서, 가로짜기 알파벳 컴퓨터 자판字板 앞에 모든 편집자와 모든 글쟁이와 모든 독자, 아니 온 나라의 시스템이 하루아침에 무릎을 꿇고, 가로쓰기 가로짜기 가로읽기에 굴종屈從했던 당시의 상황을 돌이켜보면서, 오늘 열화당은 침착하게, 그리고 조심스럽게 우리 '책의 뿌리'를 찾고 있다. 한글을 창제하신 세종임금의 『훈민정음해례訓民正音解例』를 보라. 세로쓰기에 맞도록 짜여진 판면을 보라. '말뿌리'와 '글뿌리'를 더듬고 있다. 잃어버린 '글 길'을 찾고 있는 것이다. 한글과 한자의 혼용混用도 마찬가지로 중요하다. 한자漢字는 중국 글자가 아니다. 동아시아의 문자다. 갑골문자에 뿌리를 둔 한자는 국경이 애매모호했던 오랜 역사시대부터 한국과 일본, 베트남, 그리고 중국이 함께 써 왔던 문자이므로, '동아시아자東亞細亞字'라 불러야 마땅하다. 이렇듯 우리는 문자라고 하는 도구에 관해 분명한 인식과 정의를 가지고 그것을 부리고 이용해야 한다고 믿는다. 유구한 우리의 역사문화적 뿌리와 그 맥락 속에서 이어 온 배경을 생각지 않고, 무턱대고 '한글 전용'이라든가 '한글세대', '가로쓰기' '가독성可讀性' 어쩌구 하면서 언어정책과 언어체계를 갑자기 흔들거나 조령모개식으로 제도를 뒤바꾸려는 일은 대단히 위험한 일이다. 우리의 언어생태言語生態를 냄비 위에 올려 놓고 춤추게 해서야 되겠는가. 외세外勢에 놀아나는 말, 문자, 언어, 책을 비롯한 여러 매체媒體들, 이래선 안 된다.

많은 문명비평가들이 예견했으며, 인류가 처한 오늘의 세태를 바라보는 우리의 생각 역시 마찬가지이듯이, 인류의 언어체계는 지금 무방비로

흔들리고 있다. 무슨 뜻인가. 인류에게 가장 소중한 도구인 언어 곧 말, 글, 책이 파행을 보이면서 그 영향으로 하여 인류의 사고체계思考體系, 모든 문화와 문명체계가 함께 파행을 일으키고 있음을 지적하는 것이다. 이차대전도 꽤 전에 쓴 발터 벤야민의 다음과 같은 글을 읽어 본다. "독일에 인쇄술이 출현한 것은 가장 탁월한 의미에서의 책, 책 중의 책인 성서聖書가 마르틴 루터의 번역에 의해 독일 민중의 재산이 되었던 때였다.(1500년대) 그런데 지금 이러한 종래 형태의 책이 종언終焉을 향하고 있다는 것은 여러 증거로 미루어 볼 때 아주 분명해 보인다.(1900년대)" 이 글이 지금으로부터 거의 백 년 전에 언급된 것으로 보아, 인류에게 언어의 위기는 오래전부터 이미 가까이 오고 있음을 일깨워 준다. 벤야민은 계속해서 쓰고 있다. "수 세기 전에 문자가 몸을 누이기 시작해, 수직으로 서 있던 비문碑文에서 경사진 책상 위에 비스듬히 누워 있는 원고原稿가 되고, 결국엔 인쇄된 책이라는 침대에 눕게 되었다고 한다면, 지금 문자는 전과 마찬가지로 천천히 다시 자리에서 몸을 일으키기 시작하고 있다. 이미 신문은 수평으로 놓고 읽는다기보다는 똑바로 세운 상태로 읽혀지며, 영화와 광고는 문자에게 완전히 독재적인 수직 상태로 있을 것을 강요한다. 그리고 현대인들이 책이라도 한번 펼쳐 볼라치면 벌써 활자들의 눈보라가 어찌나 자유자재로 변화하고 다채로운 모습으로 서로 다투며 눈앞을 가리는지, 책이 가진 태곳적부터의 고요함 속으로 들어갈 수 있는 기회는 아주 희박해진다. 메뚜기 떼 같은 문자가 오늘날 대도시 사람들이 지식인이라고 오인하고 있는 태양을 어둡게 만들고 있는데, 그것은 해가 갈수록 짙어져 갈 것이다."

이런 위기는 왜 왔는가. 첫째로, 언어의 무절제한 남용濫用과 오용誤用 때문이다. 말은 넘치고, 글도 넘치고, 책도 쓰레기 더미를 이루고 있다. 말다운 말, 글다운 글, 책다운 책을 가리기가 매우 어려울 정도다. 한자로 쓰면 '문격文格, 언격言格, 책격冊格'처럼, 글과 말과 책이 그 존재에 걸맞은 품격을 되찾는 일이 시급하다. 둘째로, 언어 곧 기록문화記錄文化에 대한 가치부여가 낮고, 따라서 그 중요한 가치에 비해 인지도가 떨어지므로, 당연히 이런 위기적 상황은 필연일 수밖에 없다.

어떻게 하면 되는가. 격을 찾는 일과 함께, 생각을 세우고, 말을 세우고, 글을 세우고, 그리고 책을 올바로 세워야 한다. 이들이 서야 사람이 서고, 집안이 서고, 나라가 서며, 천하가 서게 된다. 이런 원리의 수립이 전제돼야 할 가장 중요한 일일 터이다.

한 가지 위기의 예화例話로 '우현又玄 고유섭高裕燮 전집'과 '숭례문崇禮門' 의 경우를 들어 본다.

2008년 2월 10일, 한 부랑인浮浪人의 방화로 숭례문은 온 국민이 보는 앞에서 불타며 무너진다. 온 나라는 참담한 심경으로 이를 바라볼 수밖에 없었다. 그런 일이 있은 지 오 년만인 올해에 복원공사를 마친 숭례문은 우리 앞에 당당히 서게 되었고, 온 국민은 안도의 심정으로 이 광경을 받아들였던 것이다. 그런데 모든 우리 문화유산들이 이렇듯 숭례문처럼 잘 모셔지고 있는 것인가. 우리의 문화유산이 어디 숭례문뿐이던가. 그것이 불탄 뒤 온 나라가 나서서 복원계획을 세우고, 복원예산을 세우고, 복원공사를 진행해 오던 지난 오 년 동안 우리는 마치 우리 문화재를 아끼고 잘 간수하는 '문화재 일등국민'이 된 듯한 착각과 위선에 빠져 있었다고 생각한다. 온 나라에 방치돼 있는 문화유산들이 보이지 않는가. 이 자리에서 나는 우선 나의 분야인 '기록문화유산' 곧 도서圖書에 한정해서 언급하려고 한다. 숭례문 복원이 한창 진행돼 왔던 지난 오 년을 포함해 그 훨씬 이전부터 열화당은 불교미술사학자인 황수영 교수와 함께 십여 년 동안 '우현 전집' 열 권의 출간을 어렵게 진행해 왔다. 그런데 이 두 거창해 보이는 '문화재 복원 사업'이 공교롭게도 올해 거의 동시에 이루어지게

『조선고적도보朝鮮古蹟圖譜』(1931)에
수록된 숭례문崇禮門(위)과
열화당에서 완간한
'우현 고유섭 전집' (2013, 아래).
일제가 정교하게 기록한
『조선고적도보』에는 숭례문의
평면도나 세부 사진 등 비교적 상세한
자료가 실려 있다. 그러나 '우현 전집' 의
경우 그 어떤 참고 자료 없이
우현의 학문세계를 복원해야 하는
지난한 일이었다. 『조선고적도보』가
복원의 중요한 참고자료가 되듯이,
문화유산의 올바른 기록은
복원과 보전 못지않게 중요한
일임을 깨달아야 한다.

되었고, 나는 이 두 문화재 사업에 대한 국민적 관심이 극명하게 대비되는 현상을 목격하고 있었다. 아, 이것이야말로 우리 문화유산의 현주소로구나, 무릎을 치게 되었다.

그동안 우현은 버려져 있었다. 표현이 좀 섬찟해서 그러하지만, 사실이었다. 우리는 이같은 분명하기 이를 데 없는 현실을 인정하는 것이 매우 중요하다는 것을 강조하고자 한다. 문화재정책 공무원이나 문화재정책을 자문하는 기구들의 학자 들은, 우리 문화유산에 대한 정확한 이해와 판단이 석연치 않다는 사실을 자각해야 한다. 1944년 우현은 광복을 한 해 앞두고 세상을 떠난다. 그는 길지 않은 생애 동안 많은 글을 쓰고, 유적을 답사하고, 그것을 실측하고 스케치하며, 불편한 여건 속에서도 나름으로 기록하기에 신명을 다한 듯했다. 그가 세상을 뜨자 그런 기록들을 그의 수제자首弟子인 황수영(황수영은 '내 스승'이라는 독점적 호칭을 통해서 스스로 수제자임을 자임했다)은 그 원고 뭉치를 싸 들고 이곳저곳 옮겨 다니는 이삿짐 속에, 전쟁의 피란 짐 보따리에, 연구실에서 연구실로, 손을 놓지 않으면서 스승을 향한 소망을 이루기 위해 평생을 그렇게 보내었다. 그의 소망이란, 스승이 그의 짧은 삶에서도 우리 민족문화의 유산遺産을, 그것도 일제강점기 동안 슬픔의 시간과 공간 속에서도 성실하고 끈질기게 기록했던 모습과 그 소중한 결과 들을 목도하였을 뿐 아니라 누구보다도 잘 알았기에, 우현의 기록을 한 질의 체계화한 전집全集으로 묶어야 한다는 황수영의 애절한 갈구는, 결국 나의 심금을 울려 왔다. 물론 나는 우현을 뵌 적이 없다. 황 교수를 통해 그분의 학자적學者的 양심을 알게 되었고, 한 출판 편집자로서의 소명과 양식을 한층 깊이 깨닫게 되었다. 이런저런 세속적 조건을 따지기 싫었다. 나는 우현 앞에서 그저 한 사람의 조선사람이고자 했다고 할 것이다. 몇 년 앞서 출판했던 '근원近園 김용준金瑢俊 전집'의 경우도 비슷했지만, 우현의 경우처럼 처절한 느낌까지는 아니었다.

우현 전집에 임하는 우리의 심경을 한마디로 표현하면, 우현을 염殮하는 염꾼 된 느낌이었다. 이승에서 험히 살아 왔던 인생이 삶을 마치자, 살아남은 자들이 슬픔을 삼키며 그 시신屍身을 깨끗이 수습하고 가다듬고 씻긴 다음 고이 싸서 저승길을 떠나는 데 부족함이 없도록 하는 것이 염 아니던가. 우현이 삶을 마치고 이생에 남긴 것이 둘 있었으니, 하나는 시신이요 다른 하나는 그가 남긴 기록들, 곧 연구 성과들이었다. 황수영은 스승의 시신은 염 했겠지만, 진즉 그가 남긴 기록에 대한 염을 제대로 해 드리지 못한 죄책감에 평생을 시달렸던 듯하다. 황수영 선생은 우리가 전집 편집에 착수하자 극도로 안도하는 표정을 지었지만, 그도 이미 구십을 넘기시니, 모든 일이 허망한 심정 가운데 진행되었고, 힘 들고 불가능하도록 방해하는 일들이 앞길을 흩뜨리고 있었다.

다시금 우현전집과 숭례문의 경우를 나란히 놓고 생각해 보자. 문門은 부동산不動産이요 전집인 책은 동산動産이다. 부동산인 건물들은 우리 눈앞에 놓여 있음으로써 문화재로서의 대접을 받는다. 그래서 숭례문에 불이 나자 온 나라가 벌집 쑤신 듯 법석을 떨었다. 그 문이야 이미 설계도면이 있어, 차분히 충분한 시간을 가지고 복원해 가면 될 일이었음에도 세상은 복원을 은근히 서두르며 채근하는 꼴이었고, 매스컴도 심심하면 한 번씩 윽박질러 안정감 있게 복원공사가 이루어지는 일에 부담을 주곤 했다. 그러나 복원할 도면 하나 없이, 아니 염할 도면이나 밑그림도 없이 하는 난해한 우현의 염 작업이야말로, 조선땅에 가장 잘난 편집자요 염꾼임을 자임했던 우리로서도 무척이나 난감한 일이었음을 고백하지 않을 수 없다. 숭례문 복구에 온 나라가 법석을 떨면서 예산을 수백억씩 쓰는 동안, 재정적으로 넉넉지 못한 사립 출판사의 살림 속에서 우현전집 팀 서너 명은 십여 년을 열화당 편집실에 파묻혀, 어찌 보면 숭례문보다 더 거대한 열 권의 책으로 된 건축을 세웠다. 있던 설계도가 아니라, 설계도를 그려 가면서 짓는 건축물을 보았는가. 가우디의 사그라다 파밀리아(聖 家族 敎會)가 그랬다던가. 황수영이 평생 동안 그의 보따리에 싸서 들고 다녔던 우현 고유섭의 원고 뭉치에 불이라도 났었다면(그럴 개연성은 그동안 상시적으로 있어 왔다), 단순 비교는 어렵겠지만, 내 생각으로는, 우리는 숭례문보다 훨씬 큰 문화재를 잃었음에 틀림없다. 숭례문은 언제든 복원이 가능하겠지만, 설계도도 없고 기록의 형체도 알 수 없게 된 우현의 실체는 다시는 우리 앞에 나타날 수 없는 것이다. 물론 우현 전집은, 앞으로 그 완성을 향한 염은 끊임없이 이루어질 것이다.

문화재에 대한 우리의 인식을 바꿀 때가 되었다. 우리가 다시 가다듬어 유존遺存시켜야 할 유산들이 과연 어떤 것인가를 여기서 장황하게 늘어놓을 수는 없지만, 단연코 우리의 인식은 크게 바뀌어야 한다. 나는 여기서 다시금 제안한다. 우리 역사에 뚜렷한 기록문화재들을 다시금 제대로 염할 것을! 나는 이를 두고 이름하여 "역사歷史를 염殮하자" 하고 외친다. 역사를 제대로 염하지 못했으므로 나라가 바로 서지 못함을 우리는 직시해야 한다.

인간주의 깃발을 올리자

2012년 가을, 나는 독일 바이에른 지방을 대표하는 역사도시 뉘른베르크에 잠시 머물고 있었다. 1945년 국제군사재판國際軍事裁判이 열렸던 곳. 나는 방황하듯 이 도시의 곳곳을 헤매었다. 독일의 가을 새벽은 차갑고 무거웠지만, 도처에서 만나는 풍경으로 가슴은 충만했다. 한반도의 분단현실과 깊은 관계의 현장이었기 때문이다. 격했던 전쟁에서 승리한 연합군은 나치의 전쟁범죄를 역사 앞에서 단죄한다는 명분 아래, 가장 정의롭고 공정하며, 무엇보다도 냉철한 이성이 중요하다고 판단하고 있었다. 진지한 숙의 끝에 뉘른베르크 제원칙諸原則을 수립하고, 이를 국제연합 총회에 의해 확인받는 쾌거를 이끌어낸다.

이 역사적 전범재판은 인류에게 커다란 교훈, 그리고 평화를 지향하는 인간주의人間主義의 깃발로서 역사 앞에 지금까지 나부끼고 있는 것이다. 이차대전을 거치면서 나치라고 하는, 끔찍한 폭력과 야만을 청산하는 과정 하나하나를 냉엄한 '원칙과 이성'으로 처리했다고 하는 역사적 사실은 분단의 한반도에 살고 있는 우리로서는 큰 배움이 아닐 수 없었다. 뉘른베르크의 유무형의 유산들은 그 자체로서 거대한 인류문화유산이 되고 있다.

범게르만 운동의 본거지이기도 했던 뉘른베르크는, 이 운동이 나치즘으로 왜곡 발전하면서 전범자戰犯者의 본거지를 이루었다. 학살 만행에 이르게 되는 역사의 현장임을 감안할 때, 이 도시의 도서관과 박물관은 차치하고, 산재한 많은 건축물들은 이차대전 이후의 근대문화재로서 빛을 발하고 있는 것이다. 슈페어의 나치 전당대회 사열 무대장과 건축가 루드비히와 프란츠 루프의 오만 명 수용의 대 의사당은 로마 콜로세움을 흉내 내어 설계돼 결국 미완성으로 남아 있는데, 승전 연합군에 의해 파괴되지 않고 남겨졌다. 그 구조물의 일부에 독일 제삼제국의 잘못된 역사를 비판 반성하고, 불행했던 역사의 기억을 재현한 도큐멘테이션 센터를 건축적 패러디의 방식을 빌어 세워 놓고 있었다. 놀라운 유산으로 재현해 놓는 지혜를 바라보면서, 경복궁 경내에 있다가 헐려진 조선총독부 건물을 다시금 상기하게 되었다. 잘못된 역사의 유물을 부정의 방식이 아닌 긍정의 방식으로 패러디해 낸 오스트리아 건축가 귄터 도메니히의 솜씨가 부럽고 또 놀랍게 느껴졌기 때문이었다.

숙소로 돌아온 나는 조용한 호텔방에서 숙제처럼 밀어 놓았던 유홍준

이 지은『나의 문화유산 답사기』일곱번째 책의 서평을 쓰기 위해 노트북을 켰다. 역사의 현장에서, 이곳의 문화유산과 우리의 그것을 비교하면서 글을 쓰고 싶었다.

몇 년 전인가,『로마인 이야기』의 저자로 많이 알려진 일본의 작가 시오노 나나미와 오찬을 나누는 기회가 있었다. 그는 당시에 격심했던 중동전의 현장을 중계하듯 보도하는 시엔엔CNN 뉴스를 보면서 몽블랑 만년필로 원고지에다 로마시대의 이야기를 손으로 쓴다고 말했다. 시간과 공간을 넘나들면서 글을 쓴다는 것은 매우 중요한 상상력 훈련임을 이 직업 문필가의 말씀에서 크게 감명받았던 기억이 떠올랐다.

2008년 2월 10일, 한 부랑인의 방화로 숭례문崇禮門은 온 국민이 바라보는 앞에서 불타 참담하게 무너져 내렸다. 그런 일이 있은 지 다섯 해 만인 올해에 많은 국가 예산과 온 국민의 정성 속에서 복원공사를 끝내고, 불난 일이 마치 전화위복인 양 당당하게 우리 앞에 다시 모셔진 국보 일호를 칭송하면서 축하행사를 벌였다. 바로 몇 개월 전의 일이었다. 복원공사가 진행되던 지난 다섯 해 동안 우리는 마치 이 세상에서 문화재를 가장 아끼고 갈무리 잘하는 문화재 일등국민이 된 듯, 온갖 호들갑을 떨었다. 그런데 복원 숭례문은 많은 문제점을 안고 다시금 우리 앞에 추한 모습을 드러내었다. 우리나라 문화재 복원의 일류 전문가들이 총동원된 이 복원사업이 아예 수포로 돌아간 듯싶다.

우리 문화재의 현실은, 뜻있는 이들에 의해 그동안 끊임없이 위기가 경고돼 왔다. 문화재를 다루거나 현장을 지키는 거의 대부분의 조건들이 숭례문 사태를 예고하는 현장임을 알아야 한다. 많은 문화재들이 이미 손상되었거나 손상될 위기에 처해 있는 것이다.

기록문화재는 상거래에 맡겨져 방치돼 있거나, 최근에 완간을 본 '우현又玄 고유섭高裕燮 전집'처럼 사립 출판사가 심혈을 기울여 정리하지 않았다면 문화재로서 영원히 존재하지 못할 수도 있을 것이라는 놀라운 현실을 직시해야 한다.

『나의 문화유산 답사기』 서평을 쓰면서, 그 답사기에 앞서 1982년 한창기韓彰璂에 의해 '뿌리깊은나무'에서 간행된 열한 권짜리 『한국의 발견』을 언급하지 않을 수 없었다. 우리 문화에 관해 폭넓은 시야와 유존의 방식을 제시했고, 이를 실천했던 한창기! 그를 다시 생각해야 한다. 그는 그 책머리에 대동여지도와 대동지지를 편찬한 외로운 선구자 고산자古山子님께 바친다는 헌사獻辭가 있어 매우 뜻깊게 하고 있다.

고산자나 한창기처럼 인간주의의 깃발을 드는 국민이 많지 않은 한 우리 문화재의 현실은 밝을 수가 없다.

우리 무형유산의 올바른 가치인식을 위하여
'국립무형유산원'의 출범에 즈음한 기대와 당부

우리 옛 문화의 향기를 오롯이 담고 있는 역사도시 전주全州에 문화재청 국립무형유산원의 아름다운 건물이 들어섰다. 준공식을 마친 이 건축의 설계는 공모를 통해 당선된 뛰어난 건축가 장윤규張允圭 씨가 맡았는데, 육만 평방미터의 대지에 들어선 일만 팔천 평방미터의 전체 건물은 우리 무형유산을 지원할 공간의 '틀'을 마련하는 데 일단 성공한 것으로 보인다.

건축가에 따르면, 우리 궁궐건축의 거대한 회랑回廊에서 공간의 개념을 추출했다고 한다. 회랑 내 공간을 이용하기에 적당한 크기로 분절하여, 열린마루(아카이브-전시공간), 얼쑤마루(공연공간), 전승마루(교육공간), 어울마루(국제교류공간), 누리마루(리셉션-멀티미디어공간), 도움마루(운영지원공간), 사랑채(숙박공간) 등으로 구성 배치한 것이다.

무형유산원은 2014년 7월 준공식을 치른 후 삼 개월 만인 10월 1일 개원식을 갖고 정식 출범했으며, 개원일부터 열이틀 동안 다양한 프로그램으로 '열린 한마당'을 개최했다.

국립무형유산원은 우리나라 무형문화유산의 창조적 계승과 가치 확산은 물론, 세계 인류무형문화유산의 보호와 전승에 앞장선다는 큰 포부를 가지고 출발했다. 다시 말하면, 세계적인 무형유산의 가치확립을 향한 복합기관인 셈이다. 우리나라 무형유산의 체계적 보존과 창조적 계승, 이를 통한 생활화와 세계화가 이 기구의 실질적인 설립목표다. 좀 더 구체적으로는, 전승자들을 지원하며 그들에게 공개발표의 장을 제공하고, 국민들이 무형유산을 접할 수 있는 다양한 기회를 마련하며, 무형유산 자료를 체계적으로 보존, 구축, 활용하는 모든 활동을 수행할 계획이다.

이러한 국립무형유산원 출범은 보유자와 전승자 들에게는 희망이 될 것이요, 우리 무형의 유산이 잊히거나 사라지지 않고 대대로 전승될 수 있는 해법이 마련될 터이다.

우리나라의 전통적인 멋과 맛을 간직한 전라북도 전주시에 보금자리를 튼 것은 우연이 아니어서, 무형문화유산의 전승과 확산의 거점이 될 많은 기대를 안고 태어나는 것이다.

국립무형유산원은 국가기관으로서 전국 대상의 사업을 진행하는 한편, 지역사회와도 긴밀한 협조관계를 유지할 예정이라고 한다. 곧, 전북全北과 전주全州를 대상으로 이 지역 무형문화재 지원 시범사업을 계획하고 있으며, 지역 무형문화재 전승자 및 문화예술인들과 네트워크를 구축하고, 지역민을 위한 다양한 프로그램도 운영할 계획이라고 한다.

이러한 일들을 성공적으로 수행하기 위해서는 정부 차원의 도움과 관심이 절실할 터이다. 예산과 인력이 사업 성공의 핵심 열쇠이기 때문이다.

파주출판도시 서축공업기념관에서 열린 무형유산창조협력위원회 회의. 2014. 6. 10.

한편, 문화재에 대한 우리의 인식도 크게 바뀌어야 한다. 이는, 우리가 다시 가다듬어 유존遺存시켜야 할 유산들은 과연 어떤 것인가 하는 문제에서부터 시작돼야 한다. 눈에 보이는 유형문화유산들도 알게 모르게 방치되고 훼손되는 상황에서, 무형문화유산의 보존과 전승의 문제는 많은 사람들의 관심사에서 멀어져 있는 것이 우리의 현실이다. 애정과 관심을 모으기 위해서는, 그것이 지니고 있는 가치에 대한 올바른 깨달음과 이의 공유가 중요하다. 무형문화유산의 가치가 올바르게 인식된다면, 보전과 전승의 문제는 자연스럽게 뒤따를 것이기 때문이다.

따라서 국립무형유산원은 다양한 방식으로 무형유산의 가치를 국민들에게 알리고 인식시키는 역할을 수행해야 하며, 정부 차원의 도움으로 보전과 전승의 문제를 해결해 나가야 할 것이다. 이 모든 일은 철저하게 전문가들과 함께 진행해야 성공할 수 있다.

앞으로 국립무형유산원이 해야 할 일은 참으로 많고, 국민들의 기대도 높다. 그에 부응하기 위해서는 일반 국민들의 관심과 사랑이 첫째요, 정부 차원의 적극적인 지원이 둘째요, 보유자들의 자발적인 참여와 열정이 셋째다. 이 세 가지가 잘 어우러져 조화를 이룰 때 우리의 국립무형유산원은 명실 공히 인류무형문화유산을 지켜내고, 그 가치를 새로이 이뤄내는 세계적인 기관으로 우뚝 서게 될 것이다.

전통가옥, 어떻게 기록할 것인가

문화재 종가宗家의 외태外態와 실체實體, 그 조화를 위한 디딤돌

『녹우당綠雨堂』 발행인의 서문

2012년 4월, 해남윤씨海南尹氏 댁 종주宗主인 녹우당綠雨堂 윤형식尹亨植 선생이 파주 열화당悅話堂을 찾아오셨다. 연세는 나보다 몇 년 위지만 같은 시대를 살아온 한 종가宗家의 종손宗孫이 멀리 해남에서 오셨으니, 친밀한 동료의식이 우러나 반가운 마음으로 맞이했다.

그 무렵은 나의 본향本鄕이요 본가本家인 강릉 선교장船橋莊을 소개하는 책자가 차장섭車長燮 강원대 교수의 집필과 사진작업 끝에 열화당에서 출간한 직후였는데, 윤 선생이 그 책을 들고 찾아오신 것이다. "우리 녹우당도 이 책처럼 만들어 주셔야겠습니다" 하시는 것이었다.

그분의 짧은 이 한마디 말씀 속에 여러 의미가 함축되어 있었고, 또한 종가 주인 된 삶의 곤고困苦함이 묻어나고 있음이 감지되었다. 격변기에 놓인 큰 집안의, 이른바 대갓집의 종손이 짊어지고 있는 피곤한 표정이 보였다. 종손으로서 뭔가 해야 하는데, 전통의 관습이 날로 변하는 사회 환경과 조화를 이루지 못하는 상태에서 어정쩡하게 엉거주춤, 옛 건물의 외태外態만을 유지한 채 영위해 나가야 하는, 그 어른의 답답해하시는 모습이 눈에 띄었던 것이다.

나의 그 연민에 찬 시선은, 해남윤씨 종택을 포함하여 우리나라의 어느 종갓집도 나의 종가 선교장의 처지와 크게 다르지 않음을 잘 알고 있다는 데에서 기인한다. 강릉 선교장을 어렵게 지키고 꾸려 가고 있는 나의 당질堂姪들을 생각해도 마찬가지 감정이다.

어느 종가든, 그 외태를 관리 보존하는 것이 매우 힘든 일임은 분명하다. 하지만 외형의 보존 관리뿐 아니라, 종가의 실체라 할 수 있는, 오랜 세월 그 집안에 서려 온 큰 생각, 즉 가풍家風을 이어 나가는 일이 더해져야 하며, 이 두 가지가 조화를 이룰 때 비로소 그 종가의 가치가 제대로 빛을 발할 수 있을 것이다. 외태 또한 눈에 보이는 그럴듯한 건물 외형만이 아니라, 집안 구석구석의 작은 요소들, 즉 문짝 하나, 댓돌 한 개, 방 안의 벽지며 창호지며 장판지, 부엌의 수많은 종류의 세간들, 그리고 그 기물器物의 놓임새, 나아가 집을 둘러싸고 있는 나무나 숲 등 자연환경에 이르기까지, 돌보고 간수하고 관리해야 할 것이 한둘이 아니다. 이렇듯 종가 주인의 삶이 여간 어려운 일이 아님을 잘 알고 있기에, 해남윤씨 댁 그 어른의 복잡미묘한 표정을 읽어낸 것이다.

종가란 허세가 아니라 문화와 전통의 실체實體를 보여 주는 문화재이다. 그 문화재는 육신(형식)과 정신(내용)이라는, 안팎을 두루 갖춘 존재인 것은 위와 같다. 다른 분야도 비슷하지만, 우리 근대사의 흐름, 근대화의 격랑 속에서 종가라는 문화재가 안팎을 두루 갖추기는 불가능에 가까웠다.

나는 종종, 한 국가가 존립하기 위해서는 국민, 영토, 주권의 세 조건이 갖추어져야 하듯이, 종가가 존재하기 위해서는 종산宗山과 종인宗人들, 그리고 그들의 종가정신宗家精神 즉 종혼宗魂이랄까, 이 세 조건이 갖추어지지 않으면 안 된다는 나의 생각을 강조하곤 했다. 이 생각은 지당했다.

윤형식 종주宗主의 표정에서 읽히는 곤고함은 이 세 조건을 갖추지 못한 부조화에서 나오는 그늘이다. 우리나라 여타의 종가와 종주 들에게서 받는 느낌 역시 대동소이하다. 그러한 난색難色을 해소하는 데 이런 책들이 필요할까. 아마 도움이 되리라는 생각이 들었고, 지금엔 확신에 차 있다. 종주들이 자신감을 가지고 생각하고 말하고 일하는 데 디딤돌이 될 수 있겠다는 생각이다. 따라서 이 책은, 자신의 역사와 뿌리의 가치에 대한 확신을 가지고 종혼宗魂의 삶을 사는 데 디딤돌이 되도록 만들어져야 했다.

『선교장船橋莊』은 나의 집안에 관한 책이다. 이 책을 만드는 동안 나는 매우 고통스러웠다. 저자의 뜻을 거스를 수도 없고, 나의 집안 얘기들의 서술에 그저 방관만 할 수도 없었기 때문이다. 집안 내력을 기록한 많은 책들이 터무니없이 과장되거나 부풀려 기록되고 있다. 경계해야 할 터이나, 막상 글쓴이들은 모호한 근거들을 뜬금없이 덧붙여 기록하고 있다. 쓸 거리가 많지 않음에도 써서 채워야 한다는, 위선의 글쓰기가 문제이다. 『선교장』의 경우에도, 최초의 원고에서는 다소 과장되거나 불분명한 내용이 사실로 표현되는 등의 문제가 적지 않았다. 출간 직전까지 저자와 상의해 가며 확인에 확인을 거듭해야 했고, 원고를 보고 또 보며 계속해서 지나친 수식修飾을 덜어내야 했다.

우리나라 기록문화의 위선과 허영을 익히 알고 있는 터라 고민이 많았다. 이러한 걱정을 안고 이 책『녹우당綠雨堂』발간 업무에 착수한 것이 그해 구월부터였다. 아홉 개 대단원으로 구성된, 이백자 원고지 구백여 매의 원고 내용과 관련 사진 백이십여 점에 대한 개괄적인 내용을 검토한 편집실에서는, 녹우당에 관한 다양한 내용을 수집하여 정리한 저자의 노력은 돋보이나, 원고 서술에서 중복이 허다하고 과장된 서술 또한 적잖이 발견된다는 검토 의견을 개진했다. 또한 고유명사의 한자漢字 표기, 인물의 생몰년生沒年 및 경력 내용에 관한 오류도 많이 발견되어, 실무 작업이 쉽지 않을 것임이 예견되었다. 뿐만 아니라 사진자료도 그 구도構圖나 화질畵質 등이 기대에 미치지 못해, 이대로는 단시일 내에 편집작업에 들어가기 힘들겠다는 판단이 자체 검토회의에서 내려졌다. 우려했던 여러 문제들이 현실로 나타난 것이다.

열화당 편집실에서는 원고 내용 하나하나에 대한 철저한 검토와 검증작업을 자체적으로 하기로 계획하고, 이 책의 부록으로 녹우당 연표를 수록하는 것이 좋겠다는 의견을 개진하여 저자에게 연표 작성을 의뢰했으며, 본문에 수록될 해남윤씨가 가계도家系圖의 정확한 확인도 의뢰했다. 이때가 2012년 12월 말이었다.

새해를 맞아서도 녹우당 원고에 대한 검토 및 확인 등의 실무작업은 계속되었고, 사진자료는 녹우당 측과 협의하여 전통가옥 전문 사진작가 서헌강徐憲康 선생에게 촬영을 의뢰하기로 하여, 5월부터 해남 녹우당에 출장 촬영하기로 했다. 그러나 아직도 원고의 완성도는 떨어지는 상태였는데, 그렇다고 편집자가 글을 함부로 손대기가 어려웠고, 글쓴 분도 자신의 글을 대폭 수정하거나 요구에 맞게 개필改筆하기에는 여러 모로 한계를 느끼는 눈치였다.

이에 열화당에서는 획기적인 방안의 하나로 윤형식 종주의 손녀인 윤지영 양에게 원고 윤문을 의뢰하는 계획을 세우게 되었다. 윤지영 양은 서울에서 대학생활을 하고 있었는데, 고등학교 때부터 글쓰기에 두각을 나타내 주위의 칭찬과 인정을 받았고 대학에서도 문학을 전공하고 있었다. 종주를 비롯한 집안 분들과 상의 끝에 윤문 작업이 진행되었다. 본인도 처음에는 부담감 때문에 사양했으나, 이 일은 해남윤씨 집안의 일이기

**해남윤씨 종가인 녹우당 사랑채 옆모습(위)과
사랑채 현판(아래). 2013. 사진 서헌강.**
녹우당은 해남윤씨 오백 년의 역사와 전통을 비교적
잘 간직하고 있는 값진 문화유산이다.
날렵한 행서체의 '綠雨堂'이라는 현판 글씨는
옥동玉洞 이서李漵(1662-1723)가 짓고 써 준 것이다.

도 하므로 그 구성원의 일원으로서 집안의 역사와 문화에 대해 배운다는 자세로 임해 주었다. 두 달여의 검토 작업은, 자연히 가까운 집안 어른들과 원고에 관해 상의하며 진행하게 될 터였으므로, 본인은 물론이요 집안 사람들이 이 책에 관심을 갖고 참여하게 되는 큰 효과도 있었다.

이러한 우여곡절 끝에 우리나라의 대표적인 종가에 대한 책 한 권이 세상에 나와 햇볕을 보게 되었다. 힘들고 어려웠던 지난 일보다는, 앞으로 이 책이 어떤 평가를 받게 될까 두려움과 기대감이 교차한다. 모쪼록 강호제현江湖諸賢의 질정을 바란다.

우리 전통가옥의 자화상自畵像
『한국의 전통가옥』 엮은이의 서설

오십 년 전 출판 분야에 몸담은 이래, 나는 우리 살림집과 우리 삶의 주변을 둘러싸고 있는 다양한 토속土俗과 고문화古文化의 양상들을 기록하고 정리하는 작업을 꾸준히 해 왔다. 지금 돌이켜 보면, 유년시절부터 성년에 이르도록 내가 자란 삶의 터전이 다양한 전통 살림집의 면면을 보여 주는 유서 깊은 선교장船橋莊이었고, 따라서, 섬세하고 다양하며 정겨운 농경시절의 그 예스러웠던 흔적을 향한 나의 무한한 그리움에서 시작된 출판 작업이었다고도 말할 수 있겠다.

그런 인연에서인지, 이런저런 출간 제의나 문의가 끊임없이 들어온다. 그러니 거절하거나 사양하기에 바쁠 때도 많다. 그리 해 오던 차인데, 국립중앙박물관회 임원을 맡으면서 이 박물관을 자주 드나들게 되었고, 이를 계기로 그곳에 평생 직장으로 몸담아 오던 이건무李健茂 선생도 자주 면대하게 되었다. 그분이 박물관장을 맡았다가 연이어 문화재청장으로 자리를 옮기면서, 문화재청의 발간 사업으로 문화재대관文化財大觀 가운데 '가옥과 민속마을'을 정리하는 출판 작업을 나의 출판사 열화당悅話堂에 부탁해 왔다.

그러나 관공서와 함께하는 일이 얼마나 불편한지를 잘 아는 우리로서는 일단 거절할 수밖에 없었다. 하지만 그쪽에서는, 선교장 출신의 출판인이 어찌 이런 국가적인 일을 마다할 수 있는가 하는 명분론을 내세워 오는 바람에, 이 부탁을 비켜낼 도리가 없었다. 하여 그 운명적인 작업은 착수되었고, 그 작업을 진행하던 두세 해 동안 우리는 심한 고통으로 몹시 시달렸다. 그 불편한 편집 제작 일을 수행해내면서도, 현실에 맞닥뜨려 있는 우리 문화재의 실상을 다시 한번 뼈저리게 관찰하게 되었다.

이 문화재대관은 우리나라를 세 권역으로 나누어, 첫째권 '경기京畿·관동關東·호서지역湖西地域', 둘째권 '영남지역嶺南地域', 셋째권 '호남湖南·제주지역濟州地域' 등으로 엮었는데, 사진작업은 서헌강徐憲康 사진가가 맡았다. 이 일을 진행하는 열화당의 출판 원칙은 정직하다 못해 순진해 빠져서, 결국엔 많은 재정적 손실을 입었지만, 한편, 우리 문화유산에 대한 참으로 좋은 체험과 상식을 재확인하는 소중한 기회가 되었다. 무용無用한 고생으로만 끝날 수 없겠다는 미련이 내 머리를 떠나지 않았다. 하여, 나는 기념 출판물 하나를 만들고자 했다. 문화재 전문 사진가로서 발군拔群인 서헌강 씨에게 작고 아담한 사진집 하나를 만들도록 해 달라는 나의 소원에 그가 호응해 주었다.

이 책은 그 결실로 나오게 되었다. 굳이 이 책에 우스개 별명 하나를 붙여 본다면, '문화재대관 고생 기념 출판'이라 일러 볼까. 문화재대관 책만들기로 해서 얻어진 나의 '고생기苦生記'와 문화재 현장 '체험기體驗記'가 이 책으로 구현되었다고 말하면, 크게 비약된 표현이 아닐 터이다. 왜냐하면, 우리나라 문화유산文化遺産들이 어떤 얼굴, 어떤 차림을 하고 있는지 지혜로운 눈으로 바라보면 금방 알 수 있는, 그런 참담하달 수밖에 없는 현실은 책 만드는 내내 끊임없이 확인되었고, 때로는 우리들 자신에 대한 분노로 마음이 떨렸다. 문화재들을 관리하는 관리들과 그에 이어지는 다양한 문화재를 다루는 분야의 종사자들에게서, 적어도 소명감召命感 같은 건 찾기 어려웠다. 문화재 보수補修 시스템과 감리監理 시스템은 가히 심각하다고 해야 맞는 표현일 것이다. 겉보기엔 번지르르하지만, 위선으로 외피外皮를 두른 그 내부는 부패해 '무망無望한 존재'라 해야 할지, 딱히 표현할 길이 막연했다. 그러하니, 문화재를 유지 보수 관리했다는 말은 그 문화재를 끊임없이 손상시켜 온 과정이었다는 생각을 지울 수 없었다. 다시 말하면 '우리 문화재 오욕의 역사'였다 할 수도 있겠다. 참기 어려운 분노가 치밀어 오르곤 했다.

그같은 현실은, 숭례문崇禮門의 복원공사에서 여실히 나타났다. 2008년 숭례문의 화재 이후 다섯 해에 걸친 복원공사 끝에 우리 앞에 당당히 서는가 했더니, 아니나 다를까, 복원공사 비용에서부터 재료 선택과 감리 등의 갖가지 비리, 무능, 탐욕 등 잘못된 현장으로 불거져 드러났다. 매스컴이나 학계마저도 새로운 얘기는 별로 찾아보기 어려웠다. 생각이 깊지 못한, 깨달음이 모자란 사회라면 무슨 새로운 말을 꺼낼 수 있겠는가. 모두 다 아는 사실을 마치 새로운 사실인 양 떠들어대는 언론이나 전문가들, 행정가들, 시민들, 참으로 부끄럽고 유치했다. 한마디로, '돈 밝히는 세상' '상업주의를 탐하는 세상' '무사안일한 지식인들의 태도'를 그대로 드러내 보여 주는 우리들의 자화상自畵像일 뿐이 아니었던가.

2013년 '우현又玄 고유섭高裕燮 전집'이 열화당에 의해 십여 년 만에 완간되었다. 1815년(순조 15) 나의 오대조이신 오은鰲隱 할아버지에 의해 설립된 열화당이 2015년으로 이백 년을 맞이함에서 이 책의 완간은 매우 뜻깊었다. 마침 숭례문이 소실된 후 오 년 만에 복원공사를 마치고 우리 앞에 모습을 드러내는 때였는데, 그때 나는 '우현 전집'과 '숭례문'이라는 두 문화유산의 경우를 나란히 놓고 의미심장한 비유의 글을 쓴 바 있다.(pp.234-238 참조)

광복 후인 1948년 무렵으로 기억된다. 선교장에서도 '웃댁'이라 일컬어지는 우리 살던 집의 사랑채가 가친家親에 의해 새로이 영건營建되던 시절, 그 예스러운 풍경이 떠오른다. 한낮의 농사일로 고단했던 동네 장정들이 농주農酒 잔을 기울인 다음, 휘영청 밝은 달빛 아래 새 집이 들어설 터를 다지기 시작한다. 가운데 구멍이 뚫린 커다란 다짐돌에 여러 가닥의 밧줄을 건 다음, 이 밧줄을 당겼다 놓았다 하면서 터를 다진다. 다질 때 선창先唱하는 사람에 따라 일동이 노랫가락을 드높이 따라 부르며 서로 흥을 돋우는 광경이 밤이 이슥하도록 이어진다. 어린 우리들은 이런 풍경을 즐기다가 밤늦은 시간이 되면서 졸음을 못 이겨 그 자리에 쓰러져 잠들던 추억이 아른거린다. 그때 듣던 노동요勞動謠를 '덜구질 소리'라 한다. 강릉 지방에서 묘를 쓸 때 봉분을 다지면서, 또는 집 지을 때 집터를 다지면서 부르던 노래로, 그 집 주인의 가세家勢가 크게 일고 아들 많이 낳아 복 받으라는 기원을 담고 있다. 선교장 큰가족 안에서도 우리 직계 가솔家率의 사랑채를 마련한다는 중대사에 정성을 기울이시던 어른들의 표정은 어린 내 기억 속에 깊이 각인돼 있다.

당시 가친과 함께 집 지을 계획을 세우고 재목과 기와를 비롯해 자재를 마련하는 일을 도맡던 최여관崔如寬이란 이는 우리 집안의 지관地官으로, 온갖 풍수 일을 맡아 보던 목수이기도 했다. 주춧돌을 묻고 기둥과 들보와 서까래를 얹은 다음 지붕을 씌운다. 가친께서 직접 상량문上樑文을 쓰신다. 집 짓던 어른들이 두런두런 주고받던 집 짓는 얘기들이 아직도 귓속을 맴돈다.

양인洋人들의 집은 밑으로부터 쌓아올리지만, 조선 집인 한옥韓屋은 먼저 기둥을 세우고 상량을 하고 지붕을 하여, 위에서 아래쪽으로 내려 짓는다. 비가 내리면 양옥은 집 짓기를 멈추지만, 한옥은 비가 와도 쉬지 않고 짓는단다. 집의 골격이 마련된 다음, 방에는 품격있는 도배 장판이 이어지고, 거기에다가 온통 백련白蓮의 사계四季를 그린 산수화와 송포松圃의 명필名筆로 벽과 장지가 장식된다. 백련 지운영池運永(1852-1935)은 근대 초기의 문인화가로 추사秋史의 제자인 강위姜瑋의 문하에서 시문과 문필을 배웠으며, 종두법 시행의 선구였던 지석영池錫永의 형이다. 송포 이병일李昺一(1801-1873)은 조선조 말기의 학자로 시와 글씨에 능했는데, 특히 비백飛白의 서체를 잘 썼다.

나는 여덟 살 때부터 스무 살 되던 해까지 안채에서 그 사랑채의 공간을 들락거리면서 자랐다. 집이 완성되고 이듬해인가 육이오 전쟁이 터졌다. 일사후퇴에 이르면서 이른바 인민군과 국방군이 번갈아 선교장을 드나들었다. 집안에 있었던 온갖 서화書畵와 기물器物과 가구家具 들은 흩어지고, 우리의 마음도 많은 상처를 입었다.

추억이란 그저 아름답기만 한 것인가. 아니다. 흩어지고 상처를 입었지만, 분명 우리 문화의 유산遺産이 지닌 요체들이 우리의 기억 속에 아직도 소중히 자리하고 있다. 아무리 희미한 기억이라 할지라도 원형성을 지닌 근거라면 어제의 문화유산이 아련하게나마 복원될 수 있는 요소들을 꼼꼼히 추슬러서, 그 원형성을 훼손하지 않도록 조심스레 담아내어 기록 보존해야 한다.

이 책도 그런 판단의 연장에서 기획되었다 할 것이다. 우리 가옥 문화재 현장을 기록하는 전문 작가인 서헌강 씨는, 한국 사람의 삶이 사라져 버린, 오직 건물만을 보거나 그런 모습을 찍을 수밖에 없는 현실이 안타깝다 고백하곤 한다. 죽어 있거나 다소 우습게 연출된 건물 공간일 수밖에 없는 지정指定 살림집들의 현실은 이 사진가가 아니더라도 누구나 느끼는 씁쓸한 풍경이다. 이 사진가는 그의 머릿속에 기억되고 있는 우리네 농경시절의 따뜻한 풍경, 한국 사람만이 갖는 정겨운 살림 풍경을 조금이라도 재생해 불어넣으려 안간힘을 썼다고 믿는다. 그런 흔적을 나는 이 책의 도처에서 감지하고 있다. 그의 이번에 기록된 사진 사이사이에 그가 평소에 기록했던 사람 사는 모습과 삶을 보여 주는 사진 들을 재치있게 끼워 넣자고 나는 그에게 제안했다. 이런 식으로라도 우리 삶을 복원함으로써 가옥 문화재의 원형성을 회복하는 데 한 발짝이라도 더 가까이 다가가고자 했다.

우리나라에 지금까지 남아 있는 가옥 가운데 우리 고유의 형식으로 지은 집을 '한옥韓屋' 또는 '전통가옥傳統家屋'이라 한다. 고건축 연구가 목수木壽 신영훈申榮勳 선생은 그저 수월하게 다음과 같이 정의내리고 있다.

조선 사람들이 즐겨 입어 왔던 의복을 '한복韓服'이라 하고, 조선 사람들이 먹는 독특한 음식을 '한식韓食'이라 하듯이, 한옥은 다른 나라의 집과는 다른 어떤 특징을 가지고 있다. 한옥은 구들과 마루가 동시에 구조되는 것을 그 특징으로 한다. 이웃 나라 살림집을 보면, 간이형이긴 하지만 구들은 있으면서 마루가 없든가, 마루는 있으되 구들이 없는 구조가 보편적이다. 한옥의 정형定型은, 한마디로 말하면 대청과 툇마루를 마루로, 안방과 건넌방을 구들로 구조한 형상이다.

특히 전통가옥이라 부를 때의 '전통'은 양식洋式이나 중식中式, 일식日式 등 외국의 건축양식과는 구별되는 전래의 양식을 의미하며, 시기적으로는, 대략 19세기 말 개항기開港期 전까지의 가옥을 가리키는 것이 일반적이다. 이러한 전통가옥은 우리 생활에 알맞게 지어졌으면서도, 한편으로는 각 지역 고유의 자연적 인문적 환경에 따라 그 모습을 달리하면서 발전해 왔다. 그리하여 한 채의 집에는 그 안에서 생활했던 집 주인의 생활상과 취향이 스며 있으며, 식구들의 손때가 곳곳에 묻어 있게 마련이다.

역사학자 차장섭車長燮은 다음과 같이 말한다.

사람과 집은 하나다. 사람을 보면 그가 사는 집이 보이고, 집을 보면 그 안에 사는 이의 모습이 느껴진다. 우리나라에서는 예로부터 사람에게 인격人格이 있듯이 집에 가격家格이 있다고 여겨 집을 하나의 주체로 간주하였다. 따라서, 한 가옥의 역사는 그 건축물의 역사일 뿐 아니라 그곳에 살았던 사람의 역사이기도 하다.

이처럼 전통가옥은 조화로운 아름다움과 품격을 갖추어 우리 문화의 특성과 가치를 지닌 중요한 유산이 되었다. 이렇듯 우리 민족의 생활상을 이해하는 데 중요한 자료가 되고 학술적 예술적으로 그 가치가 인정되는 전통가옥을 국가에서는 문화재로 지정하여 보호 관리해 오고 있다. 현재 우리나라 국가 지정 문화재 3,500건 가운데 건조물 문화재는 1,447건에 달하고, 시·도 지정문화재 7,793건 가운데 건조물 문화재는 5,305건으로 집계되고 있다. 전체 문화재의 약 육십 퍼센트가 건조물인 셈인데, 이 중 우리나라의 전통가옥으로서 국가 지정의 중요민속문화재 건조물은 152건이다. 지역별 분포 상황을 보면, 서울 1건, 경기 8건, 강원 5건, 충북 16건, 충남 12건, 대구 3건, 경북 62건, 경남 5건, 전북 4건, 전남 31건, 제주 5건이다.

이 책은 국가 지정 중요민속문화재 가운데 우리나라 전통가옥의 특색을 잘 보여 주고 있는 집을 지역별, 시대별, 형식별로 특색을 감안하여 모두 70건을 선정, 주로 해당 가옥의 면모를 담은 사진을 중심으로 엮은 것

『한국의 전통가옥』에 수록된, 합천 묘산妙山 묵와黙窩 고가古家 사랑채(위)와
삼척 대이리大耳里 굴피집(아래). 2007-2008. 사진 서헌강.

묘산 묵와 고가는 조선 중기의 문신 윤사성尹思晟이 지은 집으로, 합천 지방 양반사대부가의
대표적 건축물로 손꼽힌다. 대이리 굴피집은 원래 너와로 지붕을 올렸는데,
너와 채취가 어려워지자 주변에 참나무가 많은 점에 착안해 너와 대신 굴피로 지붕을 올린 것이다.

이다. 사진을 중심으로 간략한 역사와 특징을 소개함으로써 우리나라 전통가옥의 참모습을 보여 주기 위한 것이다.

지역적으로는 서울 1건, 경기 4건, 강원 3건, 충북 7건, 충남 7건, 대구 1건, 경북 23건, 경남 5건, 전북 3건, 전남 14건, 제주 2건을 선정하였고, 시기적으로는 조선 초인 1450년(세종 32)에 건립된 경북 봉화奉化의 쌍벽당雙碧堂으로부터 조선 말인 1885년(고종 22)에 건립된 충북 충주忠州의 윤민걸尹民傑 가옥과 일제강점기인 1912년에 건립된 전남 무안務安의 나상열羅相悅 가옥, 그리고 가장 최근의 것으로는 해방 후 1947년에 건립된 경북 청송靑松의 창양동 후송당後松堂까지, 약 칠백 년간에 걸친 전국의 전통가옥을 고르게 소개했다.

이 가옥들의 대부분이 기와집이지만, 서천舒川의 이하복李夏馥 가옥이나 부안扶安의 김상만金相万 가옥 같은 초가집도 있다. 민속마을 내에 위치한 순천順天 낙안성樂安城의 김대자金大子 가옥이나 서귀포 성읍城邑마을의 고평오高平五 가옥도 초가집이다. 또 삼척三陟의 너와집은 얇은 돌조각과 나뭇조각을, 굴피집은 참나무의 두꺼운 껍질을 주재료로 사용하고 있으며, 울릉도의 나리동 투막집이나 봉화의 까치구멍집 등은 산골마을 주민들의 독특한 주거 형태를 보여 주는 것으로, 그 희귀성과 역사성, 지역적 특성에서 주목되는 가옥이다.

이러한 전통가옥들은 건립 당시 집 주인들의 사회적 신분이나 경제력에 따라서도 그 건축적 성격을 달리한다. 이 책에 실린 집 주인들의 신분은 양반 출신의 지방 유력자들이 대부분인데, 조선 성종 때의 학자 정여창鄭汝昌의 고향에 건립된 함안咸安 일두一蠹 고택, 숙종 때의 학자 윤증尹拯이 건립한 논산論山 명재明齋 고택 등이 대표적이며, 특수층과 관련된 가옥으로 단종의 숙부 금성대군錦城大君을 모신 서울 진관동의 금성당錦城堂, 영조의 막내딸 화길옹주和吉翁主의 살림집으로 지은 남양주시南楊州市 궁집, 대통령이 태어난 아산牙山 윤보선尹潽善 생가, 근대 서정시인 김윤식金允植이 태어난 강진康津 영랑永郎 생가 등은 시대의 한 획을 그은 인물들의 자취를 그 안에 품고 있다. 또한, 강릉江陵 선교장船橋莊이나 구례求禮 운조루雲鳥樓 등은 안채와 사랑채는 물론 행랑채와 연못까지 갖춘 대장원大莊園의 모습을 간직하고 있어, 우리나라 전통가옥의 가치와 품격을 한층 더 높여 주고 있다.

전통가옥은 자연환경과 조화를 이루며 짓는 것이 하나의 큰 특징이다. 특히 풍수지리風水地理는 산세山勢, 지세地勢, 수세水勢 등을 판단하여 이것을 인간의 길흉화복吉凶禍福에 연결시키는 이론으로, 집을 짓는 데 철저하게 적용되었으며, 이에 의거하여 집 주인은 자신의 삶에 가장 알맞은 터를 구하고자 끊임없이 노력했다.

집을 짓는 데 풍수지리 못지않게 영향을 받는 것이 기후적 요인이다. 사계절의 변화가 뚜렷한 우리나라에서는, 춥고 긴 겨울에 거처할 따뜻한 온돌방, 특히 안방이 중요시되었고, 더운 여름에 거처할 마루방과 대청, 그리고 매일 아침저녁으로 드나들 부엌이 어떤 형태로 결합되느냐에 따라 다양한 형태의 평면이 설계되었다. 또한 조선시대의 대가족제도에 따라 가옥의 규모가 점차 커지고, 별당 건물들이 줄줄이 세워졌으며, 철저한 남녀유별 의식과 내외법內外法의 영향으로 여자들의 주거 공간인 안채와 남자들의 주거 공간인 사랑채가 따로 구분되어 건축되었다. 그러다가 남녀유별의 관념은 19세기 말에 이르러 점차 무너지기 시작해, 안채와 사랑채를 가로막았던 담이 행랑채와 사랑채 사이로 옮겨지고, 사랑채를 안채에 이어 붙이기도 했다. 안채와 사랑채가 하나로 통합된 것이다.

조선시대의 가옥에는 조상의 신주를 모시고 제사를 지낼 수 있도록 집 안에 사당祠堂이 필수적으로 건축되었다. 태조는 왕위에 오르자마자 "공경公卿으로부터 하사下士에 이르기까지 모두 가묘家廟를 세워 선대를 제사하고, 가묘가 없는 백성은 정침正寢에서 제사를 지내라"고 하였다. 이에 따라 가옥을 지을 때 가장 높은 곳에 사당 터를 먼저 잡고 다른 건물보다 높이 세웠으며, 한번 세우면 헐지 않는 것이 철칙이었다. 이처럼 우리 선조들은 사당을 집안의 신성한 구역으로 여겼다.

한편으로, 가옥에는 집을 돌보아 주는 지킴이가 있다고 믿었다. 집 전체를 지키는 으뜸 집지킴이는 성주신이라 하여 가장 높이 모셨고, 터에는 터지킴이, 문에는 문지킴이, 마룻대에는 마룻대지킴이, 부엌에는 조왕竈王지킴이, 외양간에는 외양간지킴이, 우물에는 용신龍神이 있다고 믿어 받들었다. 이 밖에도 재운財運을 맡은 업지킴이, 어린 목숨을 돌보는 삼신三神, 뒷간을 지킨다는 뒷간신도 받들었다.

조선시대는 철저한 신분제 사회로, 건국 초 신분 계급에 따라 땅을 나누어 주었고, 세종 때에는 신분에 따른 가사규제家舍規制를 정하여, 대군大君 육십 칸에서부터 서민 열 칸에 이르기까지 차등을 두어 가옥을 건축하도록 했다.

또한 웃어른을 공경해야 한다는 장유유서長幼有序 의식은 가옥 구조에도 철저히 적용되어, 공간 명칭도 사랑채의 아버지가 기거하는 방은 큰사랑, 아들의 방은 작은사랑, 안채의 시어머니의 방은 안방 또는 큰방, 며느리 방은 건넌방 또는 머리방이라 불렀으며, 규모도 부모의 방은 각각 두 칸으로 아들, 며느리 방의 두 배 크기로 짓고, 생활하는 데 불편함이 없도록 다락, 골방, 벽장 등의 각종 부속 시설도 두었다.

이러한 신분에 따른 적용이 하인들에게는 더욱 철저히 지켜졌으니, 아랫사람들이 따로 살도록 안팎 행랑채를 둔 까닭이 여기에 있다. 흔히 행랑채는 가운데의 대문을 중심으로 좌우에 두는데, 살림의 규모가 커서 행사나 제사 등이 많은 상류가옥은 행랑채만 십여 칸에 이르며, 스무 칸에 이르는 집도 있다.

　전통가옥의 내부 공간은 크게 안채와 사랑채로 나뉜다. 안채는 주로 아녀자들이 거처하는 공간으로 가옥의 가장 안쪽에 자리하며, 안방, 대청, 건넌방, 부엌 등으로 구성된다. 사랑채는 바깥주인이 거처하는 공간으로 가옥의 가장 앞쪽에 자리한다. 보통 안채와 행랑채 사이에 위치하며, 사랑방, 대청, 침방 등으로 구성된다. 이 가운데 침방은 철저한 내외법에 따라 바깥주인이 평상시에 잠을 자는 곳으로, 침방이 없는 경우에는 사랑방을 침방으로 사용했다. 이 사랑채는 조선 중기 이후 그 영역이 확대되고 기능 분화가 이루어지는데, 이는 16세기 이후 종법질서宗法秩序가 확립되고 성리학적 생활문화가 정착되어 가장권家長權이 강화되는 등 집안에서 가장의 역할이 증대된 데에서 그 원인을 찾을 수 있다.

　한편, 전통가옥의 외부 공간으로는 별당, 행랑채, 마당, 외양간, 장독대, 그리고 정자 등이 있다. 이 중 별당은 조선 중기 이후 사대부가의 개별적 성격을 보여 주는 시대적 특성의 하나로 볼 수 있는데, 사랑채의 기능이 확대되어 기존 공간으로는 제사, 학문, 접객, 수양 등의 다양한 일들을 감당하기 어려워지자 별도의 공간이 필요했다.

　이와 같은 조선시대의 가옥도 시대의 변천에 따라 그 형태와 구조가 변모된다. 특히 1894년(고종 31)의 갑오경장甲午更張을 계기로 그동안의 양반과 상민의 계급 차별이 없어지고 주거생활에서도 조선시대 초기부터 적용되어 오던 가사규제가 사실상 철폐됨으로써, 일찍이 개화사상에 눈을 뜨고 재력을 키워 온 중인 계층에서 신분제에 의한 가옥 크기의 제한을 받지 않고 재력에 따라 건축 규모를 정할 수 있게 되었다.

　이 책에 실려 있는 사진들은 2007년에서 2008년 사이에 찍은 것으로, 우리 한옥 문화재의 현주소를 보여 주는 자료가 되기도 한다. 집이라는 특성상 사람이 거주해야 온전히 보존되기도 하지만, 현대생활과 맞지 않는 구조 탓에 거주로 인해 훼손되는 경우도 적지 않음을 본다. 과거의 구조물이 현대에도 잘 보존되도록 문화재 관리 정책의 끊임없는 관심과 지혜가 필요할 때다. 예스런 맛이 점점 사라지고 있으나, 지금의 상태나마 잘 보존하는 것이 우리의 크나큰 과제임을 잘 알기에, 이와 같은 이미지북을 통해서라도 기록으로 남겨야 하겠다는 생각과, 마침 국제문화도시교류협회와 열화당책박물관이 공동으로 2016년 라이프치히 도서전 한국관의 특집인 「한옥」 전에 출품할 특별 출판물로 감히 이 책을 여러분 앞에 내놓는다.

서헌강 선생의 노고에 찬사를 드리며, 강호제현의 질정을 바란다.

조선 왕릉 –
서삼릉西三陵과 서오릉西五陵

조선 왕릉에 내재된 의미

모두들 알고 있듯이 서삼릉과 서오릉은 조선의 왕릉王陵이다. 왕릉의 사전
적 의미는 '왕의 무덤'이지만, 학술적으로는 왕과 왕비의 무덤, 추존 왕과
추존 왕비의 무덤을 모두 왕릉이라 하고, 줄여서 그저 능陵이라고도 한다.
이에 대해, 왕이 되지는 못하였으나 자식이 왕위에 올라 왕족이 된 부모
나 왕세자 · 왕세자비의 무덤은 원園이라 하고, 대군 · 공주 · 옹주 · 후궁 ·
귀인 등의 무덤은 묘墓라고 한다. 이에서 능과 원을 합해 부르는 능원陵園
이라는 말이 나왔고, 능과 묘를 합해 부르는 능묘陵墓라는 말이 나왔다.

27대 역대 왕이 오백십팔 년간 다스린 조선왕조의 능은 현재 마흔두 기
基가 있다. 그러나 그 중 두 기는 북한 개성 땅에 있어 우리가 마음대로 가
볼 수 없고, 제10대 연산군과 제15대 광해군의 무덤은 능이 아니라 묘로
불린다. 그들의 폭정에 대한 업보일 것이다. 참고로, 현재 원은 열세 기가
있고, 묘는 예순네 기가 있으니, 조선 왕족의 무덤은 모두 백열아홉 기가

있는 셈이다.

능의 형식은 그 조성 형태에 따라 크게 단릉單陵 · 쌍릉雙陵 · 삼연릉三連陵으로 구분된다. 단릉은 왕과 왕비의 봉분을 따로 조성한 형태로, 태조의 건원릉健元陵, 단종의 장릉莊陵, 중종의 정릉靖陵이 이에 해당한다. 삼연릉은 한 언덕에 왕과 왕비, 계비의 세 봉분을 나란히 조성한 형태로, 헌종의 경릉景陵 하나뿐이다. 나머지는 모두 왕과 왕비의 봉분을 나란히 조성한 쌍릉이다.

세계 역사상 한 왕조가 오백 년 이상 계속 이어졌고, 재위한 왕과 왕비의 능이 온전히 그대로 남아 있는 예는 조선의 왕릉이 유일하다. 때문에 2009년 스페인 세비야에서 개최된 유네스코 세계유산위원회에서는 북한 소재 두 기를 제외한 조선 왕릉 마흔 기를 세계문화유산으로 결정한 바 있다.

이처럼 유네스코 세계문화유산에까지 등재된 조선 왕릉에 내재되어 있는 진정한 가치는 어디에서 나오는 것인가. 유네스코 한국위원회의 자료에 의하여 그 내용을 살펴본다.

조선 왕릉은 유교 문화의 맥락에서 자연 및 우주와의 통일이라는 독특하고 의미있는 장례 전통에 입각하여 조성되었다. 택지擇地는 풍수지리의 원리에 의해서 정해졌고, 의례가 결합된 조상숭배의 전통을 지키면서 세심하게 조성된 것이다. 세속적인 구역에서부터 경건한 구역으로 이어지는 위계적 배치와 독특한 전각殿閣, 비각碑閣, 석물石物 등은 조선왕조의 과거 역사를 상기시키는 조화로운 총체이다.

또한, 조선 왕릉은 건축의 조화로운 모습을 보여 주는 탁월한 사례로, 한국과 동아시아 무덤 발전의 중요한 단계를 보여 주며, 능의 환경과 배치, 구성 등에 대해서도 완전하게 이해할 수 있게 해 준다. 현대화 바람에 의한 도시 개발로 몇몇 왕릉은 유적의 경관에 영향을 받았지만, 현재 엄격한 법률로 완충 지역 안의 개발을 제한하고 있으며, 문화재에 대한 관심이 점차 높아짐에 따라 왕릉 유적을 구성하는 요소들이 수리, 복원, 중건되어 거의 완벽한 본 모습을 지니게 되었다.

때문에 모든 왕릉 유적들이 본래의 기능과 경건함을 잘 유지해 왔으며, 특히 도시화가 덜 진전된 곳의 유적은 몇 개 입구들만 바뀌었을 뿐 그 형태와 도안을 그대로 유지하고 있어 문화재로서의 진정성이 인정받게 되었다.

조선 왕릉은 현재 국가적 차원에서 철저하게 관리되고 있으며, 문화재보호법 등 실정법에 의해 광범위하게 보호받고 있다. 통합 관리 시스템에 의해 효율적인 보존 계획을 세우고 유산을 관리하며, 그 관리 역량 또한 국제적으로 인정받고 있다.

이러한 조선 왕릉은 다음의 유네스코 세계문화유산 등재 기준에 부합되어 지난 2009년 6월 28일 세계문화유산으로 결정된 것이다.

- 독특하거나 지극히 희귀하거나 혹은 아주 오래된 유산.
- 가장 특징적인 사례의 건축양식으로서 중요한 문화적, 사회적, 예술적, 과학적, 기술적 혹은 산업의 발전을 대표하는 양식.
- 역사적 중요성이나 함축성이 현저한 사상이나 신념, 사진이나 인물과 가장 연관이 있는 유산.

이러한 등재 기준과 더불어 조선 왕릉은 규범적인 의식을 통한 상례와 제례의 살아 있는 전통과 직접 관련되어 오늘날에도 우리에게 교훈적인 위치에서 많은 가르침을 주고 있다. 그 대표적인 유산이 조선 왕실의 국상례國喪禮와 종묘제례宗廟祭禮, 그리고 산릉제례山陵祭禮이다.

왕릉 앞에서의 산릉제례

고려왕조가 멸망한 후 세워진 조선왕조는 유교를 통치 이념으로 삼고 국가 의례를 정비했다. 이러한 조선사회에서는 충忠과 효孝, 그리고 예禮를 가장 중요한 가치로 여겨 지켜 나갔고, 왕실은 솔선수범하여 백성들에게 모범을 보여야 했기에 부모와 선조를 모시는 데 정성을 다했다.

왕이 세상을 떠나면 왕세자와 대군, 왕비와 내명부, 외명부의 공주 등은 모두 관과 윗옷을 벗고 머리를 풀며 장신구들을 제거하였다. 민간에서는 닷새 동안 장이 열리지 못하며, 석 달 동안은 혼인이 금지되고 소와 돼지의 도살이 금지되었다.

조정에서는 그야말로 비상령이 내린다. 빈전도감殯殿都監, 국장도감國葬都監, 산릉도감山陵都監이라는 장례위원회를 만들어 예순 가지가 넘는 절차를 거쳐 장례를 치르고, 다섯 달에 걸쳐 왕릉을 지어 승하한 임금을 모셨다. 먼저 빈전도감에서는 상복을 만들고 음식을 준비하는 일을 맡으며, 책임자는 예조판서를 포함한 세 명의 제조提調이다. 국장도감은 호조판서와 예조판서가 책임자가 되어 집기류, 악기류, 상여, 지석誌石, 제기 등을 만든다. 산릉도감은 능을 조성하는 일을 맡으며 공조판서와 선공감繕工監이 제조가 되어 일을 진행한다. 가장 힘들고 조심스러운 분야이다. 이 세 도감의 총책임자는 좌의정이 되며, 도제조都提調라고 하였다.

왕릉 조성에는 석 달 정도의 기간이 걸렸으며, 육천 명 이상의 인원이 동원되었다. 왕릉의 위치를 정하는 택지는 무엇보다 중요시되어 상지관相地官이 풍수지리설에 따라 정하고, 새로운 왕이 친히 현장에 가서 지세를 살폈다. 이 동안 공조에서는 얼음으로 빙반氷盤을 만들어 왕의 시신을 안치해 썩지 않도록 하였는데, 얼음은 겨울에 한강에서 채취하여 서울 용산구 동빙고동과 서빙고동에 있던 얼음 저장고에 저장했다가 사용했다. 왕릉이 조성되면 능참봉陵參奉을 두어 관리케 하였는데, 능참봉은 최하위급인 종구품從九品 벼슬이지만, 양반 신분으로 보통 생원, 진사 등 연륜이 있는 자가 임명되었으며, 제례 때에는 그 준비를 총괄하고, 평소에는 정자각이나 비각을 개보수하고 기타 능역 공사를 관리, 감독하였다.

왕의 사후에 시신은 왕릉에 묻히지만 그 신주神主는 서울 종묘宗廟에 모셔지며, 해마다 제향祭享이 베풀어진다. 제향은 매년 춘하추동 네 계절에 베풀어지고 그 밖에 나라에 특별한 일이 있을 때 고유제告由祭를 올렸다. 이때의 의식은 종묘제례宗廟祭禮라 하여 일정한 절차와 엄숙한 분위기 속에서 현재까지 거행되고 있다. 사람이 죽으면 육신은 없어져도 넋, 즉 혼백魂魄은 영원히 남아 있다고 믿는데, 조선시대에는 종묘에서 혼魂을 모시는 종묘제례를 지내고, 왕릉에 가서 백魄을 모시는 산릉제례를 지냈다.

산릉제례는 직접 능에서 치르는 제례로, 역대 왕과 왕비의 왕릉은 물론, 일부 원園과 묘墓에 나아가 지내는 모든 제례를 일컫는다. 종묘제례와 더불어 왕실의 주요 제례의 하나로, 유교적 신념에 바탕을 둔 중요한 국가 행사 중의 하나였다. 이처럼 조선 왕릉은 유형의 문화재인 능에서 주기적으로 무형의 문화재인 산릉제례를 치르고 있는 점에서 세계의 어느 왕릉과도 뚜렷하게 차별된다. 종묘제례에 비해 그 절차와 제례 음식이 간소하며, 음악과 춤도 없다. 매년 총 쉰두 차례의 산릉제례가 전주이씨대동종약원全州李氏大同宗約院에서 마련한 절차에 따라 제관 선정, 초헌례, 아헌례, 종헌례, 망료례의 순서로 봉행되고 있는데, 시간은 어느 곳이나 정오正午에 시작된다.

태조 건원릉의 산릉제례는 매년 양력 6월 27일 경기도 남양주 건원릉에서 봉행되며, 세종대왕 영릉의 산릉제례는 4월 8일 경기도 여주 영릉에서 봉행된다. 경기도 고양의 서삼릉과 서오릉의 산릉제례는 해마다 주최측 사정에 따라 약간씩 변동이 있지만, 2014년에는 서삼릉은 예릉睿陵 1월 16

일, 희릉禧陵 3월 26일, 효릉孝陵 9월 24일에 지냈으며, 서오릉은 홍릉弘陵 4월 3일, 창릉昌陵 4월 16일, 명릉明陵 5월 3일, 경릉敬陵 10월 18일, 익릉翼陵 10월 25일에 지냈다. 그리고 왕릉은 아니지만, 서오릉의 수경원綏慶園은 9월 27일, 대빈묘大嬪墓는 11월 9일에 각각 지냈다.

이처럼 조선왕조의 능이 온전히 보존되어 세계적인 문화유산으로 보호받으며 해마다 정해진 제례 의식이 봉행되고 있는 데 비하여, 고대로 올라갈수록 우리 왕릉은 그 수가 드물 뿐 아니라 일부는 우리의 손길이 미치지 못하는 북한이나 중국 땅에 있어 후손들로부터 제대로 대접받지 못하고 있는 실정이다.

고대 삼국과 고려의 왕릉

우선 고구려의 왕릉을 보면, 중국 길림성 통구通溝에 있는 장군총將軍塚과 태왕릉太王陵이 있을 뿐이고, 그 능의 주인공도 광개토대왕과 장수왕으로 각각 갈리고 있는 실정이다. 백제는 공주 송산리 고분군과 부여 능산리 고분군 등 한때 수도였던 곳에 대규모 고분군이 있어 왕릉으로 추정되고 있으며, 1971년에는 공주에서 무령왕(재위 521-523년)의 능이 발굴되어 학계와 세간의 관심이 집중된 바 있다. 신라는 1974년에 발굴된 경주의 천마총天馬塚 등 열여섯 기가 왕릉으로 고증되었고, 통일신라에 이르러서는 문무왕(재위 661-681년)의 능인 대왕암大王岩이 그의 유언에 따라 시신을 화장하여 동해에 묻은 해중릉海中陵으로 조성되었고, 이를 포함하여 모두 열세 기의 능이 있다. 특히 마지막 임금인 경순왕은 고려에 귀부歸附한 후 고려의 수도 개성에서 살다가 사망했으므로, 능도 경주지역에 조성하지 못하고 경기도 연천 땅에 조성되어 있는 유일한 신라 왕릉이 되었다.

고려의 왕릉은 북한 땅 개성 부근 산악지대에 분포되어 있지만 그 중 능의 소재가 확실한 것은 태조(재위 918-943년)의 능인 현릉顯陵을 비롯하여 열아홉 기뿐이다. 특히 고려가 몽고의 침입을 받아 강화도로 천도해 있던 중 사망한 희종의 석릉碩陵과 고종의 홍릉洪陵은 현재 인천 강화군에 있으며, 고려의 마지막 왕 공양왕의 능은 경기도 고양시에 있는 고릉高陵과 강원도 삼척시의 공양왕릉이 있어 지금도 그 진위를 놓고 의론이 분분한 실정이다.

왕릉에 힘입어 군으로 승격한 고양

조선의 왕릉은 서울 도성의 경복궁景福宮에서 반경 백 리 이내에 조성한다는 의례에 따라 경기도에 가장 많이 조성되었다. 때문에 서울과 수도권에서 접근성이 좋아 어른들에게는 답사를 겸한 휴식의 공간이 되고 어린 학생들에게는 소풍 코스로 적합하다. 서울 은평구의 한 초등학교를 다닌 어느 직장인은 여섯 해 내내 서오릉으로 소풍을 갔다고 자랑인지 불평인지 지난날을 회상하는 얘기를 들은 적이 있다. 그만큼 왕릉은 사람의 시신이 묻혀 있는 으스스한 곳이라고는 생각하지 않고 마음만 먹으면 언제나 가서 자연경관을 즐길 수 있는 관광지 겸 휴식처가 되고 있다. 그도 그럴 것이 지금도 서울의 불광동에서 출발하여 서오릉과 행주산성을 거쳐 서삼릉과 통일로를 지나 구파발로 오는 순환 코스는 학습을 겸한 나들이 코스로서 최적의 조건을 갖추고 있기 때문이다.

이러한 왕릉이 고양 땅에 여덟 기가 조성되어 있다. 전체 마흔 기 가운데 오분의 일이 고양시에 있는 것이다. 조선 건국 초인 1394년(태조 3)만 하더라도 고봉현高烽縣이었다가 1403년(태종 13)에 고양高陽의 이름을 얻어 현감이 다스렸던 고양시가 군郡으로 한 단계 승격된 것은 1471년(성종 2)의 일이다. 세조의 원자였던 덕종德宗과 그의 비의 능인 경릉敬陵, 예종과 그의 계비의 능인 창릉昌陵이 차례로 이 지역에 조성됨으로써 취해진 특별 조처였다.

2014년으로 인구 백만 도시를 이룬 계기를 가져온 조선의 왕릉을 찾아 보는 것은 이러한 처지를 고려해 볼 때 매우 의미 있는 일이겠다.

세계문화유산 조선 왕릉

지난 2009년 6월 30일 고양시에 위치한 서삼릉西三陵과 서오릉西五陵을 포함 한 조선 왕릉 마흔 기가 세계문화유산으로 등재되었다. 유네스코는 조선 왕릉이 우리의 전통문화를 담은 독특한 건축 양식과 아름다운 자연이 어 우러진 신성한 공간이며, 왕릉 전체가 통합적으로 보존 관리되고 있는 점 등이 세계문화유산으로 등재되기에 손색이 없다고 평가했다.

유네스코의 평가가 아니더라도, 조선 왕릉의 보존 상태는 거의 원형 그 대로다. 도굴과 화재가 더러 있었지만, 능침과 석물, 정자각과 홍살문 등 부대시설이 온전하게 복원되어 있다. 또 조선 왕릉은 오백년 능제陵制의 변화를 한눈에 볼 수 있는 문화유산이며, 능 전역에 퍼져 있는 소나무숲 과 잔디로 잘 다듬어진 조경 등은 시민들의 휴식과 배움터로 뛰어나다.

조선 왕릉은 고양시의 서삼릉과 서오릉 외에 구리시에 동구릉東九陵이 있고, 김포시에 하나, 남양주시에 넷, 양주시에 하나, 여주시에 둘, 파주 시에 넷, 화성시에 둘이 있으며, 서울에 여덟, 강원도 영월군에 하나가 있 다.

서삼릉과 서오릉, 동구릉에서 보듯 왕릉군의 명칭에는 삼, 오, 구 등의 홀수 숫자가 들어가며, 짝수는 음수陰數이기에 호칭하기를 피한다. 동구 릉 전에 동오릉, 동칠릉이라 불렀던 기록은 있으나, 동사릉이나 동육릉의 기록은 없다. 두 기의 왕릉이 있을 때는 헌인릉獻仁陵, 선정릉宣靖陵, 융건릉

隆健陵처럼 능호를 합쳐서 그대로 부른다.

왕릉에서는 매년 능제陵祭가 거행된다. 왕릉 조성 기간에는 돼지와 소의 도살이 금지되지만 능제 때는 그 귀한 소를 잡아도 되었다. 이 능제 음식으로 인해 왕릉갈비가 생겼다고 하는데, 수원갈비, 태릉갈비, 홍릉갈비는 모두 왕릉과 관련 있는 특별 음식이다.

자연경관이 아름다운, 그러면서도 엄숙한 분위기가 감도는 고양시의 왕릉을 찾아가면서 역사적으로 앞서는 서오릉엘 먼저 들러 보자.

세조의 부정父情이 흐르는 서오릉

서오릉(사적 제198호)은 고양시 덕양구 용두동 산 475-91(서오릉길 334-92)에 소재한 경릉敬陵·창릉昌陵·익릉翼陵·명릉明陵·홍릉弘陵의 다섯 능을 아울러 일컫는 말로, '서울 도성 서쪽에 있는 다섯 능'이라는 의미에서 붙여진 명칭이다. 총면적은 약 182만 9,792제곱미터(55만 평)로 동구릉 다음으로 큰 조선 왕릉군이다.

서오릉은 1457(세조 3) 세조의 큰아들로 후에 덕종德宗으로 추존된 세자가 사망하자 능지로서 좋은 곳을 찾다가 부왕인 세조가 직접 살핀 뒤에 경릉을 조성함으로부터 비롯되었다. 동구릉이 태종의 선대 추앙의 효성에서 조성되었다면, 서오릉은 세조의 자식 사랑이 깃든 능이다.

이후 1470년(성종 1)에 창릉昌陵이 들어섰고, 1681(숙종 7)에 익릉翼陵, 1721년(경종 1)에 명릉明陵, 1757년(영조 33)에 홍릉弘陵이 들어서면서 '서오릉'이라는 이름을 얻게 되었다.

경릉敬陵

세조의 원자였던 덕종德宗과 그의 비 소혜왕후昭惠王后 한씨韓氏의 능이다.

경릉의 특이한 점은 일반적인 왕릉 조성과는 달리 왕은 오른쪽, 왕비는 왼쪽에 봉분이 조성되어 있다는 점이다. 이렇게 조성된 이유는, 덕종은 예종의 형으로서 사망 당시는 왕이 아닌 대군이었고, 소혜왕후의 능은 남편이 덕종으로 추존된 뒤 조성되었으므로 왕릉의 예를 따랐기 때문이다. 때문에 왕비의 능이 왕의 능보다 훨씬 장엄하고 화려해졌다.

덕종(1438-1457)은 몸이 약하여 스물 나이에 사망하였다. 그의 장남이 월산대군이고 차남이 제9대 성종으로, 성종 즉위 후 덕종으로 추존되었다. 조선 개국 이후 최초의 추존 왕이다.

소혜왕후(1437-1504)는 1455년(세조 1) 세자빈에 간택되었고 아들 성종이 즉위하자 인수대비仁粹大妃가 되었다. 덕종이 죽은 뒤 사십칠 년을 더 살았는데, 연산군이 생모 윤씨가 폐위된 후 사사되었다는 사실을 알고 관련자들을 처단할 때, 소혜왕후가 이를 나무라자 연산군이 머리로 들이받아서 일어나지 못하고 별세하였다고 한다.

창릉昌陵

제8대 예종과 계비 안순왕후安順王后 한씨의 능이다.

창릉은 왕릉으로는 드물게 화재의 기록을 많이 가지고 있다. 1625년(인조 3) 창릉에 불이 나자 왕은 정사를 폐하고 백관과 함께 사흘 간 소복을 입었다 한다. 창릉의 화재는 이에 그치지 않고 이듬해 또 났으며, 고종 때인 1896년에도 화재가 발생하였다는 기록이 있다.

예종(1450-1469)은 덕종의 동생으로 형이 죽은 뒤 세자가 되어 1468년 9월에 왕위를 물려받았으나 열네 달 만에 별세하였다. 재위 기간에 '남이南怡 장군의 옥사' 등 정치적 격동을 겪었다.

안순왕후(?-1498)는 1461년(세조 7) 세자빈이 병사하자 이듬해 세자빈으로 간택되었다. 1468년 예종이 즉위하자 왕비에 책봉되었으나 이듬해 남편이 사망하자 대비가 되어 이십구 년을 더 살다가 별세하였다.

익릉翼陵

제19대 숙종의 정비 인경왕후仁敬王后의 능이다.

인경왕후(1661-1680)는 스무 살의 나이에 천연두에 걸려 발병 여드레 만에 사망하였고, 그의 세 딸도 오래 살지 못하고 일찍 세상을 떠난 불행한 여인이었다. 그러나 익릉은 서오릉에서 가장 높은 곳에 위치하여 장엄한 모습을 보이고 있다. 홍살문에서 시작되는 참도參道도 위쪽으로 경사지게 계단식으로 되어 있어 대단한 권력자의 무덤처럼 보인다. 장대한 석물과 팔각 장명등長明燈도 역시 묘소에 어울리는 형태와 특징을 나타내고 있다.

명릉明陵

제19대 숙종과 계비 인현왕후仁顯王后 민씨, 두번째 계비 인원왕후仁元王后 김씨의 능이다. 세 기의 능이 같은 언덕에 배치되었는데, 숙종과 인현왕후는 나란히 자리한 쌍분雙墳으로 조성하고, 인원왕후의 능은 왼쪽 옆에 따로 조성하였다.

숙종(1661-1720)은 열네 살에 즉위하여 46년간 집권하였다. 숙종이 집권하던 시기는 붕당의 정쟁이 심하여 나라가 어수선했지만, 한편으로는 대동법의 실시, 상평통보 주조 등의 치적을 남겼다.

인현왕후(1667-1701)는 1681년(숙종 7)에 숙종의 계비가 되었으나 후사가 없는 탓으로 1689년 세자 책봉 문제로 모함을 받아 장희빈에게 왕비 자리를 빼앗겼다가 1694년 서인이 정권을 잡으면서 복위되었다. 하지만 칠 년 만에 삼십오 세로 별세하였는데 장희빈의 저주 때문이라는 이야기가 전한다.

인원왕후(1687-1757)는 1702년(숙종 28) 숙종의 계비가 되었고 1757

년(영조 33) 칠십일 세로 별세했다. 인원왕후가 별세할 당시는 마침 영조의 정비 정성왕후貞聖王后의 장례 기간이었으므로, 영조는 피붙이도 아닌 대왕대비 인원왕후의 능을 위해 따로 경비와 인력을 투입할 여력도 의지도 없었다. 이에 영조는 가장 간편한 방책을 써서 숙종의 능인 명릉 능역의 한 모퉁이를 떼어내어 대왕대비를 장사지냈다. 때문에 명릉은 그 능의 배치가 전혀 법도에 맞지 않은 기형적인 모습이 되고 말았다. 서열이 가장 낮은 두번째 계비가 왕과 첫 계비보다 상석인 왼쪽에 묻힌 것이다.

한편, 숙종의 정비인 인경왕후仁敬王后의 익릉翼陵과 후궁 장희빈張禧嬪의 묘도 같은 서오릉 경내에 조성되어 있으니, 숙종은 죽어서도 생전의 여인들과 함께 있는 셈이다.

홍릉弘陵

제21대 영조의 정비 정성왕후貞聖王后의 능이다.

정성왕후(1692-1757)는 1721년(경종 1) 세자빈이 되었다가 1724년 영조가 왕위에 오르자 왕비가 되었으나 자손이 없이 1757년(영조 33) 육십육 세로 별세하였다.

영조는 그녀를 무척 좋아하여 사후 그 옆 자리에 묻힐 작정으로 생전에 자신의 가묘를 홍릉에 만들었지만, 영조가 사망하자 손자인 정조는 이에 따르지 않고 반대쪽 동구릉에 원릉元陵을 조성하고 할아버지를 장사지냈다. 아버지 사도세자思悼世子를 죽인 할아버지에 대한 복수였다. 그래서 정성왕후 서씨의 오른쪽 편은 지금도 비어 있는 그대로다.

서오릉에는 다섯 기의 능 외에 두 기의 원園과 한 기의 묘墓가 더 있다.

제13대 명종의 장자인 순회세자順懷世子(1551-1563)와 공회빈恭懷嬪 윤씨(?-1592)의 묘인 순창원順昌園, 제21대 영조의 후궁 영빈이씨暎嬪李氏(?-

274

1764)의 묘인 수경원綏慶園이 이곳에 있다. 그리고 장희빈으로 더 잘 알려진 희빈장씨禧嬪張氏(?-1701)의 묘인 대빈묘大嬪墓는 1969년 6월 경기도 광주시 오포면 문형리에서 지금의 자리로 이전하여 숙종과 한 경내에 묻히게 되었다.

일제의 만행과 도시화 바람에 훼손된 서삼릉

서삼릉(사적 제200호)은 고양시 덕양구 원당동 산 37-1(서삼릉길 233-126)에 소재한 희릉禧陵·효릉孝陵·예릉睿陵의 세 능을 아울러 일컫는 말로, '서울 도성 서쪽에 있는 세 능'이라는 의미에서 붙여진 명칭이다. 총면적은 약 21만 7,700제곱미터(7만 평)이다.

서삼릉에는 세 능 외에도 다수의 원園과 묘墓, 그리고 태실胎室이 있다. 원래 왕릉의 능역 안에는 왕과 왕후의 능 외에는 다른 무덤 시설들이 들어설 수 없으나, 일제강점기에는 왕릉을 훼손시키려는 저의에서, 해방 후에는 도시화에 밀려, 원과 묘, 심지어는 태실 등이 이곳 서삼릉 지역으로 이전됨으로써 왕릉으로서의 법도와 전통을 지키지 못한 사연을 간직한 곳이다.

해방 후부터 서삼릉에 불어닥친 도시화 바람은 칠십 년이 지난 지금도 여전히 불고 있다. 서삼릉으로 가는 드넓은 벌판 곳곳에는 아파트 건립 공사가 한창 벌어지고 있고, 그에 맞추어 도로 공사도 함께 이루어지고 있다. 길눈이 어두운 사람은 도로 표지판만 보고 차를 몰다가 엉뚱한 아파트 공사장으로 진입하여 다시 돌아 나오는 수고를 하기 십상이다. 산 자의 주거지를 위한 신도시 건설의 여러 공사가 왕릉의 존재를 깊이 배려해 그와 조화를 이루도록 계획돼서 도시화의 추한 바람이 더 이상 서삼릉 안으로는 들어가지 않기를 바라는 마음이다.

서삼릉 중 효릉 전경(위), 그리고 뒤쪽에서 내려다본 희릉(아래). 사진 서헌강.

서오릉 중 멀리서 바라본 익릉과 제각(위), 그리고 홍릉의 무인상, 문인상들(아래). 사진 서헌강.

희릉禧陵

제11대 중종의 계비 장경왕후章敬王后 윤씨의 능이다.

장경왕후(1491-1515)는 1506년에 일어난 중종반정으로 단경왕후端敬王后 신씨愼氏가 폐위되자 왕비에 책봉되었으나 1515년(중종 10) 인종을 낳고 산후병을 얻어 이레 만에 사망하였다.

능은 원래 서울 헌릉獻陵 옆에 있었으나 1537년 김안로金安老가 정적을 모함하기 위해 묘 자리에 큰 돌이 깔려 있어서 좋지 않다고 주장하자 서삼릉에 묻힌 인종을 보호한다는 명분으로 희릉을 이곳으로 이장했다. 이후 1544년에는 중종의 정릉靖陵을 희릉 옆에 조성하여 왕과 왕후가 나란히 묻히게 되었으나, 1562년(명종 17) 중종의 계비 문정왕후文定王后가 질투심에서 정릉을 지금의 서울 선릉宣陵 옆으로 옮김으로써 다시 희릉만 서삼릉에 남게 되었다.

산 사람이 한 번 이사를 하려 해도 번거로운 일이 한두 가지가 아닌데, 죽은 자가 살아 있는 자들의 이해관계에 따라 이리저리 옮겼으니, 권력의 횡포와 여인의 질투심이 얼마나 무서운가를, 이 희릉은 자신의 지나온 역사를 통하여 말없이 가르쳐 주고 있다.

효릉孝陵

제12대 인종과 그의 비 인성왕후仁聖王后 박씨의 능이다.

인종(1515-1545)은 조선조 제일의 효자로 불린다. 능호의 효孝 자가 이를 잘 말해 주고 있다. 1544년 왕위에 올랐으나 여덟 달 만에 승하했는데, 자신을 부모의 곁에 묻어 줄 것과 장사를 소박하게 치를 것을 유언했다.

때문에, 그의 능에는 병풍석이 없다가 인성왕후가 별세한 후 인종 곁에 묻히면서 현재 왕릉에서 볼 수 있는 병풍석을 둘렀다. 그 후 아버지 중종의 능이 문정왕후文定王后에 의해 서울로 이장되는 바람에 아버지와는 멀리 떨어지게 되었고, 어머니 장경왕후章敬王后만을 한 경내에서 모시고 있는 셈이다. 현재 농협대학교 구내의 비공개 지역에 있다.

예릉睿陵

제25대 철종과 그의 비 철인왕후哲仁王后 김씨의 능이다.

'강화도령'으로 잘 알려진 철종(1831-1863)은 1848년 헌종이 후사 없이 승하하자 당시 영조의 유일한 혈손으로서, 이듬해 왕위에 올랐다. 그러나 외척의 세도로 인하여 힘든 왕 노릇을 하다가 변변한 업적도 남기지 못하고 재위 14년에 별세했다.

철인왕후(1837-1878)는 1851년 철종 2년에 왕비가 되었고 고종 15년에 마흔두 살로 별세했다.

예릉이 이곳에 조성됨으로써 이곳 왕릉군이 '서삼릉'이라는 명칭을 얻게 되었는데, 예릉은 조선왕조의 왕릉제도에 의한 마지막 능이 되었다. 뒤의 고종과 순종 황제, 황후의 능은 황제 능묘제에 따라 격식을 달리하여 조성되었다.

서삼릉에는 세 능 외에도 세 원園, 마흔여덟의 후궁·공주·옹주의 묘, 그리고 쉰셋의 태실胎室이 있다.

제16대 인조의 큰아들 소현세자昭顯世子(1612-1645)의 묘인 소경원昭慶園, 제21대 영조의 아들 사도세자思悼世子의 큰아들이자 정조의 형인 의소세손義昭世孫의 묘인 의령원懿寧園, 제22대 정조의 큰아들 문효세자文孝世子의 묘인 효창원孝昌園이 이곳에 있다. 제9대 성종의 왕비이자 연산군의 어머니로 지나친 투기를 부리다가 사약을 받고 죽임을 당한 폐비윤씨廢妃尹氏의 회묘懷墓는 본래 서울 동대문구 회기동에 있었으나 1969년 10월 현재의 자리로 이장되었다.

태실은 서삼릉의 비공개 지역에 위치한 효릉의 서쪽에 있다. 이들 태실은 대부분 일제강점기인 1929-1930년에 전국 명산에 있던 것을 관리상의 편의를 이유로 현재의 서삼릉 경내로 옮겨 조성한 것이다.

이산가족의 슬픔 안은 조선 왕릉들

이산가족의 슬픔은 산 자에게만 있는 것이 아니다. 남녘의 서삼릉과 서오릉의 주인공들도 북녘의 조상들을 그리워하며 슬픔을 달래고 있는지도 모른다. 북녘 땅 개성에는 두 기의 조선 왕릉이 있다. 태조의 정비 신의왕후神懿王后 한씨의 제릉齊陵과, 제2대 정종과 정안왕후定安王后의 후릉厚陵이 그것이다.

신의왕후(1337-1391)는 태조 즉위 한 해 전에 별세했기에 개성에 장사지냈다가 조선 개국 후 추존하여 능명을 제릉이라 하였다. 또 정종(1357-1419)은 1398년에 즉위하여 왕위에 두 해 남짓 동안 있다가 태종에게 양위했기에, 사후 제대로 대접받지 못하고 먼저 별세한 정안왕후(1355-1412)와 나란히 개성의 후릉에 묻혔다.

왕릉의 이산가족은 남북 간에만 있는 것이 아니다. 남남 간 이산가족의 사연도 있다. 바로 제6대 단종(1441-1457)의 장릉莊陵과 그의 비 정순왕후定順王后(1440-1521)의 사릉思陵 사연이다. 단종이 1457년(세조 3) 강원도 영월에서 죽임을 당하자 영월호장 엄흥도嚴興道가 몰래 장사지냈다. 그로부터 이백사십여 년이 지난 1698년(숙종 24)에야 단종의 명예가 회복되어 왕으로 봉하고 장릉이라 하였다. 영월읍 영흥리(단종로 190)에 위치한다.

단종을 영월로 보낸 후 살아생전에 한 번도 만나보지 못한 정순왕후는 서울 동대문 밖 비구니 처소였던 정업원淨業院에서 단종을 그리면서 팔십일 세까지 살았다. 사후 단종의 누이 집안 묘역에 묻혔다가 단종이 복위될 때 함께 명예가 회복되고 묘를 사릉思陵이라 했다. 생각할 사思의 의미를 잘 보여 주는 능호이다. 남양주시 진건읍 사릉리(사릉로 180-1)에 위치한다.

　단종의 장릉은 서울 도성에서 가장 멀리 있는 왕릉이다. 도성에서 백리 밖을 벗어날 수 없다는 규정이 적용될 수 없는 단종의 운명 때문이다. 그러나 그게 문제가 아니다. 부인 정순왕후의 능과는 삼백 리나 떨어져 있다는 사실이다. 서삼릉의 희릉禧陵의 예에서, 산 사람이 한 번 이사를 하려 해도 번거로운 일이 한두 가지가 아닌데, 죽은 자가 살아 있는 자들의 이해관계에 따라 이리 저리 옮겨야 하니 해도 너무했다는 생각이 든다. 그러나 장릉과 사릉의 경우는 달리 생각해도 좋을 듯하다. 그 거리가 너무 멀다. 이사의 번거로움을 감내하더라도 사릉이 장릉 곁으로 이사하든지, 장릉이 사릉 곁으로 이사하든지 딱 한 번만은 이사의 수고로움을 감내해도 될 것 같다. 그래서 두 분의 생전의 한이 조금이라도 풀릴 수 있다면.

굴업도 지킴이 노래

우리 일행은 굴업도掘業島 능선을 따라 이 섬이 파노라마처럼 한눈에 잡히는 연평산延坪山 정상에 이르러, 편한 쉼터에 자리잡고 앉았다. 모두가 탄성을 지르거나 노래와 함께 짧은 시구詩句를 읊는다. 조금 조용해지자 나는 금방 이 아름다운 굴업도의 풍광을 담은 시 한 수를 지었노라고 말했다. 호기심에 찬 시선들이 내게 모아졌다.

굴업도는 오래 참고, 굴업도는 온유하며,
투기하지 않고, 자랑하지 않습니다.
교만하지 않으며, 무례히 행하지 않습니다.
굴업도는 자신의 이익만을 구하지 않으며,
굴업도는 성내지 않습니다.
악한 것을 생각지 않고, 진리와 함께 기뻐합니다.
굴업도는 모든 것을 참습니다.
모든 것을 믿습니다. 모든 것을 견딥니다.

굴업도 풍경. 2009. 사진 배병우. (위)
'굴업도를 사랑하는 문화예술인 모임'에서 함께 간 굴업도에서. 2012. 9. 22. 사진 박민영. (아래)
앞줄 수그리고 있는 세 사람 왼쪽부터 최윤희, 강천일, 정유라. 뒷줄 왼쪽부터 이동열, 이인숙, 이수용,
피에르 주, 김해성, 김태진, 최경남, 김원, 이기영, 이기웅, 조명환, 서화숙, 박광자, 오기현,
황인수(이냐시오), 이금희(레티치나), 서성진, 김영숙(말가리나), 한기철(실바노), 손효숙, 박미경,
한금선, 이창현, 이창훈.

서화숙 기자가 웃으며 "표절이다" 소리쳤다. 성경 고린도전서에서 '사랑' 대신 '굴업도'를 넣은 걸 모두가 알아챈 것이다.

요즘 툭하면 입에 오르내리는 '인문학'이란 무엇인가. 내 견해로는, 오랜 고전古典에서, 옛 말씀에서, 위대한 역사의 교훈에서 빌려 오는 생각이나 지혜, 뭐 이런 게 아닐까. 이건 표절이 아니라 빌려 와 배우는 '배움'이다. 성경의 이 어머니 같은 말씀은 모든 이들을 엎드리게 한다. 굴업도를 갈아엎어 골프장이요 유락시설을 들이겠다는 개발업자들까지 무릎꿇게 하는 인자하신 우리 어머니 같은 말씀 아닐까.

6

영혼도서관,
그리고 라이프치히 도서전

영혼도서관靈魂圖書館,
고독한 단독자單獨者의 집

'책의 수도원'을 빛낼 '자서전' 이야기

종이책이 위기를 맞았다고 걱정한다. 전자책이 상당한 역할을 대신하게 되는 과정에서, 전통적인 출판환경의 근본이 소용돌이치면서 그 분야에 종사하는 사람들을 불안케 하고 있는 것이다. 독서환경뿐 아니라 그 일에 종사하던 이들의 먹고사는 문제가 소용돌이의 원천이 되고 있음은 당연한 일이다. 책의 자재, 생산시설과 그 시스템, 곧 벌목업伐木業과 펄프회사와 제지회사들, 그리고 이 거대한 생산의 고리와 먹이사슬들이 위태롭게 흔들리는 것이다.

출판사는 말할 것 없고, 인쇄잉크회사를 비롯한 종이책의 여러 가공시스템과 인쇄소와 제책회사 들, 그리고 도서유통회사와 서점 들이 도미노처럼 넘어질 위기에 있다. 예견된 일임에도, 그 분야에 종사하는 사람들은 날벼락 맞은 듯이 아우성이다.

그러나 이들이 말하는 종이책의 위기는 오래전부터 예상돼 왔고, 그 위기는 생계의 문제와는 당초부터 관계가 없었다. 오히려 책이 호황일수록, 곧 책이 잘 팔려 인간의 욕망을 채워 주고, 채워진 인간의 욕망이 다시금 새로운 욕망을 부추기면서, 종이책의 위기는 가속화해 왔다. 책을 왜 만드는지, 왜 만들어야 하는지에 대한 이유나 명분도 아예 상실한 채.

이런 나의 관찰은 과연 역설일까? 아니다. 책의 근본을 바로 보자. 책을 장사의 목적으로 만들고 글 쓰고 하는 일이 올바른가 생각해 보자. 출판이 생계 유지를 위한 직업이나 사업이 돼서는 안 된다는 경고가 위기라면 위기인 것이다.

이제 만연돼 버린, 책을 향한 우리들의 비뚤어진 양식을 돌이켜볼 때가 되었다. 먹고사는 문제로 아우성치기에 앞서, 이런 오늘의 출판과 책의 현실은 근본적으로 반성돼야 할 분명한 이유들이 있기 때문이다.

오래전부터 나는 종이책을 향해 들려오는 불길한 예언의 소리를 알아챘다. 그 소리가 울려 올 때마다 '영혼도서관'이라는 대안을 가슴 한 켠에서 싹을 틔우고, 그리고 그 싹을 내 가슴속의 못자리로 옮겨 소중하게 키워 왔다. 우리에게 가장 선善하고 값진 책을 만드는 일이 책 만드는 자의 소임일진대, 선하고 값진 책이란 과연 어떤 책일까를 궁리해 온 것이다.

오랜 성찰 끝에, 나는 그것이 '자서전自敍傳'임을 깨닫는다. 자서전이란 한 개인이 삶의 여정을 성실하게 기록한 성찰의 산물이다. 그 삶이 보잘것없어 보이더라도 진실된 성찰의 기록이기에, 한 인간에겐 그 어느 책보다도 소중하고 진정성있는 책일 것이다. 그야말로 많은 책 중에서 가장 선하고 귀한, 가장 값진 책의 영역에 속한다 할 것이다.

그러나, 우리 시대에 출판되고 있는 자서전들은 과연 어떠한가. 위선과 허영과 거짓으로 가득할 뿐 아니라, 말(言語)을 다루는 전문적인 기량이 부족한 책이 대부분이어서, 그나마 담으려는 내용마저 온전하지 않다. 잘 만들어진 책을 비교해 보면 단박에 알 수 있는 일이고, 말과 글과 책의 근

**안중근기념 영혼도서관 가상 이미지(위)와
조병수 건축가의 스케치(아래).**
국제문화도시교류협회에서는 자서전을 꽂는
이 도서관을 재능기부로 설계해 주기로 한
조병수 건축가에게, 수도원 같은 도서관을 만들어 달라고
주문했다. 건축가는 이 도서관을 일명 '길의 건축'으로
명명하고 '사색의 길'을 통해 접근하도록 했으며,
"보여 주고자 하는 건물은 없고 경험되는
장소와 영혼만이 살아 숨쉬는 곳"이 되고자 하면서
겸손한 건축을 지향했다.

본을 아는 이라면 구구한 설명이 불필요한 이야기이다.

군이 '자서전'이 아니더라도 진정성을 가지고 잘 만들어진 책이라면, 참된 자서전의 가치와 진실에 다를 바 있겠느냐는 게 더욱 넓어지는 나의 생각이다. 나의 '영혼도서관'은 바로 이같은 책을 기획하고 만들어, 이를 꽂아 보존하는 도서관을 말한다.

누구든 영혼도서관에 등록을 하면, '참된 책'에 관해 성찰하고 궁리하는 모임에 정기적으로 참여함으로써, 참된 책을 향한 진리를 스스로 터득해 나간다. 다시 말하면, 참된 책의 가치를 터득한 사람만이 책을 만들 수 있다는 진리를 깨닫는, '책의 수도원修道院'인 셈이다.

책의 수도원에서 수련된 회원들은 평생을 자신의 자서전을 써 나간다. 쓰기 위해 쓰는 것이 아니라, 올바르게 살고 그것을 남기기 위해 쓴다. 이제 참된 자신의 기록을 하나하나 써 나가는 동안 그의 인생에는 크게 변화가 오고, 그는 참된 삶을 영위하기 시작한다.

이처럼 글쓰기와 책 만들기는 깨닫는 자의 몫이다. 이런 책 외에도, 우리 인류사人類史에 빛나는 기록문화재들, 곧 『목민심서』『난중일기』『백범일지』 등과 같은 기록들과 미래의 기록문화유산이 될 소중한 기록들을 다시 꼼꼼히 가다듬는, 곧 책을 염하는 '염소殮所'이기도 하다. 이런 귀중한 문화재들이 장삿속으로 들끓는 시장 바닥에 맡겨져 있다면, 어찌 온당한 일이겠는가.

'책의 수도원'을 세우는 첫 시험 장소로 헤이리 예술마을을 택했다. 이곳에 수도원 같은 아름다운 영혼도서관을 짓는다. 우리 시대 최고의 건축가 조병수 씨에 의해 재능 기부되었고, 설계가 거의 돼 간다. 책 세상에 놀라운 이적異蹟을 보게 되리라.

헤이리의 역사를 정리하며

사단법인 국제문화도시교류협회國際文化都市交流協會는 이곳 헤이리에 오랫동안 준비해 왔던 '안중근기념 영혼도서관安重根紀念靈魂圖書館'의 건립에 착수했다. 헤이리에 들어설 이 도서관의 건축은 세 단계에 걸쳐 진행될 것이다. 건물의 규모는 작지만, 그 취지와 의미는 심대深大하여, 많은 분들이 그 결과에 주목하고 있다. 이 계획은 많은 이들의 뜻이 모아져 이뤄지는 일이란 점에서, 이 건축의 공공적 가치는 매우 클 것이다. 부지는 황인용 음악감상실 카메라타 옆의 땅이다. 카메라타를 설계했던 건축가 조병수 님이 설계를 맡게 된 것은 나란히 놓인 부지敷地의 인연도 있었지만, 황인용 님과 설계를 기부해 준 조병수 님이 국도협(국제문화도시교류협회의 약칭)의 취지에 베푼 남다른 독지篤志로 이뤄진 일이었음을 이 자리에서 밝혀 둔다. 아울러, 건축과 함께 탄생할 예술작품을 기부해 주기로 한 예술가 임옥상 님의 선한 의지가 더해졌음도 밝혀 둔다.

이 계획은 당초 나와 나의 아내 안은영安恩影의 개인 소유였던 땅을 국도협에 기부함으로써 시작되었다. 국도협은 많은 자원봉사자들에 의해서 운영되고 있다. 그리고 국도협의 아름다운 취지에 찬동한 많은 분들이 기부금을 내주었다. 도서관의 건축비도 기부금으로 충당한다. 지금까지 참여한 사십여 분의 독지가와 앞으로 참여할 독지가의 이름은 이 도서관의 문이 열리는 날 고하여 밝힐 것이다.

1994년 '서화촌書畵村'이라 이름하여 출판도시의 자매도시로 계획된 고서古書마을이, 그 후 당초의 뜻과는 달리 '헤이리'라 명칭을 바꾸어 예술마을로 확장되는 내력은 이번에 출간된 『헤이리 예술마을 이야기』에 소상히 밝혀져 있다. 당초 이 마을이 입안立案된 뜻과 주제가 인간의 삶과 문화의 중심인 '책'이었음을 상기할 필요가 있다. 그런 뜻에서 이미 헤이리에

안중근기념 영혼도서관 건축설계전시회 기간 중 치러진
「선한 참여자와의 대화」 행사 기념사진.
헤이리 카메라타 앞. 2014. 1. 5.(위)
국제문화도시교류협회에서 기획하고 열화당에서 발행한
『헤이리 예술마을 이야기』. 2013년 발행.(아래)
『헤이리 예술마을 이야기』의 출간기념회는
안중근기념 영혼도서관 건축설계전시회 오픈과 함께
헤이리의 황인용 음악감상실 카메라타에서 치러졌다.
영혼도서관을 짓는 국제문화도시교류협회가 헤이리의
일원으로서, 헤이리의 자서전을 만들어 훗날
이 도서관에 꽂는다는 의미가 이 책에 깃들여 있었다.
또한 카메라타 온그라운드 갤러리에서 조병수 건축가의
설계 자료와 임옥상 작가의 설치작품을 전시하고,
전시가 끝날 무렵 영혼도서관 건축에 기여한
'선한 참여자' 들과 진지한 대화를 나눴다.

입주한 몇몇 책의 공간과 더불어 이번에 착공 입주하게 될 안중근기념 영혼도서관은 이 마을의 정신을 빛낼 아름다운 건축이요 뜻깊은 공간이 될 것임에 의심의 여지가 없다. 헤이리가 더불어 사는 공간으로 성공하기 위해서는 공공公共의 가치를 앞세우고 공동성共同性을 살리는, 이 도서관과 같은 비상업적非商業的인 요소들이 곳곳에 자리잡는 일이라고 믿기 때문이다. 그리고 이 마을 조성의 취지를 살리는 일이라고 생각하는 것이다.

헤이리와 출판도시의 역사에는 잊을 수 없는, 잊어서는 안 될 한 인물이 있다. 김윤기金允起라는 분이다. 아무리 야박한 세상 인심이라 해도 출판도시와 헤이리의 역사는 그 이름을 길이 기억해야만 한다. 북시티와 헤이리가 그 계획을 꿈꾸고 있을 때 그는 한국토지공사의 본부장이라는 직함을 가지고 있었다. 그 후 출판도시 땅 분양의 본격 논의에 들어가던 무렵 그는 토지공사의 부사장 자리에 올라, 이 두 프로젝트에 큰 역할을 하게 된다. 그의 자상한 배려로 출판도시에 이어 헤이리 부지를 양여받는 과정에서, 권위주의에 찌들어 있는 기관의 실무자들로 하여금 온갖 제도를 동원하고 지혜로운 업무처리를 하도록 설득하고 독려 감독하여, 우리의 일이 가능하도록 만든, 사실상의 공로자임을 이 자리에 밝혀 두고자한다. 그는 그 후 토지공사 사장과 건설교통부 장관까지 역임하게 되지만, 결론적으로 그가 열린 문화주의자文化主義者였기에 우리들의 꿈을 이곳에 펼칠 수 있었다고 증언해 두고자 한다.

이 책을 집필한 이상李相 선생에게 간곡히 부탁하기를, 아주 객관적이고 가장 뼈대가 되는 골격을 일차적으로 기록하는 일이 중요함을 강조했으며, 그런 역사적 사실들을 빈틈없이 기록하도록 주문했다. 중요한 기록들이 자칫 기회를 잃고 때를 잃을 수 있음을 경계했고, 또한 이 책의 출간이 가져올 효과를 깊이 생각했다. 우선 헤이리의 역사를 올바르게 이해하고 그런 바탕 위에서 이 마을에서의 공동체적 삶의 가치를 세울 수 있다고 믿었기 때문이다. 그럼으로써 마을 식구들이 서로 돕고 화합하는 모습을 보게 될 것이었다. 우리가 왜 파주땅에 문화공동체를 꿈꿔 왔는가 하는 원초의 뜻을 살피고, 그리고 그 꿈을 구현하기 위해 어떤 경로를 밟았으며, 어떤 노력 끝에 무슨 결과를 얻어냈는가를, 기록을 통해 살필 수 있도록 이 책은 만들어져야 했다. 그 일은 헤이리 실무를 맡아 오랫동안 일했던 이상 선생이 집필하고, 공익법인인 국도협의 최훈崔勳 사무국장 책임 아래 편집 제작이 진행되었다. 이 책은 첫 판을 기점으로 해 앞으로 계속 수정하고 보완해, 출판도시의 역사책과 더불어 안중근기념 영혼도서관에 꽂혀 이곳을 찾는 많은 이들에게 우리의 역사를 증언하게 될 것이다.

강호제현江湖諸賢의 질정을 바란다.

왜 라이프치히인가

라이프치히 도서전에서 한글과 세종대왕을 소개하다

종교개혁을 이끈 마르틴 루터Martin Luther가 평생 사제司祭로 살기를 맹세하는 종신서원終身誓願을 한 곳인 동시에, 1519년 로마 가톨릭 교리에 반박해 성직자 요한 에크Johann Mayer von Eck와 격렬한 면죄부 논쟁을 벌였던 도시. 만년의 바흐가 이십팔 년간 성가대를 지휘하며 봉직한 성 토마스 교회Thomaskirche가 자리한 곳이자, 멘델스존이 슈만과 함께 음악학교를 설립했던 도시. 대문호 괴테가 법학도 시절 「파우스트Faust」를 구상했고, 고문헌학古文獻學을 공부하던 청년 니체가 고서점에서 손에 넣은 쇼펜하우어의 저서를 통해 세계와 자아를 마주했던 곳.

'책의 도시' 라이프치히는 이처럼 우연이 아니다. 종교와 예술, 문학과 철학, 이 모두를 아우르는 것은 결국 책이며, 책은 그 각각의 장르가 널리 전파되고 서로 소통하며, 다시 창신創新하게 하는 매체이기 때문이다.

루터가 면죄부 판매를 비판하며 쓴 「구십오 개 논제Anschlag der 95 Thesen」는 구텐베르크Johannes Gutenberg의 인쇄술을 통해 전 유럽으로 전파됐고, 다양한 주제의 설교와 소논문 들을 담은 인쇄물들이 그의 비텐베르크Wittenberg 서재에서 쏟아져 나왔다. 라틴어로 된 성경의 해석을 독점했던 로마 교회는, 루터의 독일어 완역판 성경이 출판, 보급되자 그 막강한 권력이 서서히 퇴색되기 시작했다. 이는 그때까지 통일된 언어가 없던 독일에 표준어를 정립하고 모국어에 대한 각성을 일으키는 계기가 되기도 한다. 이후 괴테는, 라틴어에 비해 변두리의 언어였던 자국어로 위대한 문학작품을 탄생시킴으로써 그 품격과 자부심을 올려놓는다. 이처럼 근대 독일문화, 나아가 유럽문화의 발전에서 인쇄술과 제지술의 발달, 번역과 출판의 역할은 그야말로 지대한 것이었다.

중유럽 및 동유럽과의 접촉이 용이한 지리적 요건, 황제의 검열과 국수주의國粹主義로부터의 자유, 종교개혁이 더 적극적으로 진행된 북부와 동부 독일의 판로 덕에, 라이프치히는 급속도로 서적의 중심지로 부상하게 된다. 이차대전 이전까지 독일 출판물의 절반 이상이 이 도시에서 발행되었을 정도로 출판업이 번성했지만, 독일 분단 이후 상대적으로 그 위상이 추락하게 되는데, 서독의 경제적 호황과 출판업의 급성장으로 프랑크푸르트 도서전이 유럽을 넘어서는 국제적인 행사로 자리매김했기 때문이다. 그러나 이는, 소위 '돈'과 '새 것'의 견본시장으로 성장한 프랑크푸르트 도서전과는 반대로, 라이프치히 도서전이 독일 내부 독자와의 교류에 가치를 두고 특성화할 수 있게 하는 계기를 제공했다.

책을 둘러싼 수많은 문화 장르와 전문가 들이 독일의 역사를 만들었고, 이차대전과 독일의 분단은 그 역사의 흐름을 막게 되는데, 오히려 그것이 옛 독일의 참모습을 지키도록 돕는 아이러니.

매년 삼월마다 열리는 라이프치히 도서전은 도시 전체를 책 축제의 장으로 만들지만, 이 기간과 무관하게 이곳은 일 년 내내 책의 도시로서의 위상을 잃지 않는다. 시내 중심가에는 옷가게, 음식점과 나란히 고서점들이 즐비하고, 그 서가에는 골라도 골라도 보석 같은 책들이 끝없이 쏟아져 나온다. 극장, 카페, 식당은 작가들의 낭독회나 독자들과의 만남으로 불을 밝히고, 술집과 광장에는 밤늦게까지 이야기를 나누는 사람들로 북적인다.

작센 주Saxony의 대학도시이기도 한 라이프치히에는 책과 관련된 교육과정 역시 체계적으로 마련되어 있다. 라이프치히 시각예술대학Hochschule für Grafik und Buchkunst Leipzig '북아트' 학과에는, 제판, 인쇄, 제본, 타이포그래피, 편집디자인 등 수공예에서 디지털 작업까지를 모두 아우르는 교과과정과 실습시설이 잘 갖추어져 있어, 이 도시가 명실상부 책의 도시임을 증명한다. 그러나 무엇보다 감동적인 것은 '라이프치히 인쇄술박물관Museum für Druckkunst Leipzig'이다. 이십오 년 동안 인쇄기와 관련 자료를 모은 한 개인에 의해 1994년 세워진 이 박물관은, 인류에게 지식을 전달해 온 유럽 출판기술의 모든 것을 보여 준다. 이곳의 활자주조실, 조판실, 인쇄실, 제본실은 모두 공방workshop의 기능을 완벽히 갖추고 있어, 시설의 운영이 지속 가능하도록 되어 있다.

2008년 처음 방문한 라이프치히와 그곳 도서전은, 출판도시를 입안한 뒤 이십 년 넘게 그 완성을 향해 매진했던 나에겐 특별한 곳으로 각인될 수밖에 없었다. 그리고 2012년 가을, 사 년 반 만에 다시 찾은 그곳에서 운명처럼 만난 '마르틴 루터 전집'(1551-1559, 전12권)과, 그가 열 달 동안 칩거하며 성서의 독일어 번역에 몰두했던 바르트부르크성Wartburg을 정교하게 기록한 책을 품에 안으며, 이 도시는 나 자신과 출판도시와 그리고 한국과 끊을 수 없는 인연을 맺는 듯했다. 한국에 돌아오자마자 문화부, 외교부의 지원으로 라이프치히 도서전에 한국관을 설치, 운영하는 프로젝트를 추진했다. 유럽문화의 진입로로 명성을 확보하고 있는 이 도시

**2013년 라이프치히 도서전 한국관.
2013. 3. 14–17.**
국제문화도시교류협회 주최로,
매년 한국의 아름다운 문화를 특집으로
정해, 책을 중심으로 그 밖의
다양한 전시와 함께 보여 주는
라이프치히 도서전 한국관 운영사업은,
첫해인 2013년에는 '한글'을 특집으로
하여 이와 관련된 문헌들과,
그 밖에 한국문화 관련 도서 오백 종을
전시함으로써 첫발을 떼었다.

와 교류함으로써 유럽문화권 안에 한국문화 네트워크를 구축하고, 라이프치히를 비롯한 주변과, 독일의 전통이 지닌 아름다운 문화유산을 우리가 제대로 공부할 수 있길 바랐기 때문이다.

많은 분들의 도움으로, 그 작은 첫걸음을 시작하게 되었다. 한국문화의 우수성을 알리기 위한 첫번째 주제로, 한국의 문자인 '한글'과, 한글창제와 더불어 문화부흥을 일으킨 '세종대왕'을 특별 전시의 테마로 삼았다. 지식을 독점했던 특권층이 지식정보의 확산을 막기 위해 출판에 대한 갖가지 통제와 단속을 관행화하던 15세기에, 누구나 배우기 쉽고 쓰기 쉬운 글자를 새로 만들고 백성들의 삶을 돕는 수많은 책을 펴낸 세종. 그리고 16세기 중세 로마 가톨릭의 철옹성 같은 권위를 무너뜨리고 라틴어 성서의 독일어 번역을 통해 권력자들의 지식 독점을 해체한 마르틴 루터. 이 두 인물의 혁명적인 생각과 실천은 놀랍게도 이질감 없이 결합한다. 이 도시에 세종과 한글을 당당하게 소개하고 싶은 이유가 바로 여기에 있다.

이와 더불어 여러 정부기관에서 발행한 한국문화 관련 도서 및 국내 유수 출판사의 엄선된 출판물 오백여 종을 한자리에 모아 선보인다. 짧은 준비 기간이었기에 부족한 점이 많지만, 이를 시작으로 두 나라의 문화적 교류가 앞으로 더욱 폭넓고 다양하게 이어질 수 있기를 기대한다. 한국관 운영 또한 여러분의 지속적인 관심과 애정 속에서, 계속될 것임을 약속한다. 디지털이 아날로그를 결코 대체하는 것이 아니라, 뛰어난 디지털로 인해 아날로그가 더욱 단단해지고, 아름다운 아날로그로 인해 디지털이 더욱 예리해짐을 믿는다. 이것이 우리가 라이프치히로 향하는 이유다.

라이프치히에서 선보이는 한국의 음식문화

'라이프치히 도서전'을 통해 한국의 아름다운 문화를 알리는 두번째 발걸음을 내딛는다. 처음 우리가 라이프치히에 주목한 것은 이 도시가 지닌 역사적 전통과, 이와 맥락을 같이하는 라이프치히 도서전의 문화적 성격 때문이었다. 좀 더 넓은 안목에서는, 유럽의 중심부에 위치한 독일의 역사적 지리적 경제적 문화적 힘을 주목했기 때문이다.

라이프치히 도서전의 한국관 운영사업은, 무엇보다도 '국제문화도시 교류협회'라는 이름에 걸맞은 일이면서도, 한국문화를 해외에 알리고 교류할 하나의 문화 전진기지를 구축하는 일에 다름 아니다. 그동안 정부기관이나 민간단체에서 '문화'라는 이름을 내걸고 한국의 위상을 높이려는 목적으로, 또는 국제교류를 통해 상생하고자 하는 명분으로 많은 모색과 시도가 있었으나, 우리의 한국관 운영은 조금 다른 접근이었다. 바로 '책'을 매개로 하여 한국문화를 알리는 것으로, 그 시작을 알리는 작년부터 2022년까지 십 개년 사업으로 준비되고 있다.

우리가 주목하고 있는 라이프치히는 어떤 도시인가. 마르틴 루터Martin Luther의 종신서원終身誓願, 성직자 요한 에크Johann Mayer von Eck와 격렬한 면죄부 논쟁이 벌어졌던 곳이 바로 라이프치히이다.

또한 만년의 바흐J. S. Bach가 이십팔 년간 성가대를 지휘하며 봉직한 성 토마스 교회Thomaskirche가 자리한 도시로, 바흐는 요한 크나우스Johann Knaus 의 뒤를 이어 1723년 합창장으로 취임해 1750년까지 이곳에 있으면서 「마태 수난곡」을 위시하여 265곡에 달하는 칸타타를 작곡하는 등 그의 음악인생의 많은 시간을 이곳에서 보냈다. 바그너가 태어난 곳이기도 하여 2006년부터 해마다 '라이프치히 바그너 축제'가 열리고 있으며, 멘델스존이 슈만과 함께 음악학교를 설립했던 인연, 세계에서 가장 오래된 민간

300

2014년 라이프치히 도서전 한국관. 2014. 3. 13−16.
라이프치히 도서전 한국관 운영사업의 두번째 특집은 '한식韓食'으로,
우리 음식의 기본이라 할 수 있는 오첩반상과 칠첩반상을 선보였으며(아래),
한식 전문가들이 만든 '핑거 푸드' 시식 행사를 통해 많은 관심을 끌었다(위).

연주단체인 '라이프치히 게반트하우스 오케스트라'까지, 라이프치히는 명실상부한 음악의 도시이다.

대문호 괴테는 1764년부터 1768년까지 라이프치히대학교에서 법학도 시절을 보냈는데, 이후 1773년 집필을 시작해 1831년 완성한 불후의 대작 「파우스트Faust」는 이 도시에서 구상된 것이다. 당시 라이프치히는 문화와 예술의 향기가 가득하여, 괴테는 「파우스트」에서 이 도시를 '작은 파리'로 칭하기도 했다. 한편, 라이프치히는 고문헌학古文獻學을 공부하던 청년 니체가 헌책방에서 손에 넣은 쇼펜하우어의 저서를 통해 세계와 자아를 마주했던 곳이기도 한데, 그는 여기서 훗날 자신의 삶에 많은 영향을 끼친 바그너를 만나, 음악의 본질을 인식한 유일한 철학자인 쇼펜하우어에 대해 깊은 대화를 나누기도 했다.

라이프치히는 유서 깊은 인쇄·출판의 도시로도 그 명성이 높다. 근대 독일문화, 나아가 유럽문화의 발전에서 인쇄술과 제지술의 발달, 번역과 출판의 역할은 그야말로 지대한 것이었는데, 이 모든 것이 라이프치히를 중심으로 일어났다고 해도 과언이 아니다.

시야를 라이프치히에서 독일로 넓히면 문화예술의 향기는 더욱 진하다. 괴테와 동시대를 살았던 위대한 시인 실러F. Schiller, 「그림동화」의 작가 그림Grimm 형제, 전 세계 사람들에게 가장 많은 애송시를 제공한 릴케R. M. Rilke, 노벨문학상을 수상한 토마스 만Thomas Mann, 하인리히 뵐Heinrich Böll, 귄터 그라스Günter Grass 등이 독일문학의 성가聲價를 드높인 문인들이고, 독일 르네상스 회화의 완성자로 일컬어지는 뒤러A. Dürer, 루터와 오랜 우정을 나누며 뛰어난 종교화를 남긴 크라나흐L. Cranach, 고딕에서 르네상스로의 전환기에 독일 화단에서 가장 중요한 화가로 꼽히는 홀바인H. Holbein, 독일 표현주의의 선구자인 키르히너E. L. Kirchner, 독일 추상회화의 시조인 클레P. Klee, 역사와 현실을 직시했던 판화가 캐테 콜비츠Käthe Kollwitz 등이 독일 회화사를 수놓은 인물들이다. 그리고 베토벤, 브람스, 슈만, 베버 등의 위대한 음악가들이 모두 독일에서 배출되었다.

이 밖에도 그로피우스Walter Gropius가 설립한 바우하우스Bauhaus의 혁신적 디자인 정신, 유럽 무용계를 장악한 피나 바우쉬Pina Bausch의 전위적 몸짓, 평생 인물사진만을 찍었던 아우구스트 잔더August Sander와 거침없는 실험정신으로 사진이라는 매체에 보다 광범위한 접근을 시도한 토마스 루프Thomas Ruff, 산업 건축물을 주제로 독일의 유형학적 사진의 토대를 마련한 베허 부부Bernd and Hilla Becher의 사진예술, 그리고 출판디자인을 예술의 경지에 올려 놓은 게르하르트 슈타이들Gerhard Steidl까지, 어느 분야에도 빠지지 않고 뛰어난 예술가들이 포진하고 있다. 세계 오대 아트페어 중 하나로 세계에서 가장 오래된 미술박람회인 '쾰른 아트페어'와 세계에서 가장 규모가 큰 현대예술 전시회인 '카셀 도쿠멘타'가 독일에서 열리고 있는 것은 어쩌면 당연한 결과이다. 게다가 독일은 세계적인 한국의 작가 백남준白南準이 1956년부터 1964년까지 머물면서 자신의 예술작업을 선보이던 플럭서스Fluxus의 본고장이 아닌가. 이렇듯 독일에서 우리가 얻어야 할 문화예술의 세계는 넓고도 깊다.

이처럼 우리가 독일을, 그리고 '책의 도시' 라이프치히를 택한 것은 우연이 아니다. 종교와 예술, 문학과 철학, 이 모두를 아우르는 것은 결국 책이며, 책은 그 각각의 장르가 널리 전파되고 서로 소통하며, 다시 창신創新하게 하는 매체이기 때문이다.

2014년의 특별 전시 주제는 '한식韓食', 즉 한국의 음식문화이다. 우리 음식문화는 예로부터 자연과 인간은 하나라는 동양사상에 근거한 '자연식自然食', 그리고 극도로 상업화된 오늘날의 패스트푸드와는 정반대로 인간의 몸을 이롭게 하는 건강한 '슬로푸드'를 지향하고 있다. 김치, 비빔밥, 불고기 등은 이미 세계적인 음식으로 각광받고 있으며, 탕, 나물, 조림, 갖가지 장醬과 젓갈, 그리고 떡, 전통 과자와 음료에 이르기까지, 우리는 다른 어느 나라에서도 찾아보기 힘든 독특한 음식문화를 이루어 왔다. 이러한 훌륭한 음식문화를 관계 문헌과 책을 통해 알리는 것이 2014년 한국관 운영의 목적이다. 특히, 이번 도서전 기간 중에는 '한국음식의 날'을 정하여 전통 다과茶菓를 시식하는 행사도 곁들일 예정이다.

독일의 음식문화는 어떠한가. 실용을 중시하는 독일의 국민성에서 알 수 있듯이 독일요리는 대부분 단순한 조리 과정을 거치는 것이 특징이다. 흔히 독일음식 하면 맥주와 소시지 정도를 떠올리게 마련이지만, 다양한 종류의 음식이 존재하며 각기 풍부한 맛을 가지고 있다. 지방색도 강하여, 음식의 종류는 물론 요리법, 향신료 사용, 재료 등에서도 많은 특색을 보인다.

모든 나라에는 '국민 음식'이라는 게 존재하기 마련인데, 독일인들이 즐겨 먹는 것으로 훈제 돼지족발 요리인 슈바인스학세Schweinshaxe가 있다. 한국의 돼지족발 요리와 매우 유사하지만, 돼지의 정강이 부분을 삶아서 굽는 방식으로 조리하기 때문에 더욱 부드럽고 바삭하다. 주로 양배추를 절여서 발효시켜 만든 자우어크라우트Sauerkraut와 으깬 감자 등을 곁들여 먹는다. 자우어크라우트는 한국의 김치처럼 독일인들이 가까이 두고 먹는 음식이다. 이것은 동양 음식과도 관계가 깊은데, 역사적으로 몽골인들에 의해 유럽 게르만족으로 전파된 중국의 김치 쏸차이酸菜에 기원을 두고 있기 때문이다. 자우어크라우트라는 말의 뜻도 '신맛 나는 채소'로, 발효시켜서 오랜 기간 저장하여 먹을 수 있도록 한 음식이다. 우리가 돼지 삼겹살 구이에 김치를 함께 먹듯이, 독일인들은 슈바인스학세에 자우어크라우트를 곁들여 먹는다. 한국과 독일 음식문화의 교류 지점이 여기에 있다.

라이프치히 도서전 한국관은, 주독일문화원과 한국문학번역원에서 몇 년간 소규모로 운영해 오던 것이 그마저도 끊어지면서, 작년에 국제문화도시교류협회에서 다시금 '한국문화의 홍보와 교류'라는 기치를 내걸고 운영하기 시작했다. 많은 분들의 도움으로 첫걸음을 뗄 수 있었는데, 하루 평균 오백여 명, 도서전이 열리는 나흘 동안 총 이천 명의 관람객이 한국관을 방문하여 전시도서를 열람했고, 한글과 한국문화에 많은 관심을 보였다.

라이프치히 도서전의 열기는 뜨거웠다. 도서전은 라이프치히 박람회장뿐 아니라 도시의 곳곳에서 열렸다. 보통 가을에 열리는 도서전들과는 달리 매년 봄에 열리는 라이프치히 도서전은, 도시 전체를 책 축제의 장으로 만든다. 올해의 도서전 역시 이 도시의 사백열 곳에서 삼천 명의 저자와 출판관계자 들이 참여하는 삼천이백 개의 행사가 치러진다고 하니, 그야말로 책을 통한 문화예술의 향연이 펼쳐지는 것이다.

이번 한국관 운영사업 준비에도 여러 분의 도움이 있었다. 특기할 것은 국제문화도시교류협회의 라이프치히 도서전 한국관 운영사업이 문화체육관광부의 연례 사업으로 정착되었다는 것이다. 내년 특별 전시 주제는 '한복韓服'으로, 한국의 아름다운 복식과 장신구가 책을 통해 소개될 것이다. 아무쪼록 이 한국관 운영사업이 한국의 문화를 알리고, 또 우수한 해외문화와 교류 상생할 수 있는 장이 되기를 소망한다.

라이프치히 도서전에서

나는 지금 라이프치히에서 이 글을 쓴다. 내가 책임을 맡고 있는 공익법인 국제문화도시교류협회는 매년 3월 열리는 라이프치히 도서전에 참가해 한국관을 운영하는데, 나흘간의 일정을 이제 막 성공적으로 마쳤다. 이 일은 책과 문헌을 통해 우리의 우수한 문화를 알린다는 취지로 기획돼

정부 및 관련 기관의 협조와 후원으로 성사됐다. '한글'을 주제로 하여 처음 참가한 2013년에 이어 올해는 우리의 전통음식문화인 '한식韓食'을 세계 여러 나라 사람들에게 알렸다.

도서전 개막을 하루 앞둔 날, 아름다운 콘서트홀 라이프치히 게반트하우스에서 열린 전야제는 참으로 인상 깊었다. 성 토마스 합창단과 라이프치히 게반트하우스 오케스트라의 축하 연주가 곁들여진 이 행사에서는 융 라이프치히 시장과 리트뮐러 독일출판협회장의 환영사에 이어 틸리히 작센주 총리와 올해의 주빈국인 스위스 연방정부 베르제 장관의 축사가 있었다. 매년 세계 출판계에 공로가 큰 출판인에게 수여하는 라이프치히 도서상은 인도 작가이자 저널리스트인 판카지 미슈라에게 돌아갔다.

우리가 라이프치히에 주목한 것은 이 도시가 지닌 오랜 문화예술적 전통과 그에 부응하는 도서전의 성격 때문이었다. 루터가 활동했던 '종교도시'요, 바흐, 바그너, 멘델스존과 슈만의 '음악도시'요, 괴테와 니체의 '문학도시', 이곳이 바로 라이프치히다. 이번 박근혜 대통령이 방문하는 드레스덴은 구 동독지역으로 라이프치히와 바로 이웃해 있다. 통일 이후 두 도시는 폐허의 그림자를 걷어내고 급성장을 이루면서 역사의 영광을 되찾은 도시로 함께 각광을 받고 있다.

오백여 년의 역사를 지니는 라이프치히 도서전은 '라이프치히는 책을 읽는다Leipzig liest'라는 기치 아래 박람회장뿐 아니라 도시 곳곳에서 열리는 축제의 장이다. 올해 역시 이 도시의 사백여 곳에서 삼천 명의 저자와 출판 관계자 들이 참여하는 삼천여 행사가 치러졌으니, 그야말로 책을 매개로 한 문화예술의 향연이 펼쳐진 것이다.

나흘간 하루 평균 오백여 명, 연인원 삼천 명이 한국관을 찾았다. 관람객들은 우리가 준비해 간 한국 전통 다과를 맛보면서, 전통 상차림, 음식 관련 이미지와 영상물, 이백여 종의 한국음식 관계 도서들을 보면서, '한

2014년 라이프치히 도서전 한국관 사업 후 독일 문화예술 답사 중 슈타이들 공방에서. 2014. 3. 20.
라이프치히 도서전 한국관 사업의 첫째 목표는 우리의 아름다운 문화를 세계에 알린다는 것이었지만,
이와 더불어 독일의 우수한 문화를 배우는 시간을 곁들임으로써 참된 국제문화교류를 이룬다는 의미도 있었다.
세계적인 출판인쇄 회사이자 디자인 작업실인 슈타이들 공방을 찾아가 현지 시스템을 견학하는 시간을 가졌다.
왼쪽부터 이기웅, 박경신(파주출판도시 과장), 이춘자('한국의 맛 연구회' 고문), 이근형('한국의 맛 연구회' 이사),
최훈(국제문화도시교류협회 사무국장), 정형모(중앙선데이 문화에디터), 슈타이들 공방의 매니저.

류' 열기가 그렇듯 '한식'에 뜨거운 관심을 보였다. 또 국내 유수의 박물관과 미술관, 문화재단과 학술단체, 출판사 등에서 발행한 고품격의 한국 문화 관계 도서 천 종을 선보임으로써 우리 문화를 다각적으로 홍보했다.

라이프치히 도서전 한국관 운영은 2022년까지 십 개년 사업으로 준비되고 있다. 2015년에는 '한복韓服'이, 그 다음 해에는 '한옥韓屋'이 주제인데, 이리 되면 우리가 쓰는 말과 의식주 등 네 테마를 다루게 됨으로써 우리 문화가 밖으로는 조리 있게 소개되고, 안으로는 차분히 정리될 것이다. 우리가 라이프치히로 향하는 이유가 여기에 있다.

다시 라이프치히를 향해 우리 옷을 입다

독일을 여는 키워드로 우리는 '라이프치히'라는 한 역사도시를 선택한 지 세번째 해를 맞았다. 올해의 독일 방문의 테마로 '우리 옷'이라고 하는, 우리 삶과 우리 문화에서 참으로 중요한 키워드를 가지고 독일을 찾아 떠나는 문을 열고자 한다.

1940년대 초 나의 어린 선교장船橋莊 시절은 일제로부터 갓 벗어난 때여서, 내겐 그저 아득한 그리움 속에 그림 같은 농촌 풍경으로 기억에 남아 있다. 「농가월령가農家月令歌」에서 불리던 가사처럼 철 따라 찾아오는 농사일로 바빴고, 때만 되면 세시풍속歲時風俗에 따라 풍속화風俗畵에 나오는 그림 같은 행사들과 함께 그에 따르는 명절名節 옷, 제례祭禮 옷, 혼례婚禮 옷 등 갖은 예복禮服들을 신분과 살림살이 규모에 따라 갖추어 걸치곤 했다. 1945년은 일본제국의 식민통치로부터의 해방이라는 의미가 있었지만, 우리 민족에게 참다운 광복의 의미를 가져다 주지는 못했다. 오늘까지 칠십 년에 이르는 동안, 남북의 분단이라고 하는, 어쩌면 더 비극적인 사태로 갈등의 세월을 보낸 꼴이 되었다.

그러던 나의 열 살 무렵인 1950년, 고요했던 우리 삶에 거친 폭풍처럼 불어 닥친 한국전쟁은 우리에게서 소중했던 모든 것들을 앗아간다. 외부로 드러난 것들, 이른바 유형문화有形文化뿐 아니라, 형체는 없으나 우리의 가슴과 머리와 손끝에 남아 있던 무형문화無形文化의 아름다움과 일상의 보존가치 들조차 여지없이 전란戰亂의 칼끝에 휘둘리고 부서지고 불타 버렸다. 동족상잔同族相殘의 비극이 벌어지던 그때의 현실에서는 느낄 수 없었던 회한悔恨들이, 나이 든 이제서야 격렬한 감정으로 밀려 오곤 한다.

20세기 초엽 일제의 억압을 피해 미국과 독일로 망명했던 두 지식인의 작품을 본다. 독일에서 동물학자인 이미륵李彌勒(1899-1950)과 미국에서 작가로서의 강용홀姜鏞訖(1898-1972)이 각각 현지에서 성공적으로 출판했던 성장소설成長小說인 「압록강은 흐른다Der Yalu Fließt」와 「초당草堂, The Grass Roof」이란 작품은, 나의 어린 시절과 아주 유사한, 아니면 이보다도 더 조선적朝鮮的이요 한국적韓國的인 삶의 풍경을 한 편의 다큐멘터리를 보는 것처럼 그려내고 있는 기록이다. 요즈음도 공감하면서 읽고 있다. 나는 이 소설들 속에서 문득문득 삶에 녹아 있는, 내 기억 속의 오랜 우리 옷의 모습들을 감각적으로 찾아낼 수 있었으며, 그 무렵의 삶의 풍경을 그려 보려고 애쓰곤 한다.

올해로부터 이십 년 전인 1995년, 나의 고향 강릉에 뿌리를 둔 선교장의 가족사진집家族寫眞集을 출간한 바 있다. 어찌 보면, 잃어버린 내 삶의 시간을 찾는 일이기도 했다. 대가족大家族 우리 집안의 많은 식구들이 전란을 겪으면서 소장하던 사진들이 여기저기 낱낱으로 흩어져 있었다. 이런 상황을 잘 알고 있던 나는 온 집안 식구들에 알려 샅샅이 뒤지다시피 해서 이들을 한데 모은 다음, 분류하여 편집하고 조심스레 디자인했다. 편집 제작에만 만 삼 년이 걸려 힘들었지만, 한번 이룬 이 성과는 우리 가문家門

『2015 라이프치히 도서전 한국관 저널』, 국제문화도시교류협회 발행, 2015. 3. 12.
『선교장가족 사진집』에서 발췌한 사진 스물두 컷을 『2015 라이프치히 도서전 한국과 저널』에 수록했다.
이를 통해 1900년대 초에서 1950년대까지 선교장船橋莊이라는 한 집안에서 한복문화가
어떻게 변천해 왔는지를 보여 주고자 했다.

2015 라이프치히 도서전 한국관. 2015. 3. 12–15.
'한복'을 주제로 한 이번 한국관에서는 한복 관련
문헌 이백여 종과 함께 침선장 구혜자 선생의 학창의와
도포가 전시되었다. 또한 안중근 의사가 사형 직전에
입었던 흰 옷을 재현하여 이기웅 이사장이 이 옷을 입고
안 의사의 정신과 우리 민족의 흰 옷의 의미를 상징적으로
보여 주었고(아래), 전통 매듭 시연이 진행되어
현지인들의 눈길을 끌었다(위).

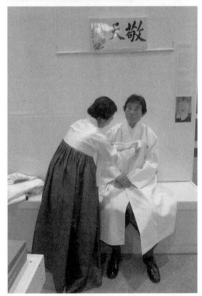

에는 참으로 중요한 기록이요 가보家寶가 되었다. 뿐만 아니라, 이 책은 우리 사회에서도 유용한 자료의 집성이 된 셈이다. 이 사진집을 관심을 가지고 자세히 들여다보면, 우선 눈에 띄는 것이 집이요 옷차림이다.

우리나라 여성들의 옷은 변화하는 생활에 적응하면서 꾸준히, 전통 옷들이 생활복으로, 간편복으로 모습을 조금씩 바꿔 가면서 오늘에 이른 것에 비해, 남성들의 옷은 광복에 이어 바로 뒤따른 한국전쟁을 겪으면서 큰 변화가 찾아온다. 일제강점기와는 또 다른 서구풍물西歐風物을 접하면서 큰 변모를 겪기 시작했다. 특히 광복과 함께 해방군으로 진주한 미군美軍의 영향도 그러하지만, 1950년 육이오라는 비극의 전란을 겪으면서 온 국토에 뿌려지다시피 한 군수품들이 일상의 생필품으로 대용代用되고 있음에 비추어, 특히 남성들 의생활衣生活의 변모는 짐작하고도 남을 일이다. 군부대에서 나온 군복軍服의 국방색을 검게 물들여 주는 염색공장染色工場이 여기저기 생겼고, 염색 일감이 많아 한때는 돈을 꽤 버는 사업으로 여겨지기도 했으니 말이다.

나는 여기에 우리 가족사진집에 등장하는 인물을 중심으로 몇낱 우리 집안에서 입던 옷의 모습들을 정리해 보려 한다. 가장 오래 되신 나의 증조모 기계유씨杞溪兪氏 할머니(1849-1931)를 필두로 조부이신 경농鏡農(1877-1938), 조모이신 청풍김씨淸風金氏 할머니(1874-1952), 백부 경미鏡湄(1897-1961), 숙부 경의慶儀(1909-1946), 고모 순의舜儀(1911-1993), 아버님 경초鏡樵(1913-1997), 백모 우봉이씨牛峯李氏(1895-1974), 숙모 우봉이씨牛峯李氏(1908-1956), 어머니 오숙근吳淑根(1916-2008), 누님 기화起和(1914-1996), 형님 기재起載(1916-1979) 님들이 그분들이다. 가족들이 여러 기념 날이나 특별한 기회에 찍은 사진들이다. 모두 일본의 사진 기술이요, 기록을 중시하는 그들의 선각적 태도에 힘입은 것이라서, 만감을 일으키는 대목이기도 하다.

한복韓服이 한식韓食, 한옥韓屋, 그리고 한글과 더불어 오랜 우리 역사 위에서, 또한 오랜 우리의 삶을 바탕으로 해서 형성된 결정結晶들이라는 사실을 전제한다면, 이 네 존재들은 별개로도 파악할 수 있겠으나, 의衣, 식食, 주住, 언어言語가 한 몸을 이루어 혼융混融해 있는 모습에서 발견되고 관찰돼야 한다고 믿는다. 라이프치히 프로젝트가 내년에는 '한옥韓屋'을 주제로 삼는데, 이 한옥 행사로써, 우리문화를 조직하는 네 분야를 거칠지만 한번 훑은 셈이 된다.

옷을 반듯하게 입고, 말을 반듯하게 하며, 음식을 반듯하게 들고, 반듯한 공간에서 반듯하게 처신하는 삶, 이것이 선교장에서의 가르침이요 삶의 법도였다고 기억한다. 어찌 선교장뿐이겠는가. 일찍이 우리나라 우리 민족 선비들이 삶의 규범으로 삼았던 모습이 아니던가. 의관衣冠을 정제하여 갖추고 문방사우文房四友가 잘 마련된 사랑방에서 먹을 갈며 붓을 든 선비의 모습을 본다면, 전통적인 우리 남성의 의복생활은 한눈에 잡힐 것이다. 규방閨房에 앉은 조선 여인들의 곱고 단아한 자태 역시 절제로 잘 다듬어진 몸가짐과 아름다운 한복의 정수로써 어울려 고이 감싼 모습일 터이다.

우리 문화를 조직하고 있는 네 가지 키워드, '한글 한식 한복 한옥' 곧 '말 쌀 옷 집'은 우리 조선 농경사회가 지향해 오던 세 키워드와도 맞아떨어지는 개념이다. 세 가지 농사, 곧 '쌀농사 책농사 사람농사'가 그것이겠다.

부록 1

서문·수상소감·개회사·축사

웅진재단의 2012년도 연례보고서를 발간하면서

웅진재단이 설립된 지 만 사 년을 보낸 2012년의 보고서를 올리는 시점에 즈음하여, 재단의 설립취지와 사업의 기본원칙 들을 검토하면서, 한편으로 임원의 한 사람으로서 경영진의 노고를 돌이켜 보게 되었다.

공익법인 웅진재단을 이끌고 계신 신현웅辛鉉雄 이사장의 남다른 열정과 빈틈없는 업무수행의 모습을 보면서, 새삼 감탄이 나올 때가 한두 번이 아니었다. 나는 그분을 오래도록 접할 기회를 가져 왔다. 내가 일하면서 부딪치는 현장 곳곳에 우연하게도 그분이 계셨기 때문이다. 이런 인연은 두 사람의 관계만이 아니라, 윤석금尹錫金, 신현웅 두 분과 나와의 관계는 그 외연外延을 약간만 확대시키면 완벽하게 설명이 가능해진다. 왜냐하면, 우리 셋은 출판 곧 책으로 그 인연이 맺어졌고, 지금까지도 책을 가운데 두고 믿음의 끈이 이어져 오고 있기 때문이다. 물론 다른 모든 임원들도 마찬가지이지만, 여기에서는 유독 책을 두고 말하고자 함이다.

책이란 무엇일까. 책은 '말'과 '글'로 이뤄져 있다. 그리고 예술과 교육, 정치, 경제, 사회 등 우리 생활의 온갖 데와 정교하게 맞닿아 있다. 그러니까 책은 우리의 삶 자체이다. 공기나 물과 같은 존재이다. 우리는 그 속 깊숙이에서 살아왔다고 할 수 있다. 윤 회장은 나의 후배 출판인이었지만 규모 면에서는 나를 훨씬 능가하는 출판 성과를 이뤘고, 출판을 기반으로 한 경영철학을 가지고 이 사회에 기여도 높은 다양한 분야의 사업을 확장해 놓았고, 지금도 현재진행형이다. 윤 회장과 신 이사장 두 분이 숙의熟議 끝에 탄생시킨 웅진재단은 우리가 호칭하여 '책册'이라고 부르는 존재를 매개로 하여 태어났고, 그 숭고한 정신의 영향 아래 움직여 가고 있다고 해도 지나친 표현이 아닐 것이다.

내가 책임을 맡고 있는 파주출판도시의 건설을 이뤄냄에 있어, '책의 가치'를 앞세운 이 두 분의 힘은 매우 컸다. 윤 회장이 출판도시 건설의 초기에 보여 주신 지혜와 아이디어, 그리고 추진력은 출판도시 조성에 많은 힘이 되었을 뿐 아니라, 출판도시의 가장 핵심이 되는 시설인 출판물종합유통센터 건설에 과감한 투자와 정열을 보인 결과 출판도시 계획이 흔들림 없도록 중심을 확고히 잡아 주었다. 게다가 웅진씽크빅의 건설에서 입주까지 그분이 보여 준 추진력과 원칙주의, 치밀한 경영의 철학, '또또사랑'이라고 불리는 기업철학과 생활 실천강령은 우리 책마을 사람들의 마음에 깊은 뜻과 힘을 실어 주었고, 지금도 모범 회사로 칭송받고 있다. 나도 그분이 하는 일에 늘 적극 호응해 왔고, 아마 평생을 두고 변치 않을 이웃이 되었다고 할 수 있다. '공동의 가치'에 대한 그분의 생각은 남달랐으며, 그런 인격이 기업정신을 형성하고 있음을 알 수 있다. 기업이 이윤을 추구하되 공동의 가치가 우선해야 한다는 확고한 뜻을 가졌기에, 그의 기업은 아름다울 수밖에 없는 것이다.

나는 아주 오래전부터 '윤석금론尹錫金論'을 준비하고 있는데, 안타깝게도 아직 마무리를 짓지 못하고 있다. 왜냐하면 윤 회장의 정신의 근저를 이루고 있는 두 인물, 이제는 고인이 되신 '뿌리깊은나무'의 한창기韓彰琪(1936-1997) 님과 우리 민족의 문예학자요 논객이셨던 예용해芮庸海(1929-1995) 님과의 영향관계 해석, 그리고 몇몇 가지 어려운 숙제에 걸려, 내 나름의 생각으로 이뤄내려 하고 있으나, 아직 힘이 달려 그 과제를 풀지 못하고 있다. 그 일은 나의 공부도 되려니와 윤 회장을 이해하며 또 올바른 평가를 잡아주는 데 매우 중요할 뿐 아니라, 우리 시대를 어떻게 봐야 하는가 하는 '시대사적 판독判讀'과 그에 걸맞은 시대정신(가치관)의 형성을 위해 매우 유익하리라는 믿음 때문이다. 나는 그분이야말로 우리 문화계나 기업계에 드문 인물임을 알고 있으니 말이다.

같은 시기에 행정부에 있었던 신현웅 이사장에게 나는 감히 '문화주의자'라는 별호別號를 붙여 드린 적이 있다. 충청도 청안淸安(괴산) 출신의 양반으로, 이 마을은 백두대간 소백산맥 아담한 기슭 문방文芳 수현마을로 영산靈山 신씨辛氏 집성촌 태생이다. 조선조 때에는 한 고을에 과거시험에 합격한 사람이 쉰 명 이상이 되면 사마소司馬所라는 기구를 두어 마을을 특별관리토록 했는데, 청안에 사마소가 있었음을 이곳 사람들은 크게 자랑한다. 반기문潘基文 유엔사무총장의 어머니이신 신현순辛鉉順 여사가 바로 이 집안 분으로, 신 이사장의 누님뻘 되신다. 내가 특별히 존경하는 작가인 한운사韓雲史(1923-2009) 님도 이곳 출신이다. 언젠가 나는 신 이사장을 졸라 그가 태어나 자란 마을을 둘러본 다음, 조상을 모신 사당과 선산先山을 안내받아 예禮를 올린 적이 있다. 아름다운 자연과 인맥人脈 들이 착하게 조화를 이루어 있음이 곳곳에 역연히 드러나 보였다.

그러한 순수함과 뛰어난 환경, 그리고 좋은 가문家門을 바탕으로 1973년 관계官界에 진출하여 1999년 퇴임하기까지, 그분의 보직 경력을 보면 매우 화려하다. 문화공보부 문화국의 해외공보관 행정사무관으로 시작하여, 주영국 대사관 및 주사우디아라비아 대사관 공보관, 해외·출판·기획과장 및 법무담당관, 한·미 영화·저작권 협상대표, 문공부 홍보기획관, 서울올림픽조직위 홍보조정관 및 외신지원단장, 문공부 문화사업기획관, 문화부 공보관 및 문화정책국장, 남북교류협력 분과위 사회문화회담 대표, 문체부 어문출판국장 등을 두루 거쳤고, 청와대 문화체육비서관을 지낸 후 문화체육부 차관을 역임한 것이 그 내력이다. 이후에도 한·러 수교 10주년 기념사업 조직위원장, 대통령자문새천년준비위 상임위원장 및 '재단법인 천년의 문' 이사장, 연세대(원주 캠퍼스) 정경대학 초빙교수, 평창 동계올림픽유치위원회 위원, 사단법인 한미문화사회발전협회 부이사장, 2022 월드컵유치위원회 위원 등을 두루 역임했다.

문화행정 분야에서 골고루 경험을 쌓아, 어느 직분을 맡든 친화와 소통이 잘 이루어져, 놀라운 성과를 올리는 현장에는 내내 신현웅 관료의 얼굴이 보였음을 나는 잘 알고 있다. 그러한 능력이 우리 재단 사업 곳곳에 미치고 있음을 감탄의 눈으로 보게 된다. 특히 예산을 긴축적으로 집행해야 할 시점임에도 사업을 크게 줄이지 않도록 하면서 사무국의 소모를 확 줄이는 과단성, 스스로에게는 엄격하면서도 그럴수록 재단의 사업에는 온 정성을 기울이는 정성과 기량은 우리 임원 모두에겐 큰 배움과 위안이 되는 한 해였다. '문화주의'라는 단어가 화려함을 가리키는 것이 아니라, 뛰어난 교양과 상식을 갖추고 이를 한 사회와 국가에 이바지함이 현실적으로 이토록 큼을 보여주는 사례라고 감히 생각하기에 이 자리에서 밝히는 바이다.

우리 재단의 중요한 설립취지로, 우리 사회에 '생산적 복지효과'를 거둘 수 있도록 창의적인 사업을 펴자는 대목이 있다. 우리 집행부는 새삼 마음을 다잡아, 이처럼 성실한 이사장을 중심으로 모시고 온 임원과 사무국이 한마음으로 매진하여 더욱 좋은 성과를 올리도록 해야 할 것이다.

우리 재단 이사인 합동영화 고은아 대표, 이비에스EBS 이춘호 이사장, 연세대 사회복지학과 이혜경 교수, 국립한국예술영재교육원 이영조 원장, 서울대 수리 과학부 김도한 교수, 신한회계법인 강재희 대표, 법률사무소 광화光化 박성원 대표, 그리고 손위수 자문위원께 이 자리를 빌려 다시 한번 감사드리며, 재단 사무국장 직을 겸하면서 열 사람의 몫을 해내고 있는 은채원 과장의 노고를 치하한다.

'21세기대상 특별상' 수상 소감

'재계의 노벨상'이라 불리는 '21세기대상', 그 중에서도 이번에 신설된 특별상을 받게 되니 감회가 남다르다. 처음 파주출판단지를 시작하게 된 것은 지금으로부터 약 사반세기 전인 1989년으로 거슬러 올라간다. 몇몇 뜻있는 출판인들과 함께 출판의 제반 환경에 대해 고민하면서였다. 그때까지만 해도 출판의 산업배치産業配置는 매우 열악한 환경 속에서 독불장군식으로 놓여 있거나 전개되고 있었다. 우리는 출판산업의 효율적인 재배치를 통해 그동안의 눈에 보이지 않던 낭비적 소모를 최소화하고, 출판의 전 과정이 원스텝으로 이루어지는 '꿈의 클러스터'를 기도했다. 그리하여 이후 이십여 년 동안, 파주출판문화정보산업단지 사업협동조합을 만들고, 협동화사업계획을 세우고, 또 국민적 합의 속에 국가산업단지로 지정받으면서, 마침내 파주 교하면 문발리 오십만 평의 땅에 우리의 꿈을 현실화시켜 나가고 있다.

중소기업 협동화사업, 특히 이업종異業種 간 협동화사업 성공의 모범적인 사례로 평가받고 있으며, 국제적인 관심 속에 해외 여러 나라의 벤치마킹이 계속되고 있는 파주출판단지는, 이제 이단계 실현을 눈앞에 두고 있다. '책과 영화의 만남'이라는 캐치플레이즈 아래 여러 문화산업 장르를 한데 모으는 다면체적 도시 건설이 진행되고 있는 것이다.

이러한 때에, 그동안 재계 내에서의 뛰어난 성과를 기려 왔던 '21세기대상'이 문화산업, 특히 출판산업에 주목해 주었다는 데에 이번 나의 특별상 결정의 상징적 의미를 두려 한다. 지금까지 함께 애써 왔던 많은 출판인, 인쇄인, 영화인, 그 밖의 관련자, 그리고 여러 업체 들을 대표하여, 지금까지의 성과를 잘 이어 나가고, 더욱 발전시켜 달라는 뜻으로 해석되기에, 다시 한번 마음을 다잡게 된다.

교육의 기본이며 학문과 문학, 예술의 중요한 매체일 뿐 아니라 기록 매체로서 문화재가 되고 있는 출판분야의 의미가 자칫 왜소해 보이거나 주요정책에서 간과되기 쉬운 현실에서, 이 시상을 통해 크게 주목해 주신 것에 대해 다시 한번 감사드린다. 출판도시가 하루아침에 완성된 것이 아니듯이, 우리 사회의 끈질긴 관심과 주목 속에서 완성도가 높아졌듯이, 오늘의 수상을 계기로 재계의 끊임없는 관심과 기대 속에 출판산업이 더욱 고양될 것임을 말씀드린다.

'21세기대상' 특별상 수상의 영광을 앞서 가신 선배 출판인들께 돌리면서, 이 기쁨을 우리 출판문화를 위해 애쓰시는 모든 분들과 함께 나누고 싶다.

「제7회 파주북시티 국제출판포럼」 개회사

포럼에 참석하기 위해 출판도시에 오신 여러분들을 환영합니다.

이 도시를 조성하기 위한 작업을 시작했던 때가 벌써 사반세기(이십오 년)가 되었습니다. 저는 이 도시를 이끌면서 처음부터 몇 가지 원칙을 세웠습니다. 절제 moderation와 균형balance과 조화harmony, 그리고 사랑love, 이 네 가지 말은 출판도시를 조성하고 키워내는 생각을 대변하는 키워드였습니다. 그 생각은 처음서부터 지금까지 동요 없이 지켜져 오고 있습니다.

우리 '책의 도시'의 일단계는 어느 정도 외형을 갖추었고, 이어서 착공을 막 시작한 이단계에서는 '책과 영화의 도시'로 아름다운 변신變身, 변용變容을 꾀하고 있습니다. 삼 년쯤 뒤면 '책과 영화의 도시'가 상상의 도시가 아니라 구체적인 모습으로 우리 앞에 모습을 드러내기 시작할 것입니다. 최근 황금사자상의 수상자인 김기덕 감독의 방문을 받았는데, 그는 '책과 영화의 도시'에 건강한 독립영화의 상영이 자유로운 '독립영화 전용 상영관'을 지어 줄 것을 부탁해 왔습니다. 저는, 오래전부터 그같은 생각을 꿈꿔 왔었음을 말하고, 이단계 공공시설 내에 반드시 그 뜻이 반영되도록 하겠다는 약속을 했습니다. 이처럼 우리 도시는 창의創意가 깃들이는 공간, 인문주의가 스미는 인간의 도시를 꿈꿔 왔고, 앞으로도 계속해서 이런 뜻을 가꾸어 나갈 것입니다. 이단계에 이어 삼단계 북팜시티Book Farm City 곧

'책농장의 도시'가 구상되고 추진을 준비하고 있습니다. 여기에서는 출판도시가 일단계와 이단계에 머물지 아니하고, 우리 사회, 그리고 불투명하고 예측이 불가능한 미래의 세계를 향해 건강한 '인간의 노래'를 부르는 일을 멈추지 않고 계속해 나가려고 합니다. 여러분과 함께 나누게 될 오늘의 담론談論들도 이 도시의 생각과 바로 맞닿게 될 터입니다. 유익한 논의가 이뤄지기를 빕니다.

처음 방문하신 분들께서는 머무시는 동안 편하고 즐거운 여행이 되시도록 도와드리겠습니다.

포럼에서 발표해 주실 랜디 스트래들리 씨, 이반 헬드 씨, 키요타 사토시 씨, 헨리 호웅 씨, 그리고 고은 선생님과 도정일 교수님을 비롯해 강신주, 성석제, 장영우 님과, 김규항, 김기덕, 김봉석 님들께 감사드립니다. 사회를 맡으신 박광성 집행위원장과 김홍식, 최윤식 님과, 우리 재단 최선호 상임이사를 비롯해 이환구 사무국장, 기획을 맡은 김연숙, 이호진 씨의 노고를 치하합니다.

감사합니다.

「제8회 동아시아 책의 교류 심포지엄」 개회사

심포지엄에 참석하기 위해 출판도시에 오신 여러분들을 환영합니다.

출판도시문화재단은 2005년부터 문화체육관광부 후원으로 한중일 출판인들이 함께 모여 책의 가치와 동아시아 출판의 정체성에 대해 생각해 보는 자리를 마련하고 있습니다. 또한 우리 재단은 아시아 감성을 바탕으로 새로운 북디자인의 개념을 창출하고자 동아시아 출판인들과 공동 작업을 계속하고 있습니다.

올해로 여덟번째로 개최되는 이번 심포지엄의 주제는 '동아시아문자의 원형'입니다. 문자의 시각적 공통성을 가지고 있는 세 나라 디자이너들이 모여 한자의 원형성과 의미, 각국의 언어와의 관계 등을 이야기하게 될 이번 심포지엄이 우수한 출판물을 생산하고자 하는 우리의 희망과 출판계의 미래에 도움이 될 수 있기를 기대합니다.

한자문화권 세 나라 디자이너들이 동아시아 문자의 특징과 각 문자의 시각적

조형적 특징에 대해 의견 나누는 이 자리가 좋은 교류의 장이자 배움의 기회가 되기를 바랍니다.

심포지엄에서 발표해 주실 류동춘 교수, 나가하라 야스히토 교수, 리더긍 교수, 그리고 오늘 세션의 연사이시자 제8회 동아시아 책의 교류 심포지엄의 총감독이신 정병규 선생께 감사의 말씀 드립니다. 또한 우리 재단 최선호 상임이사를 비롯해 이환구 사무국장과 기획을 맡은 김연숙, 이호진 씨의 노고를 치하합니다.

감사합니다.

「에이에프디유AFDU 트리엔날레 2012」 축사

'아시아의 새로운 트렌드'란 주제로 한국을 비롯하여 아시아 열네 나라에서 참가하는 세번째 트리엔날레를 이곳 파주출판도시에서 개최하게 됨을 심축드립니다.

아름다운 꽃과 함께 생활하고 그 문화를 발전시키기 위해 노력하시는 플로리스트 여러분들의 꽃에 대한 이해와 사랑이 우리 사회를 선한 세계로 이끌어 주신다고 생각합니다.

꽃은 진선미眞善美의 상징이기에 아름다움에 비유하는 경우가 많습니다. 항간에는 인간이 꽃보다 아름답기를 기대하는 마음에서 '꽃보다 아름다운 사람'이라는 표현을 쓰는 경우가 있는데, 이는 잘못된 생각이요 말이겠지요. 꽃보다 아름답기는 고사하고 꽃만큼 아름다운 사람들도 찾아보기 어려운 이 시대에 '꽃처럼 아름답기'를 바람이 옳지 않을까요.

'꽃'을 이야기할 때, 우선 꽃의 '생명력'이나 '존귀함', 자연의 '섭리攝理' 들을 떠올려야 하며, 우리 꽃의 자생성自生性과 토종성土種性을 생각지 않을 수 없습니다. 적어도 이런 바탕 위에서 꽃 사업도 하고 함께 모여 풍성한 문화를 만들어 가야 하지 않을까 조심스럽게 생각해 봅니다.

저는 이 행사를 치르는 동안 플로리스트들이나 에이에프디유AFDU 관계자, 그리고 우리 모두가 꽃에 관해 진지하게 공부하고 연구하는 기회가 되기를 희망합니다. 즉, 조선 전기의 문인화가 강희안姜希顔의 『양화소록養花小錄』과 같은 고문헌古文

獻들, 아니면 요즈음 책방에서 구해 읽을 수 있는 사진가 강운구의 『자연기행自然紀行』과 같은 기록들을 진지한 마음으로 들춰보는 일이 매우 중요한 일이라고 믿습니다.

이번 트리엔날레 행사에는 디자이너의 손길을 통해 창조된 다양한 화예작품을 만날 수 있는 여러 프로그램, 환경조형물과 출판도시 건축이 어우러질 환경조형전이 열린다고 하니 기대가 큽니다.

플로리스트 여러분들의 축제의 장인 이번 트리엔날레를 위해 애쓰신 김세태 위원장님을 비롯해 에이에프디유 관계자 여러분들의 노고를 치하드리며, 이 아름다운 행사에서 큰 성과를 거두시기 빕니다.

감사합니다.

인터뷰, 그리고 시와 그림

흔들리는 청춘아, 이 치열한 기록 속 용기를 받으라
'정본 백범일지' 복간하는 이기웅 열화당 대표와의 대담

김문 서울신문 선임기자

인생의 발걸음은 손가락으로 피아노 건반을 누르며 곡을 만들어 나가는 것처럼 기록의 연속이라고 할 수 있다. 따라서 태어나 평생을 사는 동안 누구나 기록을 갖고 있으며, 어떤 식으로든 흔적을 남길 것이다. 때문에 기록은 자연스럽게 후대의 밑거름이자 귀감이 되는 일이다. 비록 보잘것없다고 하더라도 진실된 노력과 성찰의 흔적이기에 소중한 유산으로 남게 된다. 2014년 7월 14일 강릉 선교장의 열화당에서 '백범일지白凡逸志를 어떻게 복간할 것인가'에 대한 포럼이 열렸다. 이 자리에서 이기웅 대표는 모두발언을 통해 "위대한 기록『백범일지白凡逸志』를 우리 시대에 용기를 주는 제 목소리 그대로 염險하려 하니 많은 성원을 해 주기를 바란다"고 부탁했다. '백범일지'는 알다시피 백범이 항일독립운동의 최전선에서 생사生死를 기약할 수 없어 유서遺書 대신으로 민족독립운동에 대한 경륜과 소회를 기록한 것이다. 장대한 감동이 있기에 어제와 오늘, 그리고 앞으로도 계속 읽어야 할 중요한 기록이다. 그렇다면 '백범일지' 복간작업은 언제 어떤 식으로 진행될까.

그 무렵에 경기 파주시 출판단지 내에 있는 출판사 열화당에서 이 대표를 만났다. 사무실에 들어서자 그는 낡은 책 한 권을 옆에 놓고 열심히 필사筆寫를 하고 있었다. 뭐냐고 물었더니 최초의 한국계 미국 작가 강용흘姜鏞訖이 쓴 『초당草堂』(1947)이란 책을 보여준다. 그는 "필사를 하다 보면 초조해지지 않고 앞서 살다간 인생 선배들의 마음을 잘 이해할 수 있다. 어머니 같은 책들을 읽으면 건강한 아이를 낳을 수 있지 않느냐"며 웃는다.

그러면서 이 년 전 설립한 파주타이포그라피학교PaTI에 대해 설명을 한다. 이 학교는 세종世宗 이도李祹의 디자인 정신을 섬기며 타이포그라피를 가르침의 바탕으로 삼는다고 했다. 서로 경쟁하지 않으며 넓게 배우는 한배곳(대학), 실무프로젝트를 통해 배우는 더배곳(대학원)이 어우러진 자율적 공생을 지향하는 대안학교라는 것이다. 그의 사무실 출입구에는 '上善若水'라는 글귀가 걸려 있다. 지극히 착한 것은 마치 물과 같고 물은 만물을 이롭게 하면서도 다투지 아니한다는 뜻으로, 『노자』에 나오는 말이다. 대안학교 설립취지와 무관하지 않다는 생각이 얼핏 들었다. 이 대표는 "이것은 내가 스물여덟일 때 김동리金東里 선생이 써 주신 글씨인데, 그때부터 보관해 오던 것을 최근에야 배접을 해서 잘 보이는 곳에 붙여두고 오가며 배람을 하니, 그분께 겨우 보답하는구나 하는 마음과 글뜻이 잘 어울려, 잘 몰랐지만 의미가 지금 보니 아주 좋다"고 말한다.

'백범일지' 복간에 대한 얘기로 화제를 옮겼다.

"우리 시대의 진정한 사표師表이신 김구 선생의 『백범일지』가 간행돼 온 역사를 보면, 우리는 하나의 소중한 기록이 여러 환경과 여건에 따라 그 본의가 잘못 전달되고 있음을 목격했고, 이것이 역사의 기록으로 전해질 것을 안타깝게 생각했습니다. 이제라도 백범의 숨결이 그대로 담긴 육필원고와 파란만장했던 일생의 자취를 정성껏 염하는 심정으로 '정본 백범일지'를 복간하고자 하는 것입니다."

일찍부터 그런 생각을 했었지만, 출판단지를 조성하는 일 때문에 차일피일 미뤄 오다가 지금에야 복간작업을 시작하게 됐다고 말했다. 『백범일지』는 광복 후 『김구 자서전 백범일지』(국사원, 1947년)라는 표제로 출간된 것이 그 효시로 알려져 있다. 하지만 원본을 현대문으로 윤문하는 과정에서 『친필 백범일지』와는 그 내용과 표기방법, 서술형식이 다른 판본이 됐다. 이후 1994년 백범의 아들 김신金信 장군이 친필 원본을 공개하고 『친필을 원색 영인한 김구 자서전 백범일지』(집문당)가 간행되면서 친필 원본이 일반 독자에게 알려지게 됐다. 하지만 『친필 백범일지』는 그 위상에도 불구하고 영인본이기에 일반 독서를 위한 책으로는 한계가 있다는 의견이 뒤따랐다. 촘촘히 써내려간 백범의 흘림글씨를 읽는 것이 쉽지 않을 뿐 아니라, 세월의 흐름에 따라 글씨가 바랜 곳은 판독조차 힘들고 결락된 부분이 있기 때문이다. 이런 점을 감안해서 이 대표는 책의 형식 면에서 세로짜기, 한자의 사용 등까지 그대로 전달해 백범의 숨결을 가장 잘 살릴 수 있는 반듯한 판본, 즉 진정한 의미의 정본正本을 복간하겠다고 말한다.

복간 분량은 모두 네 권이다. 1권과 2권은 친필본 상하권과 구술본 계속분 등을 원본의 한자와 한글을 그대로 표기한 세로짜기 형태다. 제3권은 원본 내용을 한글 위주 현대어로 쉽게 풀어 낼 예정이다. 제4권은 김구 선생의 사진 화보와 연보를 포함한 자료편으로 엮는다. 선교장 열화당이 생긴 지 200년이 되는 2015년에 복간을 완료할 예정이다. 그가 '정본 백범일지'에 관심을 두게 된 것은 기록문화를 소중히 여기는 평소의 철학에서 비롯됐다.

"갑골문자나 수메르문자 등이 생겨나면서 뭔가 기록하는 문화가 생겨났습니다. 그 문자가 역사를 거듭하면서 일정한 종이책의 양식을 창안해 가다듬어 왔고, 우리는 인류 유산 가운데서도 가장 중심인 기록문화, 책으로 금자탑을 쌓아 왔습니다. 『백범일지』의 복간은 우리의 올바른 '말뿌리'와 '글뿌리'를 찾고자 하는 출판정신에서 시작됐다고 할 수 있겠지요."

그가 기록을 얼마나 소중하게 여기는지에 대해서는 2000년 1월 안중근 의사의 공판기록을 엮어 펴낸 『안중근 전쟁 끝나지 않았다』라는 책만 보더라도 잘 알 수 있다. 그는 이 책의 머리말에서 "나의 영원한 스승 안의사의 치열했던 기록이, 용기를 잃고 흔들리는 젊은이들에게 널리 읽혀 그들이 용기를 회복하고 자신있는 삶을 세우는 데 도움이 됐으면 한다"고 밝히고 있다. 또한 "기록을 소중히 여기는 민족만이 살아남는다는 사실을 우리는 역사를 통해 알고 있다. 출판단지 조성은 이렇듯 기록을 소중히 여기는 출판을 중흥시키는 일"이라고 언급하고 있다. 실제로 그는 1989년 열악한 출판환경을 개선하기 위해 구체적인 전략으로 '출판 관련 산업의 협동화 사업계획'에 착안했다. 이 계획은 '파주출판문화정보산업단지'라는 문화산업도시를 건설하는 계획으로 발전해 오늘에 이르고 있다. 요즘에는 쌀농사와 책농사를 축으로 하는 인간중심의 친환경문화도시를 만드는 일에 역점을 두고 있다. 쌀농사와 책농사가 주가 돼 이를 통해 사람농사를 지어가며 여기에서 파생되는 환경 중심의 종합미디어시티를 구축하는 것이다. 다시 말해, 첨단 문화산업이 가장 원시적인 쌀농사와 함께 공존하는 곳으로 만드는 일이다. 또한 그는 '영혼도서관' 설립을 추진 중이다.

"여기에서의 '영혼'은 종교적 관점이 아니라 한 사람의 삶을 이루는 정신의 실체를 말합니다. 진실된 자서전을 쓰는 일은 한 인간의 육신을 정성껏 염하듯이 영혼을 온전히 거두어들이는 것입니다. 우리 모두가 평생 계속해서 참다운 자서전을 쓰는 일에 착수하면 얼마나 맑은 세상이 되겠습니까. '영혼도서관'에서는 한 인간이 평생 동안 자서전을 쓸 수 있도록 주선해 주는 곳입니다. 인생의 깊은 성찰을 통해 인간 본연의 진정성을 터득하는 장소가 되는 것이지요."

그의 설명에 따르면 평생 자서전을 쓰다가 목숨을 다하게 되면 영혼도서관은 유족과 함께 고인이 남긴 원고를 정리해 한 권의 책으로 출간한 뒤 영혼도서관에 꽂게 된다. 그 자서전은 제한적으로 열람이 가능하며 영구히 보존된다. 고인의 영혼이 한 권의 아름다운 책 속에 따뜻하게 묻히게 되는 것이다. 아직 완공은 되지 않았으나 영혼도서관에는 현재 몇 권의 책이 있다. 『안중근 전쟁 끝나지 않았다』와 고 민영완 목사의 회고록『민영완 회고록』, 『김익권 장군 자서전』, 그리고 고 이청준 작가의 복간된 작품집인『별을 보여 드립니다』등이 있다. 이처럼 그는 앉으나 서나 항상 아이디어를 개발해내고 부지런하게 일을 추진한다. 그런 정열이 어디에서 나올까.

이 대표는 선교장에서 자랐다. 어려서 선조들로부터 검소와 절제 등 삶의 지혜를 배웠다. 어른들은 모든 물건을 함부로 쓰지 못하게 했다. 선교장을 지킨 자긍심과 자존심을 알게 했다. 선교장의 열화당은 오대조인 오은繁隱 이후李厔가 1815년에 지었다. 열화당 건물의 구조를 보면 도서관 형태를 하고 있다. 당시 문집과 족보도 찍었다. 고건축을 하는 사람에게는 연구 대상이다. 작은 문화센터라고 할 만큼 많은 장서와 서화 등도 있다.

그는 오륙 세 때부터 군불을 때고 여러가지 심부름을 했다. 장마철이 지나면 쌓여 있던 책들을 그늘에 말리는 일을 했다. 처음에는 곰팡냄새 때문에 싫었지만, 점차 익숙한 냄새로 변해 갔다. 자연스럽게 출판을 어떤 사명의식으로 받아들이게 됐다. 결국 1971년 열화당이라는 이름으로 서울에서 미술 전문 출판사를 차렸다. 주위에서는 돈이 되겠느냐고 했지만, 우리의 전통공예를 소개하는『한국의 칠보』를 시작으로 '열화당 미술문고' 시리즈와 '한국문화예술총서'를 내면서 오늘날의 열화당으로 뿌리를 내렸다.

그의 발걸음은 나이답지 않게 힘차고 빨랐다. 중학교 때에는 삼십 리 되는 거리를 걸어서 등하교를 했단다. 지금도 걷는 습관은 변함이 없다. 매일 아침 일찍 자택 근처인 일산 호수공원에서 한 시간 이상을 빠른 걸음으로 걷는다. 이같은 부지런한 행보는 앞으로도 계속 기록문화유산을 '반듯하게' 이어 나가지 않을까 싶다.

우리 시대 '책의 장인匠人'이 던진 벼락 같은 한 수手
'안중근기념 영혼도서관' 짓는 이기웅 열화당 대표

김영철 교수신문 편집위원

이기웅 열화당 대표는 책을 만드는 사람이다. 그의 책 인생이 거의 반세기에 가까울 정도다. 그러나 그와 책에 얽힌 관계는 이백 년이나 된다. 강릉의 역사적 유적인 선교장船橋莊이 그가 어릴 적부터 자란 곳이다. 선교장은 그를 책의 세계로 이끌고 오늘의 그를 있게 한 원천이다. 1815년 그의 오대조인 오은鰲隱 이후李垕가 선교장에 서재와 사랑채를 겸한 '열화당悅話堂'이라는 아름다운 건물을 짓는다. 열화당은 그 시절 하나의 도서관이자 출판사 같은 곳이었다. 장서가 일만 권을 넘었고, 문집도 찍고 족보도 찍었다. 그는 대여섯 살 때부터 그곳을 들락거렸다. 군불도 때고 책 심부름을 하면서 열화당을 온몸으로 익혔다. 결국 이런 경험이 그를 출판계로 이끌어 책을 만드는 장인匠人이 되게 했다. 그의 아호 열화悅話 또한 그곳의 이름을 땄고, 1971년 그가 설립한 출판사 '열화당'도 거기를 바탕으로 한 것이다.

우리나라의 책과 출판에 관해서라면 이기웅 대표를 빼놓고 얘기할 수가 없다. 그만큼 그가 우리 출판문화에 드리운 그림자가 크다는 얘기다. 책에 대한 선한 의지와 철학 같은 믿음을 가진 이 대표는 건강하고 좋은 책이 곧 올바른 사람과 사회, 더 나아가서는 건강한 나라를 만든다는 소신을 갖고 있다. 이런 생각을 바탕으로 오늘의 파주출판도시 건설과 조성을 주도했고, 이제 그 마무리 단계에서 쌀농사와 책농사를 축으로 하는 인간중심의 친환경 문화도시로 만들기 위한 노력을 현재도 마다하지 않고 있다.

이런 이기웅 대표가 책을 통해 사람 냄새를 물씬 풍기게 하는 아름다운 프로젝트를 추진 중이다. 이름하여 '영혼도서관'을 세우는 일이다. 헤이리 예술마을에 부지는 이미 마련됐고, 건립을 위한 설계 작업과 설치 미술 등의 아트워크가 더해지는 공사이고 작업이다. 오백 평 규모의 부지는 이 대표의 기증으로 마련됐고, 설계는 조병수, 아트워크는 임옥상, 그리고 안중근 의사가 부각되고 강조되는 이 도서관에 걸릴 안중근 초상화는 안창홍이 맡았다. 도서관은 '안중근기념 영혼도서관'으로 명명될 것이다. 이기웅 대표가 정신적 지주이자 멘토로 숭앙하고 있는 안중근 의사를 기리기 위한 것이다. 그런 그를 지난 18일 점심시간이 막 지나 파주출판도시의 열화당 사옥에서 만났다.

– '영혼도서관'의 개념부터 듣고 싶다.

"인간은 영적靈的인 존재다. 진정으로 가치있는 인생을 원함은 영적으로 살기를 희구함이라 말할 수 있다. 그러나 우리의 인생은, 희망에 차서 시작되지만, 절망으로 끝나거나 회의와 옹색함과 모면지책謀免之策으로 얼버무리며 삶을 마감하는 경우를 주위에서 흔히 볼 수 있다. 인생이 어찌 모면지책에 의탁해 살고 끝나야 하는 것인가. 그 생각만 하면 슬프다. 그래서 평생 동안 지속적으로 참다운 자서전을 쓰는 일에 착수하는 것이 바로 '영혼도서관'이 지향하는 바다. 그래서 이를 구상했고 추진 중이다."

– 좀 더 구체적으로 설명해 달라.

"모두가 자서전 쓰는 일에 착수하자는 것이다. 우리 모두가 평생 계속해서 참다운 자서전 쓰는 일에 착수하면 어떤 세상이 되겠는가. 맑은 세상이 될 것이다. '영혼도서관'에서는 한 인간이 평생 동안 자서전을 쓸 수 있도록 주선해 주고, 경우에 따라서는 깊이 개입해 지도해 주는 일까지 할 수 있을 것이다. '영혼도서관'에 등록해 자서전을 쓰는 동안, 그의 인생은 깊은 성찰을 통해 인간 본연의 진정성을 터득하게 될 것이다. 그 삶은 영적인 존재감을 세우고, 마음의 평정과 삶의 기쁨을 얻게 될 것이다. 자서전이라고 하는 책의 가치를 통해서 우리 인생의 요체에 이르고자 하는 발상이다. '영혼도서관'에서 자서전을 쓰는 것은 말하자면 자신의 인생을 염險하는 것이라고 할까."

– 평생 책을 만들어 온 위치에서 책에 대해 느끼는 생각도 '영혼도서관' 건립에 영향을 줬을 것으로 보이는데.

"맞다. 나는 오십 년 가까이 책을 만들고 공급하는 일에만 몰두하던 사람이다. 그런데 요즘 책이 제구실 못 한다는 문제의식에 좀 당황스럽고 괴롭다. 예컨대 수많은 자기계발서류의 책을 보라. 자기를 계발하는 게 아니라 인간을 망가뜨리는 도구로까지 가고 있다. 법정法頂 스님이 돌아가실 때 말씀을 기억한다. '내 책 모두를 절판絕版하라. 내가 쓴 말 모든 게 다 거짓이고 허위다.' 인간이 어찌 그리 아름다울 수 있나 생각했다. 그렇다면 책다운 책이란 무엇일까. 일기든 자서전이든, 자기반성을 위한 글쓰기라면 어떨까 하는 생각으로 이어졌던 것이다."

이기웅 대표가 말하는 자서전은 숨김없는 인생의 고백록 같은 것이다. 예컨대 러시아의 톨스토이가 쓴 『참회록』, 자신의 사후死後 백 년이 지나 출간하라고 유언했던 마크 트웨인의 자서전 같은 것을 말한다.

– 특정인만을 대상으로 한 '영혼도서관'이 아니라면 일반 보통 사람에게 그런 자서전을 기대할 수 있을까.

"나는 그런 믿음이 있다. 세상에는 착한 사람이 생각보다 많다. 서로 손을 내밀고, 제안하고, 따뜻함을 권하는 사회, 이것이 '영혼도서관'의 궁극적 지향이다. 톨스토이라고 어느 날 갑자기 깨달아 『참회록』을 쓰게 된 건 아닐 거다. 모든 인간이 대문호처럼 글쓰기를 할 수는 없겠지만, 자서전을 쓰는 동안 거칠었던 우리 인생은 따뜻한 자기 성찰과 사랑의 삶으로 가다듬어질 거라고 본다. 그때야말로 인간 본연의 진정성을 얻게 될 것 아닌가. 이 일은 불가능하지 않다고 생각한다. 누구든 할 수 있을 것이다."

그의 말에 따르면 '영혼도서관'은 이렇게 운용된다. 누구나 이 도서관에 등록하면서 자서전을 쓴다. 정해진 기일이 없다. 그저 시간 날 때마다 들러서 단 한 줄씩만 써도 된다. 쓰다가 내용이 마음에 안 들면 지워버려도 된다. 글의 양에 대한 기준도 물론 없다. 그렇게 써 나가다 때가 이르러 생을 마감하게 되는 날이 올 것이다. 그러면 '영혼도서관'에서는 고인故人의 유족 또는 친지 들과 협의해 그동안 써 왔던 자서전 원고를 정리해 한 권의 아름다운 책으로 탄생시킨 다음 이 도서관 서가에 꽂는다. 그 자서전은 제한적으로 열람이 가능하지만, 매우 상징적으로 항구히 보존될 것이다. 그리하여 우리의 영혼은 한 권의 아름다운 책 속에 따뜻하게 묻히게 된다. 유체의 흔적을 느끼게 할 수 있는 방안도 있다. 디엔에이DNA를 채취해 가느다란 병에 넣어 책에 끼워 두는 방법 등이 그것이다.

– 그런데 왜 안중근 의사의 이름을 걸었는가.

"안중근 의사 이름을 걸었다고 해서 안중근 자료 같은 것만을 모아 놓는 도서관은 아니다. 안중근을 추념하는 차원에서 그렇게 명명되는 것이다. 안 의사가 나에게 끼친 영향이 클뿐더러 우리나라 모든 사람이 안 의사를 배우고 따라야 한다는 생각에서다."

– 그렇게 된 계기가 있었던 것 같다.

"1990년대 초중반 파주출판단지를 건설할 때 말로 표현 못할 어려움이 있었다. 요즘 관피아라는 말이 유행인데, 나는 그때 이미 그것과 그로 인한 폐해를 경험한 사람이다. 우리 사회의 제도와 시스템, 구성원들의 교양이나 상식, 그리고 소통방식 등에 많은 불신과 회의를 느끼던 터에 안중근 의사가 내게 다가왔다. 그건 하나의 빛이었다. 사실 그전까지는 안 의사를 너무 몰랐다. 안다는 것은 깨달음인데, 지식으로 이해하는 것은 깨달음이 아니다. 1995년 노산 이은상 님이 정리한 안 의사의 공판기록 번역본을 대하면서 안 의사에 가까이 가게 됐다. 공판기록 속에서 안 의사의 장대한 외침을 듣고 비로소 깨달은 것이다. '그분에 비하면 나의 고통은 고통도 아니었다. 역사에서 교훈을 찾자'고 했다. '영혼도서관'에 대한 구상도 그 무렵이다. 안 의사를 깨달으면서 우리나라 우리 사회에는 허전한 구석이 너무 많고 지저분한 인간의 꼬락서니들을 보면서 인간의 영혼에 대한 생각이 많아진 것이다."

이기웅 대표는 안중근 정신을 '신독愼獨'이란 말로 표현한다. 『대학大學』과 『중용中庸』에서 말하는, '자기 홀로 있을 때에도 도리에 어그러지는 일을 하지 않고 삼간다'는 뜻이 담긴 말로, 안 의사의 생애를 관통하는 일관된 핵심이라는 것이다.

그는 안 의사에 대한 존경의 마음을 담아 2000년 안 의사의 공판기록을 텍스트로 해 안 의사의 투쟁기록을 담은 『안중근 전쟁 끝나지 않았다』를 펴내기도 했다. 이후 안중근은 이기웅의 정신적 지주이자 멘토 역할을 했다. 1999년에는 출판도시 인포럼에 안 의사 동상을 모셨다.

"출판도시 하면서 정말 어떤 위대한 힘에 의존하지 않고는 그 어떤 것도 수용할 수 없었다. 안 의사에 의존하면서 큰 의지가 됐다. 나는 그 걸 그때 확실하게 느꼈고, 뭔가 보였다. '영혼도서관'을 추진하면서도 물론 그랬다. 뭔가를 결정할 때 나 혼자만의 생각을 배제하려 했다. 안 의사에게 여쭙곤 했다. 물론 내 스스로 자문자답이었을 테지만, 훈련이 되니까 버릇이 되더라."

아직 완공되지는 않았지만 '영혼도서관'에는 현재 몇 권의 책이 모셔져 있다. 안 의사의 공판기록을 번역한 『안중근 전쟁 끝나지 않았다』와 고故 민영완 목사(1918-2009)의 회고록 『민영완 회고록』, 『김익권 장군(1922-2006) 자서전』, 『헤이리 예술마을 이야기』, 그리고 고故 이청준 작가(1939-2008)의 복간된 작품집인 『별을 보여 드립니다』 등이 있다. 또 현재 열화당에서 작업 중인 『백범일지』 원본 복간본도 비치될 것이다. 이기웅 대표는 좋은 책 만들기로써 자신의 인생을 구원받기를 원한다. "천직처럼 살아온 책장이로서 한 권의 진정한 책을 엮음으로써 나락에 떨어질 수밖에 없는 인생이 구원받을 수 있지 않을까 하는 생각"이라는 게 그의 책과 인생에 대한 솔직한 심정이다. 우리 시대 진정한 '책의 장인匠人'인 그의 생각이 이럴진대, 그가 심혈을 기울여 추진 중인 '영혼도서관'이 어떠한 것인지 대강 그림이 그려진다. 그래서 그의 '영혼도서관'에 더 큰 관심이 모아지고 있는 것이다.

자서전을 쓴다는 건, 자기 인생을 염殮하는 것
어수웅 조선일보 기자

이기웅 열화당 대표는 일견 '시대착오론자時代錯誤論者'다. 종이책 지상주의자만으로도 모자라 세로쓰기까지 옹호한다. 그의 주장에 따르면, 세로쓰기 조판은 긍정의 독서, 가로쓰기 조판은 부정의 독서. 세로쓰기는 시선의 동선이 위아래($\updownarrow$)이기 때문에 고개를 끄덕일 수밖에 없고, 가로쓰는 좌우($\leftrightarrow$)이기 때문에 고개를 절레절레 흔들게 된다는 것이다. 최근 이 대표는 작가 이청준의 첫 창작집『별을 보여 드립니다』(1971)와 박완서의 첫 장편『나목』(1976)을 세로쓰기 판형으로 복간했다. 그는 자신을 '책의 염殮꾼'이라 불렀다.

– 염꾼은 부정적 의미가 강한데.

"복간이나 복각은 염과 같다. 한 사람이 생을 마치면 고인의 삶을 정리 정돈하여 이세상에서 저세상으로 떠나보내듯, 뛰어난 저술가, 문필가 들이 남긴 책을 가다듬어 다시금 역사에 올려놓는 행위는 고귀하다. 지난 시대의 참된 말씀을 제대로 담아낼 아름다운 그릇을 구워내는 일. 또 우리가 과거를 잘 살펴 삶의 교훈을 얻듯, 책의 원형, 책의 뿌리를 찾아 거슬러 올라가는 일이기도 하다."

이달 초 그는 자신 인생 후반전의 숙원인 '영혼도서관'의 건축설계 전시회를 파주 헤이리 예술마을에서 열었다. 김언호 출판도시문화재단 이사장, 방송인 황인용 씨, 이은 명필름 대표 등 이백여 명이 참석했지만, 아직 일반인에게는 낯선 도서관의 이름.

– 우선 '영혼도서관'의 개념부터.

"나는 오십 년 가까이 책을 만들고 공급하는 일에만 몰두하던 사람이다. 그런데 요즘 책이 제구실 못 한다는 문제의식에 괴롭다. 수많은 자기계발서를 보라. 자기를 계발하는 게 아니라 인간을 망가뜨리는 도구로까지 가고 있다. 법정 스님이 돌아가실 때 말씀을 기억한다. "내 책 모두를 절판絶版하라. 내가 쓴 말 모든 게 다 거짓이고 허위다." 인간이 어찌 이리 아름다울 수 있나 생각했다. 그렇다면 책다운 책이란 무엇일까. 일기日記이건 자서전이건, 자기반성을 위한 글쓰기라면 어떨까."

– 자서전이라니?

"정치의 목적으로, 또 명예욕에 들떠 가식의 수단으로 쓴 경우도 허다하다. 정치인의 꼴불견 출판기념회를 보라. 내가 떠올리는 건, 러시아의 톨스토이(1828-1910)가 쓴 『참회록』, 죽은 지 백 년이 지나야 출간하라고 유언했던 마크 트웨인(1835-1910)의 자서전이다. 내 제안은 우리 모두 참다운 자서전을 써 보자는 것이다. 영혼도서관은 한 인간이 평생 동안 자서전을 쓸 수 있도록 기획해 주고, 경우에 따라서는 깊이 개입해 지도해 주는 일까지 할 수 있을 거다."

파주 열화당의 이 대표 책상에는 죽은 지 백 년이 된 2010년에야 미국에서 출간된, 두툼한 두 권짜리 『마크 트웨인 자서전』(캘리포니아 주립대 출간)이 놓여 있었다. 그의 열정이 느껴지는 증거였지만, 동시에 다시 한번 '시대착오'는 아닐까, 위선과 허영의 존재인 인간에게 진정한 자서전 쓰기가 가능할 것인가, 반성이나 참회보다는 자기 합리화의 마당이 되지 않을까, 게다가 '반성'이나 '참회'의 문제라면, 구태여 물리적인 도서관이 필요할까.

– '진심의 자서전'이라는 게 과연 가능할까.
"나는 믿는다. 서로 손을 내밀고, 제안하고, 따듯함을 권하는 사회, 이게 영혼도서관의 궁극적 지향이다. 세상에는 착한 사람이 생각보다 많다. 톨스토이라고 어느 날 갑자기 깨달아 '참회록懺悔錄'을 쓰게 된 건 아닐 거다. 모든 인간이 대문호처럼 글쓰기를 할 수는 없겠지만, 자서전을 쓰는 동안 거칠었던 우리 인생은 따듯한 성찰과 사랑의 삶으로 가다듬어질 거라고 본다. 그때야말로 인간 본연의 진정성을 얻게 될 순간이다."

– 수십억 사업이라고 들었다. 구태여 모금까지 해서 물리적 공간이 필요한가.
"마을 사람들에게 광장이 필요하듯, 무대로 나와 공적으로 이야기할 공간이 필요하다. 우선 나부터 예술인 마을 요지의 오백 평을 기부했다. 황인용 음악감상실 카메라타 옆의 땅이다. 카메라타를 설계한 건축가 조병수 씨는 설계를 재능 기부하고, 임옥상 씨는 작품을 기증키로 했다."

이 대표는 영혼도서관을 '책의 수도원'이 되게 하고 싶다고 했다. 굳이 자서전이 아니더라도 진정성을 가지고 잘 만든 책이라면, 참된 자서전의 가치와 진실에 다를 바 있겠느냐는 것이다. 앞에서 말한 '세로쓰기'의 정신과 '염꾼'의 정신으로

『목민심서』『난중일기』『백범일지』도 새로 펴내겠다고 했다.

예전에 이 대표는 독일의 한 공구회사를 방문한 적이 있다. 독일인 회장은 한 해 삼십만, 사십만 개 팔리는 공구가 있는가 하면, 겨우 스무 개 팔리는 공구도 있다고 했다. 하지만 그 스무 개 팔리는 공구를 가장 소중하게 생각하더라는 것. 이유는 다양한 공구의 가장 어미가 되는 존재라고 했다는 것이다.

말과 글이 넘치는 사회. 하지만 이 대표 역시 모든 글의 원천이 되는 책이 있을 거라고 믿는다. 이 시대착오론자가 영혼도서관, 책의 수도원에 전력투구하는 이유다.

"책은 귀하게 찍어야… 출판사는 돈 아닌 가치를 만드는 곳"
이흥우 국민일보 논설위원

태풍 다나스의 간접 영향으로 가을비가 흩뿌리던 지난 팔일 파주출판도시에 위치한 열화당 사무실에서 이기웅 대표를 만났다. 이 대표가 명함을 건넸다. 처음 보는 폴더형 명함이다. 첫 장에는 파주출판문화정보산업단지 이사장, 다음 장에는 열화당 대표 직함이 적혀 있다.

그렇다. 고희古稀를 넘긴 나이에도 그는 출판단지 이사장으로, 열화당 대표로 몸이 두 개라도 모자랄 정도로 왕성하게 활동하고 있다. 인터뷰하는 내내 그에게서 느꼈던 열정과 에너지가 일인 이역을 가능케 하는 원동력인 듯했다. 사무실도 인상적이다. 일층은 책 박물관으로 꾸며졌고, 삼층 집무실은 온통 책으로 가득했다. 책을 벗삼아 평생을 살아온 그의 역정歷程이 오롯이 담겨 있다. 책과 더불어 눈길을 사로잡은 또 하나는 사무실 곳곳에 자리한 안중근 의사였다.

네 시간 가까이 이어진 만남에서 그는 두 개의 정신과 네 가지의 가치를 강조했다. '안중근 정신'과 '선교장 정신' 그리고 절제, 균형, 조화, 인간애(사랑)이다.

– 책 철학을 듣고 싶습니다.
"책을 내면 무서워요. 어떤 응보應報가 오거든요. 책은 귀하게 찍어야 해요. 저는 책의 발행부수를 계속 줄여 왔어요. 늘리는 것만이 능사는 아니죠. 저자들이 처음에 이해 못 했을 때는 반대도 했지만, 그 참뜻을 이해했죠. 거기에는 내용도 귀하게 써야 한다는 암시가 들어 있어요. 책을 함부로 내지 말고 숙성시켜서 내야 해요. 종이책의 위기가 왔다고 하는데, 그것은 이미 먹이사슬의 위기가 아니라 책자체의 위기예요. 책을 너무 남용하고, 속이고, 베끼고…. 경고는 오래전에 왔죠. 요즘은 양量으로 밀어붙이기 때문에, 전자 미디어 흉내내다 보면 종이 미디어는설 곳이 없어요. 전자책에 맡길 건 빨리 맡겨야 해요. 다만 종이로 건져야 하는것, 전자책이 할 수 없는 운명적인 것, 필연적인 것들만 종이책으로 만들어야 한다고 봐요. 영역 분담이 가능한 빨리 이뤄져야 하는 거죠."

– 책의 세계로 이끈 계기가 있었습니까.

"선교장에서 나도 의식하지 못한 채 책더미 속에서 자랐어요. 어른들이 책 심부름도 많이 시켰고요. 책 심부름이 책과 인연을 맺게 해준 거죠. 남들이 이기웅이란 사람은 이미 선교장에서 다 배웠다고들 해요. 책처럼 귀한 것이 없어요. 선교장에서 책도 만들었어요. 열화당은 사랑채라고 하기엔 규모가 크고 공공적 성격이 큰 공간이죠. 유명인사들의 집회장소이기도 했고, 도서관이기도 했고, 출판사이기도 했죠. 요즘으로 치면 문화센터였던 셈이죠."

–열화당은 미술분야, 넓게는 예술서적 전문 출판사입니다. 시쳇말로 돈 안 되는 책인데, 출판사 운영에 어려움이 많을 걸로 생각되는데요.

"가치가 안 된다고 생각하면 틀린 거고요. 출판사는 돈을 버는 곳이 아니라 가치를 만드는 곳이죠. 돈이 좀 들어오기도 하지만 가치가 우선이죠. 편집자나 출판인이라면 기록의 가치, 정보의 가치를 먼저 생각해야지요. 책을 안 사는 사회가 문제이지 책 자체가 문제는 아니죠. 그런 점에서 한창기(전 '뿌리깊은나무' 발행인, 1997년 작고) 선생은 제게 이상형의 출판인이죠. 그가 갖고 있는 출판의 생각, 문화의 생각을 닮았으면 합니다. 그를 닮는 것이 내 성공의 지름길이라고 생각해 왔어요. 기록해야 될 것만 착실히 골라 낸 다음 이를 책으로 꼼꼼이 만들어 보급하려 애쓰죠. 왜냐하면 지속가능하게 해야 하니까요. 먹고사는 문제들이 해결되지않으면 아무리 가치있는 일이라도 될 수가 없지요."

– 파주출판도시 기획과 설립에 주도적인 역할을 하셨는데, 파주坡州를 선택한 이유가 궁금합니다.

"우선 땅값이 싸야 했고, 구상을 펼 수 있는 (땅의) 크기와 위치가 맞아야 했죠. 참 방황 많이 했습니다. 출판出版이라는 일의 속성상 수도권에 위치하지 않으면, 수도권의 젖줄을 놓치면 갈 데가 없는 거예요. 사람을 구할 수가 있나요, 저자가 오나요, 복잡한 시설 환경이 따라 주나요. 서울을 적당하게 외면하면서도 쉽게 접근할 수 있는 거리여야 했어요. 일종의 서울 탈출인데, 가까우면 서울에 다시 먹혀버리죠. 먹히지 않을 거리, 서울이라는 젖줄을 놓치지 않을 거리로 처음엔 일산一山을 생각했는데 땅값이 엄청났어요. 파주는 이차였어요. 아무도 접근하지 않으려는 버려진 땅이었죠. 자유로自由路를 믿었죠. 그 꿈을 갖고 밀어붙인 거예요."

– 다른 나라에도 출판도시 같은 게 있나요.

"파주출판도시 같은 책 클러스터는 없어요. 여기는 생산도시이기 때문에 배송, 분류, 인쇄 등의 기능을 모두 갖춘 게 성공의 요체라고 생각해요. 어렵지만 서점과 지방독자, 지방문화를 만족시키려면 모든 걸 갖추는 게 필요했죠. 그렇게 되면 꿈은 이루어질 거라 믿은 거죠. 출판도시는 통일을 향한 길목에 위치하고 있습니다. 개성공단에 제이의 출판도시를 만들 생각이었어요. 그런데 출판은 개성공단에 들어갈 수 없는 품목이었죠. 여기 와서 분단의 아픔을 많이 느꼈습니다. 제게 제일 시끄러운 소음은 남북이 싸우는 소리예요. 여기 뒤쪽이 인쇄소인데, 인쇄소 소음은 견디겠는데 남북이 싸우는 소음은 귀로는 안 들려도 도저히 못 견디겠더라고요. 언론이 남북의 싸움 좀 말려 주세요."

– 이단계 사업으로 책에 영상(영화)을 접목하는 프로젝트가 진행 중입니다. 어떤 사업인가요.

"한마디로 책과 영화의 도시입니다. 사업을 시작할 때 '책과 영화의 도시' 개념을 이해하지 못하는 사람이 적잖았죠. 영화〈사랑방 손님과 어머니〉〈별들의 고향〉은 다 책에서 시작된 거죠. 전혀 원작과 달리하는 것도 있지만, 기본적으로 그 책의 영향을 받아 피어난 게 영화예요.「책에서 피어난 꽃, 영화」포스터전을 연 것도 그런 이유에서죠. 물론 아닌 것도 있지만, 책을 바탕으로 영화를 제작하는 게 바로 그 예술, 그 사업의 추세입니다. 책의 도시는 영화를 탄생시키는 베이스를 갖고 있어요. 책만 있다면 도시가 얼마나 답답하겠습니까."

– 궁극의 목표는 북팜시티Book Farm City 건설에 있다고 들었습니다.

"농자천하지대본農者天下之大本이란 말은 틀림없는 말이에요. 농사는 꼭 작물 농사作物農事만 말하는 게 아니고 사람 농사도 포함하는 거예요. 책의 도시도 농사의 개념을 잊으면 안 돼요. 재래적이라고 할지 모르겠지만 향약鄕約 정신이 우리 도시의 중요한 개념입니다. 중국에서 출판도시를 벤치마킹하고 싶다고 해 노하우를 알려주고 있는데, 껍데기를 베끼지 말고, 알맹이를 베끼라고 했어요. 우선 백만 평을 시범단지로 정했어요. 팜시티 건설은 제이의 새마을운동 같은 거예요. 출판도시를 만든 경험 등을 토대로 사회에 공여할 수 있는 공식, 샘플을 만드는 거죠. 이것이 우리 농업을 살리는 길이기도 하죠. 이 농업도시에 책농사, 쌀농사를 같이 가져가자는 거예요. 기왕에 있는 마을을 거점마을로 재조정해서 거기에 문화적 요소를 충분히 세우는 거죠. 농사도 지으면서 도시보다 많은 문화를 향수할 수 있게 만드는 거예요. 그래야 사람 농사가 돼요. 책 도시는 여러 개 만들 수 없지만 팜시티는 여러 개 만들 수 있어요. 박근혜 대통령께도 이미 제안했는데, 아직 깊은 이해가 따라주지 않는 게 안타깝습니다."

– 출판도시 만들 때 "어린이들이 뛰어노는 공간이 되기를 바란다"고 했는데, 어린이는 어떤 의미입니까. 『세상의 어린이들』이라는 이기웅 사진집도 내지 않았습니까.

"「벌거벗은 임금님」 동화는 우리의 잠언이에요. '임금님이 벌거벗었네'라고 던진 어린이의 말은 정직함을 얘기해요. 이 도시가 거짓과 관계없길 바랐어요. 어린이에게 위험한 도시는 도시가 아닙니다. 그 이상 무슨 모델이 있겠어요. 근데 순식간에 이런 모토가 어린이 책 팔아먹기 위한 상술로 매도되기도 했죠. 그땐 어찌나 화가 나던지…."

– 박 대통령이 지난 달 삼십일 '파주 북소리 2013' 축제 현장을 방문했습니다. 박 대통령이 문화에 많은 관심을 기울이겠다고 했는데, 현장에서 피부로 느끼십니까.

"제가 초청한 거예요. 여기 오셔서 인쇄공도 만나고 편집자와도 대화하시라고 했어요. 비서실이 막았는지 어쨌는지 한 사람의 실무 일꾼도 안 보고 그냥 갔어요. 제가 몇 가지 진언을 했지요. 역대 대통령들이 많이 애쓰셨다고 했죠. 군이 파주 출판도시 건설에 동의를 하지 않아 애를 먹었는데 김영삼 대통령이 그걸 해결해 줬고, 김대중 정부도 공공시설 건축 비용을 주는 등 지원을 많이 했다고 말이죠. 우리나라가 활자와 인쇄의 종주국이라고 입발림으로만 자칭하는데, 관련 박물관 하나 없어요. 박 대통령에게 한국출판인쇄역사박물관 하나 세워 달라고 했어요. 그런데 웃기만 하고 대답을 안 하시더라고요."

– 문화융성이 박근혜정부 국정지표의 하나인데요.

"문화 자체를 이해해야 문화를 융성시키는 비밀을 알 수 있으리라고 생각됩니다. 이 도시의 네 가지 개념이 절제, 균형, 조화, 인간애예요. 문화는 절제에서 나오죠. 그런데 권력을 가진 사람들이 문화를 얘기할 때는 특정한 걸 두고 얘기하는 경우가 많습니다. 구체성 때문에 그러겠지만, 문화가 융성하려면 모든 부분에 문화들이 골고루 스며들어야 해요. 문화가 기초를 이루지 않은 어떤 장르도 성립되지 않아요. 그럼에도 자꾸 작은 의미의 문화만 강조해요. 문화가 보이지 않으니까 애매하게 접근하는 거예요. 문화는 무엇이냐. 인문학이고, 교양이고, 역사의식이에요. 이런 것들이 고루 갖춰져야 해요. 문화를 독립적인 것으로 생각하니 딴 데는 문화가 없는 거예요. 어느 특정분야가 잘되면 문화가 잘되는 것으로 착각하는 거죠. 문화는 독자적으로 융성하는 게 아니에요. 온 나라가 융성해야 문화도 함께 융성하는 거예요. 과학, 금융, 경제, 군사, 체육 그런 것들이 문화와 더불어 융성하는 것이지, 문화가 다른 걸 끌어 준다는 생각을 버려야 해요. 문화는 독자적으로 존재하지 못해요. 문화는 구체적 사례보다 총체를 의미하는 거라고 봅니다."

사무실 여기저기에 '모셔져 있는' 안 의사가 궁금했다. 그는 그가 옮겨엮은 책 『안중근 전쟁 끝나지 않았다』를 건네는 것으로 대답을 대신했다. 안중근 정신은 '신독愼獨'이다. 그는 '아무도 보지 않는 곳에서 경계하고 삼간다戒愼乎其所不睹'는 그 정신이 파주출판도시에 깃들기를 간절히 소망하고 있었다.

강릉 선교장船橋莊을 떼어 놓고 이기웅 열화당 대표를 말할 수 없다. 선교장은 그를 책의 세계로 이끌고, 오늘의 그를 있게 한 어머니 자궁 같은 곳이다. 그는 선교장에서 자라서 고교시절까지 그곳에서 보냈다. 효령대군 11세손 무경茂卿 이내번李乃蕃이 세운 아흔아홉 칸 선교장엔 고서古書와 서화書畵가 많았다. 장마가 물러가면 책을 햇볕에 말리는 일도, 어른들의 책 심부름도 어린 그의 몫이었다. 퀴퀴하기만 하던 책 곰팡냄새는 언제부턴가 친숙한 내음이 되어 다가왔고, 책은 어느새 그의 평생 벗이 되었다.

그가 1971년 설립한 출판사 '열화당悅話堂'도 선교장에서 따온 이름이다. 그의 오대조 오은鰲隱 이후李厚가 순조 15년(1815년) 선교장 안에 지은 사랑채가 열화당이다. 열화당은 손님을 맞는 단순한 사랑채가 아니었다. 장서를 보관하고, 문집과 족보를 인쇄하는 도서관이자 문화센터였다. 열화당은 도연명의 「귀거래사歸去來辭」 중 "열친척지정화悅親戚之情話(가까운 이들이 정다운 이야기를 나누며 기뻐한다)" 구절에서 유래한 것으로, 책을 소중히 여겼던 선조들의 유지를 받들기 위해 출판사 이름을 열화당이라고 지었다.

선교장과 함께 그와 떼려야 뗄 수 없는 또 다른 존재가 파주출판도시다. 그는 허허벌판에 출판도시를 입안하고, 설계하고, 건설한 선구자다. 파주출판도시 건설은 2010년 일단계 사업이 끝났고, 현재 책에 영상을 접목한 이단계 '책과 영화의 도시' 조성사업이 2015년 완공을 목표로 활발히 진행 중이다. 여기에 농업이 보태져 파주출판도시는 '북팜시티Book Farm City'로 완성된다.

파주출판도시는 외국에서도 인정한 '히트 상품'이다. 이 대표는 2012년 파주출판도시를 '공동성의 실천'에 기반한 인간 중심의 도시로 가꾼 점을 높이 평가받아 아랍에미리트연합UAE이 국부國父 셰이크 자이예드를 기려 제정한 '셰이크 자이예드 도서상'을 수상했다. 그는 파주출판도시 발전을 위해 이억 원이 넘는 상금을 기꺼이 내놓았다. 그는 파주출판문화정보산업단지조합 이사장을 겸하고 있다. 이 외에도 '대한민국 문화예술상'(1994), '제10회 한국가톨릭매스컴상'(2000), '올해의 출판인 공로상'(2002) '간행물윤리상 특별상'(2004), '제28회 한국건축가협회상 특별상'(2005), '인촌상仁村賞' '제48회 한국출판문화상 특별상'(이상 2006), '21세기대상 특별상'(2013. 4). '동곡상東谷賞'(2014)을 수상했다. 제27회 책의 날을 맞아 출판문화 발전에 기여한 공로를 인정받아 정부가 수여하는 은관

문화훈장을 받았다.

"책 · 쌀 · 사람 농사 한꺼번에…
'북팜시티' 세워 생태 지식산업 키우고 싶다"

이광재 중앙선데이 객원 칼럼니스트, 전 강원도지사

경기도 파주시 교하읍에 위치한 파주출판도시는 인간과 자연, 책과 건축이 공생하는 곳이다. 자유로를 건설하다 생긴 158만 6777제곱미터(약 48만 평) 늪지대 위에 세워진 단지는 친환경 소재로 지은 창의적인 건축물로 가득하다. 삼백여 개 출판업체가 입주한 이곳은 1988년 뜻있는 출판인들과 건축가들이 의기투합해 첫 밑그림을 그렸다. 이후 이십 년 가까운 공사 끝에 일단계로 출판도시가 완성됐다. 전 세계에서 유례를 찾아볼 수 없는 '책의 도시'가 앞으로 영화산업단지까지 어우러진 복합문화공간으로 거듭나게 된다. 이단계로 영화제작 관련업체 수십 곳이 입주하는 것이다. 너도나도 '창조'를 떠들지만 창조력의 근간인 책을 도외시하는 우리 풍토 속에서 묵묵히 출판도시를 일궈낸 이기웅 출판도시문화재단 명예이사장을 만났다. 지난 주말 그가 운영하는 출판사 '열화당' 사옥에서였다.

이기웅은 1971년 미술·인문서적 전문출판사인 열화당을 설립, 사십여 년 동안 예술서적 출판을 주도해 온 출판계 원로다. 강원도 강릉시 운정동의 고택 '선교장船橋莊'에서 자라면서 강릉상고를 졸업했으며, 그 후 성균관대학교를 졸업한 뒤 1966년 출판사 일지사一志社에 입사하면서 출판계에 입문했다. 오 년 뒤 일지사에 임원으로 봉직하면서 열화당을 세우고, 불모지였던 미술서 출판에 도전했다. '미술문고' '미술선서'와 스무 권으로 구성된 '한국의 굿'을 잇따라 내며 입지를 굳혔다. 마흔아홉 살 때인 1989년 출판도시 추진위원장, 1991년 출판문화정보산업단지 사업협동조합 이사장을 맡아 세계에서 유례가 드문 책 도시인 파주출판도시 건설을 지금까지 주도했다. 이 무렵 1990년부터 육 년간 도시 내의 핵심인 출판유통센터 건립을 위해 전략적으로 한국출판협동조합 이사장을 겸임한다. 또 한국출판금고 이사로서 격주간 서평 전문지『출판저널』을 창간해 편집인으로서 토대를 굳혀 놓았다. 이어 대한출판문화협회 부회장 등을 함께 맡으면서 한국 출판계의 기둥 역할을 해 왔다.

– 어떻게 출판인이 됐나.

"어렸을 때부터 책더미 속에 살았고 책 주변의 심부름도 했다. 어느 순간 책 곰팡 냄새가 몸에 배더라. 고교생 때부터 책을 혼자 엮어 보기도 했다."

– 책이란 무엇인가.

"인간을 인간이게 하는 도구다. 이 도구를 활용하지 않으면 인간이 될 수 없다. 어떤 제자가 스승에게 물었다. '당신이 돌아가시면 저는 누구에게 물어야 합니까?' 그러자 스승은 '내가 죽으면 책에게 물어라'고 답했다고 한다. 책은 영원히 말씀 으로 증언하는 것이다. 사람의 지혜와 기술을 모아 둔 게 책이다. 지금은 녹음기도 있고 영화도 있다. 하지만 책이 가장 모태적 형태가 아닌가 생각한다. 그러나 모든 책이 다 도구는 아니다. 진짜로 잘 만든 책이 좋은 도구다."

– 잘 만든 책이란 뭔가.

"사무사思無邪다. 생각에 거짓됨이 없어야 한다. 공자의 제자들이 시 삼백 편을 놓고 '좋은 시가 무엇이냐'고 여쭙자 공자는 '생각하는 데 사악함이 없는 것'이라 답했다. 인간주의를 바로 세웠으면 좋겠다. 말이 바로 서야 사람도 집안도 나라도 바로 선다."

– 세상을 바꾼 책으론 무엇이 있나.

"세상을 바꾸는 시대정신을 일으킨 책은 여러 가지가 있다. 플루타르크의 『영웅 전』, 아우구스티누스의 『참회록』, 다윈의 『종의 기원』과 뉴턴의 만유인력 법칙, 그리고 볼테르·루소 등 계몽주의자들의 책, 루터의 종교개혁 격문, 정약용의 『목 민심서』 등이다. 이 책들은 독자의 마음을 파고들며 시대정신을 만들어낸다. 그 밖에도 마음으로 읽는 몇몇 책, 즉 '심서心書'가 있다."

– 심서란 무엇인가.

"각자 스스로 마음에 새기는 책이요, 늘 간직하는 책이다. 예를 들면, 나는 우리

나라에 성공회聖公會의 뿌리를 내리게 한 세실 쿠퍼(한국명 구세실具世實) 주교가 쓴 『사도문』을 늘 간직하고 있다. 이 책은 특정 종교에만 해당하는 말씀이 아니라, 모든 일상사에 미치는 내용이다. '사람이 호흡을 아니하며 음식을 폐하며 세수를 아니하면 육신의 생명이 능히 보존되지 못함과 같이 사람이 신령한 음식과 청결함을 받지 아니하면 영혼의 성령이 잘 보존될 수 없다. 입으로 먹기만 해서는 안 된다. 머리로 들어가는 음식을 먹지 않으면 인간이 아니다'라는 내용이다. 말씀이란 도구를 제대로 써야 인간이 된다고 했다. 이런 심서를 한 권씩은 간직하고 사는 인생이 아름다운 인생이다."

– 책에서 시대를 본다고 한다. 지난 긴 세월 동안 책을 만들면서 느낀 시대의 과제는 뭔가.
"남북 분단이 제일 가슴 아프다. (남북이) 서로 싸움만 하는데, 싸움의 목적이 없다. 서로 기득권을 지키려는 싸움뿐이다. 또 무슨 말만 하면 빨갱이니, 보수꼴통이니 색안경을 씌우니 말의 자유가 없다. 자유도 무한히 보장될 수 없다는 걸 알지만, 적어도 진리만큼은 얘기할 수 있어야 한다. 분단으로 인한 상처를 치유하지 않고 대립만 한다면 백 년 후에는 대한민국의 우화가 될 거다."

– 분단의 아픔을 자꾸 얘기하는 계기는.
"박명림 교수(『한국 1950, 전쟁과 평화』), 정병준 교수(『한국전쟁』) 등 전쟁을 겪지 않은 소장 학자들이 노력 끝에 발견한 자료를 모아 책을 냈는데, 기가 막힌 책들이다. 너무 가슴 아픈 내용이라 가슴을 치며 생각했다. 한 세기를 뛰어넘어 진보와 보수가, 남과 북이 화해해야 한다. 무조건 화해를 하자는 게 아니다. 어떻게든 용서하고 인간의 기교를 활용해 화해하자는 거다."

– 안중근기념 영혼도서관을 짓는 데 이십억 원어치 땅을 내놓아 화제가 됐다.
"파주 헤이리에 카페가 너무 많아졌다. 상업주의가 기승을 부리고 있다. 그래서 균형을 유지하게 하려는 뜻이 있다. 어디 헤이리뿐이랴. 더 중요한 이유는 우리 지도자와 국민이 안중근 의사의 거대한 구상을 배워야 하기 때문이다. 우리는 안 의사를 이토 히로부미를 암살한 열혈 청년 정도로만 알고 있다. 하지만 안 의사는 담대한 평화의 비전을 지닌 아시아의 위대한 평화주의자였다. 토지 기증은 아내가 결단을 내려준 데 힘입은 거다. 건축가 조병수 씨가 설계를 맡을 예정이다. 진지함이 묻어나도록 건물이 자연 속에 파묻히는 방식으로 지어질 것이다."

- 안 의사의 아시아 평화 구상은 뭔가.

"1910년 일제 법정에서 안 의사가 재판 받은 기록을 보면서 알게 된 것이다. 안 의사는 백 년 전인 당시에 놀랄 만한 제안을 한다. 동북아시아의 평화를 위해 중국 뤼순旅順에 한국 중국 일본의 공동 평화회의본부를 둔다. 또 한중일 국민이 일 원씩 기금을 내어 삼국 공동으로 은행을 설립한다. 은행 본점은 만주에 두고 경성 (서울) 도쿄 베이징에 지점을 설치해 공동 화폐를 사용한다. 그리고 적어도 삼국 각국이 두 개의 언어를 사용할 수 있도록 해 서로를 이해하고, 아시아에 평화를 가져오자고 안 의사는 주장했다. 탁월하지 않은가. 그 위대한 목소리가 백 년 뒤인 지금 다시 태어나고 있다. 우리 지도자도 국민도 이런 큰 뜻을 가져야 한반도의 미래가 밝아질 것이다."

- 중장년과 젊은이에게 권하고 싶은 책은.

"중장년에겐 『행복의 경제학』(헬레나 노르베리호지)이란 책을 권하고 싶다. 당신은 어떤 삶을 살고 있느냐는 질문에 도움이 될 것이다. 젊은이들에겐 마하트마 간디의 자서전과 안중근 의사 전기를 권하고 싶다."

- 집에 책을 많이 갖고 있는 분들이 책을 효과적으로 이용하는 방법은.

"인간이 염을 하듯 책도 염을 해야 한다. 유명 인사들이 한평생 함께해 온 책들을 기념관으로 보내줘야 한다. 마을 단위로 북 카페를 만들어 지적知的 공동체 문화를 만들어 가면 좋겠다. 선진국이 뭐냐 하면, 마을마다 반드시 작은 도서관이 있고 공부하는 국민이 많은 나라다."

- 우리의 독서 현실을 평가하면.

"책을 너무 안 읽는다. 베스트 셀러도 너무 편중되고 지적 탐구열이 낮다. 그러기에 사회 쏠림 현상이 큰 것이다. 우리 교육열은 오로지 입시만을 위한 교육열이다. 인간이 되도록 하는 교육열은 너무나 부족하다. 일본은 메이지 유신 전후부터 국민적 차원에서 독서운동을 펼쳤다. 그러기에 중국의 쑨원孫文, 량치차오梁啓超가 일본에서 유학했고, 우리나라 지식인들도 일본 유학을 많이 했다. 영국 상원의원들이 토론하는 과정을 보면 그들의 지적인 깊이를 알 수가 있다. 책을 읽어야 한다."

– 논술시험조차 외워서 쓰다 보니 젊은이들의 글솜씨가 크게 떨어졌다고 한다.

"논술의 힘은 독서량에서 나온다. 스스로 문장을 통해 사고력을 터득하는 시간을 가져야 한다. 학교에서 매일 삼십 분이라도 독서 시간을 가져야 한다. 낭독도 좋다. 좋은 시 구절 하나라도 낭독하며 들려주는 것이 필요하다. 영국의 패러데이는 가난해 학교를 못 가고 인쇄소에서 일했다. 하지만 거기서 책을 읽은 게 계기가 돼 전기를 발견하고, 위대한 과학자가 되었다. 독서는 백번 강조해도 부족함이 없다."

– 물질주의에 지친 사람들이 행복한 인생을 찾아 나서면서 '힐링'이란 말이 유행한다.

"너무들 힐링에 매달리는 것 같다. 진정한 힐링은 작위적이지 않은 것이다. 현대사회는 겉만 화려할 뿐 풍요가 지나쳐 인간을 속박하고 있다. 절제가 주는 기쁨을 깨달아야 한다. 절제는 인색한 게 아니라 시간을 아끼고 인간을 아끼고 자연을 아끼는 것이다. 남을 죽이는 경쟁이 아니라 서로 보완하는 삶이 중요하다. 프랑스에서 '라 투레트'라는 수도원에 갔었다. 감방 같은 조그만 방에 담요 두 장이 전부였다. 한 장은 깔고 한 장은 덮고 자는 곳이었다. 절제가 주는 자양분을 느낄 수 있었다."

– 출판도시(북시티)는 왜 만들었나.

"좋은 책을 만들기 위해서다. 물류비를 줄여 비용을 낮춰야 했다. 기획사, 인쇄소, 종이공장이 다 너무 떨어져 있어 비효율이 컸다. 같은 장소에 모여 일하면 책 품질이 좋아지고, 비용은 삼분의 일로 줄어든다는 논리로 정부를 설득했다. 처음엔 공무원들이 '책을 위해 어떻게 국가산업단지를 준비하느냐'며 비웃었다. 나는 '자동차보다도 책이 더 중요하다'고 외치듯 주장했다."

– 출판단지를 산업단지로 만드는 데 어려움이 많았다고 들었다.

"오륙 년 넘게 걸렸다. 시작은 노태우 정부 때 했는데, 워낙 반대가 심했다. 출판단지가 국가산업단지로 승인받도록 사력을 다했다. 결국 김영삼 정부 때 이수성 총리가 국가산업단지로 승인하며 서명해 주었다. 하지만 공무원들이 '공장 부지니까 법률에 따라 공장처럼 지어야 한다'고 딴지를 걸었다. 비싸게 짓는다고도 타박했다. 우리는 '출판은 지식산업이다. 아름다운 건축물이 있는 도시가 산업효율을 높인다'고 설득해 최종 허가를 받아냈다."

– 건축가들과 '위대한 계약' '선한 계약'을 맺었다고 들었다.

"출판인들은 아름다운 건축물을 원했다. 그러자 건축가들은 '돈도 없으면서 욕심만 많다'고 했다. 수없이 토론한 끝에 '파주에 제대로 된 도시모델 하나 만들어내자'고 의기투합했다. 건축가들은 시세보다 훨씬 싼 가격으로 설계해 주고 출판인들은 그 설계도대로 건물을 만들어 건축가들의 뜻을 살려준다는 '위대한 계약'을 맺었다. 민현식·조성룡 등 건축계 동지들이 우리 뜻을 높이 사 성사된 거다. 이 계약을 바탕으로 천재 건축가인 김석철이 '창작과 비평' 사옥, 승효상이 교보문고 사옥, 영국의 플로리언 베이겔이 열화당 사옥, 포르투갈의 알바로 시자가 '열린책들' 사옥을 각각 설계했다. 백오십 채의 건물이 하나하나 아름답게 지어졌다. 서로 조금씩 양보하면 더 큰 게 생긴다는 걸 깨달았다. 영화산업이 들어오는 이단계부터는 '위대한 계약'을 더욱 선한 마음으로 이어가자는 뜻에서 '선한 계약'으로 개명했다."

– 건축가들이 제대로 된 건물을 지어볼 기회가 되었겠다.

"건축가들이 순전히 자신들의 뜻대로 건물을 설계하고 지을 기회였다. 그러나 그들의 경제적 희생이 컸다. 이 과정에서 많은 실험을 하며 알게 된 건데, 국가가 건축가들에게 창의적인 설계를 할 기회를 많이 줘야 한다. 아름다운 건축물이 있는 곳이 세계적인 관광지이고 선진국이다."

– 지금 북시티는 어떤가.

"파주 북시티는 세계에서 유례가 없는 시도였다. 출판인들이 협동조합을 만들고 건축가들과 함께 '건축시민운동'을 한 결과다. 일단계는 출판과 인쇄 기업이 들어왔다. 한길사·창비·김영사 등 삼백 곳이다. 이단계는 영화계다. 『건축학 개론』을 제작한 명필름, 특수효과로 유명한 영상기술업체 '데몰리션' 등 서른네 개 회사가 입주한다. 이어서 쇼핑센터와 갤러리·병원 등이 들어온다. 서점도 들어서고 있다. 단지 내 종사자가 만 명에 달한다."

– 다음 단계로 꿈꾸는 건 뭔가.

"책과 쌀과 사람 농사를 한꺼번에 하는 '북팜시티Book Farm City'를 세우는 거다. 인간이 힐링을 원하는 건 자연 속으로 돌아가려는 본능과 같다. 북팜시티엔 농촌에 맞는 수퍼마켓이나 병원도 들어선다. 여기서 나오는 생산품은 고유한 브랜드로 보장받는다. 고양(일산)에 위치한 절대농지 330만 제곱미터(100만 평)가 후보지다. 지도자의 결단만 있으면 파주에서 고양(일산)까지 거대한 생태지식산업의 메카가 탄생할 것이다."

– 박근혜 대통령에게 부탁하고 싶은 건.

"박 대통령은 창조경제나 문화융성 같은 새로운 언어를 쓰려고 한다. 거대한 형식의 깃발은 올렸지만 형식을 채울 내용을 하나하나 만들어가야 한다. 그 노력은 아주 구체적이어야 한다. 결국은 박 대통령 밑에 있는 전문가와 기술자 들이 일해야 하는 거다. 박 대통령이 능력 있는 인재를 구하느냐에 성패가 달렸다. 인재 등용은 정파를 초월해야 한다. 아직은 정권 초창기라 섣불리 희망을 품지도 절망하지도 않으면서 박 대통령을 후원하는 마음으로 바라보고 있다. 지식문화산업인 출판과 영화, 나아가 북팜시티에 관심과 애정을 가져 달라고 부탁하고 싶다. 무엇보다 국가의 미래를 열어나갈 새로운 도시설계와 디자인을 구상하라고 권하고 싶다."

– 인생이란 무엇인가.

"그 질문을 들으니 갑자기 슬퍼진다. 건강할 땐 슬픔을 못 느낀다. 약간 아프고 괴로울 때 슬픔은 크게 다가온다. 반면 갑자기 일이 잘 풀릴 땐 기쁘다. 그 기쁨과 슬픔 사이에서 냉철함을 유지하는 존재가 인간인 듯하다. 이성을 가졌을 때 인간다운 것 같다. 인간은 부족함을 느낄 때 그 부족함의 완성을 향해 철학적으로 사색하고, 더 노력하고, 더 깊은 걸 터득한다. 그리하여 죽음을 죽음답게 마치는 거다. 다음 세대에 떳떳하게 인생을 마칠 수 있을 때가 (인생의) 가장 좋은 경지가 아닌가 생각한다."

'북팜시티' 꿈꾸는 아름다운 책농사꾼

이영아 고양신문 발행인

웃음이 맑다. 땅을 일구는 농부의 웃음이다. 생각은 웃음보다 더 맑았다. 유연하고 잔잔했다. 이 부드러운 힘이 거대한 창조의 원동력이 되었을까.

파주출판도시의 장엄하고 아름다운 풍경을 볼 때마다 이 도시를 만든 사람들에 대한 경외감 같은 것이 솟는다. 또 한편으로는 부러움과 안타까움, 미안함이 겹쳐진다. 출판도시는 원래 일산一山에 밑그림이 그려졌었다. 이기웅 이사장과 몇몇 뜻있는 출판인들이 모여 일산신도시에 출판도시를 만들기로 의기투합하고 최선을 다해 추진했다. 결과는 실패였다.

땅을 분양하는 토지공사가 사백만 원 상당의 분양가를 요구하면서 출판도시는 일산에 밑그림만 남긴 채 사라졌다. 몇 년 후 파주에서 출판도시 계획이 다시 추진됐다. 일산과 비교할 수 없는 땅값이 제시됐고, 오만 평 규모로 추진됐던 도시는 사십팔만 평 규모의 거대한 밑그림을 그릴 수 있게 됐다. 출판도시의 입장에서는 축복이었고, 고양시의 입장에서는 참 아름다운 도시를 품지도 못하고 잃어버린 안타까운 일로 남게 됐다.

출판도시 이단계 사업을 거의 마무리하고, 삼단계 사업을 구상하고 있는 이기웅 이사장을 만났다. 파주로 이사를 갔는지 물었다. 일산 출판도시가 무너지면서, 마음도 몸도 일산을 떠나고 싶었을 텐데. 그리 묻지는 못했다. 그냥 주거지를 옮겼는지 물었다.

"아내가 일산을 아주 좋아해요. 쇼핑하기도 좋고, 친구들도 많고, 저도 호수공원 산책하는 시간이 좋아 그대로 일산에 살고 있어요. 출판도시 열화당 건물에 숙식이 가능하도록 작은 방을 만들기는 했지요."

반가웠다. 그다음, 이기웅 이사장의 삼단계 사업 구상을 듣고, 더 반가웠다. 이 이사장은 출판도시는 일단계와 이단계를 거쳐 삼단계에서 비로소 완성될 수 있다고 말했다. 삼단계 출판도시는 백만 평에 이르는 '북팜시티'이다. '북팜시티'는 출판도시 이단계와 이어지는 고양 땅에 설계되고 있었다.

"인간의 정신과 육체를 살찌우는 데 가장 근본이 되는 것이 말(글)과 쌀입니다. 이를 구체화 한 것이 곧 '출판'과 '농사'입니다. 이 두 행위를 건강하게 영위해 갈 도시가 바로 '북팜시티' 입니다. 북팜시티에서 진실한 농부의 마음으로 지은 말과 쌀이 결국 인간을 인간답게 회복시켜 줄 것입니다."

이기웅 이사장은 1940년 서울서 태어나 1941년 태평양전쟁이 일어나자, 의사인 아버지가 전쟁의 혼란을 피해 가족과 함께 고향 강릉 선교장으로 귀향한다. 선교장은 강릉 일대에 대농장을 만들고 농민들이 자율적으로 운영하면서 어려울 땐 서로 빌려주고 나누어 쓰던 공동체 경제의 중심이었다. 이기웅 이사장은 어렸을 때부터 선교장 마당을 쓸며, 군불을 때며 자랐다. 열화당은 이 선교장의 사랑채로, 당시 지역 도서관이자, 출판사의 역할을 했다. 이기웅 이사장의 열화당은 선교장 열화당의 이백 년 역사를 그대로 잇고 있었다.

이기웅 이사장은 몇 해 전 위를 모두 절제하는 큰 수술을 받았다. 병은 별 것 아니지만, 맘껏 일을 하지 못하는 것이 좀 불편하다고 말한다. 일산출판도시가 무산되고, 엄청난 고통이 밀려왔을 때, 이 이사장은 안중근 의사의 공판기록을 다시 읽었다. 공판 기록 속 안 의사의 외침을 듣고 '나의 고통은 고통도 아니라'는 교훈을 찾았고, 다시 출판도시를 일으켜 세웠다. 안중근 의사는 이후 이기웅 이사장의 멘토이자 출판도시의 정신적 감리자가 됐다.

이기웅 이사장이 마지막 모든 열정을 쏟을 '북팜시티'는 한 편의 그림처럼 아름답지만 형체가 잡히지 않는다. 다시 무모하다는 소리를 듣게 될 것이다. 파주출판도시 역시 그랬다. 보이지 않는 가치를 찾아 달리는 것이 얼마나 힘든 일인지 모르지 않지만, 이기웅 이사장은 참 고요하게 달리고 있었다. 선교장이 가르쳐 준 '꿈의 마을'을 만들고 싶은 맑은 열정이 온 몸으로 느껴진다.

책 속에 짓는 영혼 농사

장소현 극작가·시인

정겨운 이야기 집 열화당 주인장은
꼬장꼬장한 선비로 소문이 자자한데요,
두툼한 돋보기안경 쓰고도 모자라
책을 눈에다 바짝 가져다 대고
행간 촘촘히 읽는 모습이
영락없는 대쪽 선비지요.
그런데 스스로는 책 농사꾼이라고 한다는군요.
좋은 책, 살아 있는 책 만들겠다고
모든 걸 던지다 보니 자기도 모르게
고향의 검은 대나무를 닮아 간다는군요.
책 속에서 영혼을 찾겠다고,
책 속에 영혼을 심겠다고….

즐거운 이야기 집 열화당 주인장은
척 봐도 잘 안 팔릴 게 뻔한 책을
정성 들여 만들어 놓고는 웃어요.
그게 바로 어머니 책이라는 거예요,
어미 책이 튼실하고 정직해야
좋은 새끼를 많이 친다는 이야기지요.
책은 그저 단순한 인쇄물이 아니라는 이야기
그래서는 안 된다는 고집.

정겨운 이야기 집 열화당 주인장은
휘청휘청 가느다란 몸으로
아무것도 안 하는 것처럼 아무렇지도 않게
큰일을 해내곤 하는데요,

무슨 단지를 만들었다기에
고추장 단지처럼 아담한 건가 했더니
책 펴내는 사람들을 드넓은 벌판에다
불러 모아 옹기종기 다정하게…
거기서 무슨 북소리 잔치라는 걸 열고는
온갖 북을 모아 늘어놓고 두둥둥 둥둥 치데요.
신명나게 덩기덩기 덕쿵 걸판지게 두둥둥
하긴 뭐 그 북이나 이 북이나
사람 마음 둥둥 울리기는 마찬가지라는 걸
진즉에 알았다는 이야기지요.
정말 착하고 마음 밝은 책 농사꾼다워요.

정겨운 이야기 집 열화당 주인장을
언젠가 얼핏 뵈었는데요…
어느 울창한 숲이었어요.
나무마다 공손히 허리 굽혀 절하며
미안합니다, 죄송합니다, 얼마나 아프십니까.
좋은 책 만들어 보답하겠습니다,
미안합니다, 죄송합니다, 미안합니다
그렇게 절하고 또 하며 온 숲속을 헤매 다니는 거예요,
묘목을 정성껏 심으면서….
책 만들면서 나무에게 미안해하는 그 양반
나중에 틀림없이 별이 되겠지요, 틀림없어요.
샛별처럼 초롱초롱 반짝이는 손길로
나무등걸 부드럽게 쓰다듬으며
조금만 기다려 주세요, 좋은 책 꼭 만들겠습니다,
영혼의 책 만들어 보답하겠습니다,
나무 쓰다듬으며 그렇게….

안창홍 〈책농사꾼 이기웅〉 2015.
"열화당 주인 이기웅李起雄 선생을 생각할 때마다, 늘 볕 좋은 봄날 파릇파릇 피어오른
새싹이 겹쳐 떠오른다. 만나서 그의 말을 듣다 보면, 한마디 한마디가 갓 돋아난
새싹 같다. 반짝반짝 새싹 같은 말씀 속에 깃들인 책에 대한 열정과 사랑.
그 새싹이 내가 그린 책 위에도 한 포기 솟아올랐다."

수록문 출처

1 다시, 출판도시를 향하여

서축공업기념관書築共業記念館 개관에 즈음하여 「서축공업기념관書築共業記念館 개관에 즈음하여 다시금 가다듬는 우리들의 결의」, 『향약』, 파주출판문화정보산업단지 사업협동조합, 2013. 10.

자본과 거대 공기업의 횡포에 맞서자 「출판도시를 일구기 시작한 지 꼭 이십오 년, '공동성의 가치'를 되찾기 위한 우리들의 선언」, 2014. 2. 27.

책농장의 도시, 새로운 공동체를 꿈꾼다 「우리땅, 우리쌀의 역사를 돌이켜 보면서, 새로운 도시공동체를 꿈꾼다」, 고양 600년 기념학술세미나 '한반도 벼농사의 기원과 고양 가와지볍씨의 재조명' 주제 발표. 2013. 4. 29.

왜, 출판도시에서 육당六堂을 기리고자 하는가 2015. 1.

2 말, 글, 문자, 책, 그리고 문명

책은 왜 만드는가 『국민일보』, 2014. 5. 21.

책 만들기로 구원받았으면 『국민일보』, 2014. 6. 18.

재앙을 불러온 책의 문명사文明史 2013. 2. 1.

문필文筆의 세계, 그 이상향을 꿈꾸며 『국민일보』, 2014. 1. 1.

'절판선언' 그리고 '절필선언' 「법정의 '절판선언'과 고종석의 '절필선언'」, 『한겨레』, 2012. 10. 10.

출판도시에 오늘의 집현전이 세워지다 「사람은 말로써 존재합니다: 파주타이포그라피학교 창립 총회 축사」, 2012. 12. 30.

인간, 만물萬物의 영장靈長인가 『국민일보』, 2014. 2. 26.

문자, 인류의 꿈과 지속적인 평화를 위하여 「세계문자심포지아 2014 개막 인사말」『세계문자심포지아 2014』 2호, 세계문자심포지아 조직위원회, 2014. 10. 31.

3 역사를 생각하다

바람, 그리고 임종국林鍾國 『광주일보』, 2013. 12. 13.
안중근安重根, 그를 읽는 역사의 문법 『국민일보』, 2014. 1. 29.
육이오 전란을 돌이켜 보다 「전쟁과 개똥약」 『광주일보』, 2013. 6. 25.
우리들이 추석秋夕에 만나 주고받는 이야기 『광주일보』, 2013. 9. 17.
광주光州, 지혜의 도시 『광주일보』, 2013. 8. 23.
'꽃처럼 아름다운 도시'를 위하여 「고양高陽 꽃축제를 다시 생각한다」 『조선일보』, 2012. 5. 14.
하늘에 계신 우리들의 두 어머니와 함께 읽는 편지 『문학의 집·서울』 제138호, (사)자연을 사랑
　　하는 「문학의 집·서울」, 2013. 4. 5.

4 나의 '책밥' 이야기

열화당 출판, 잃어버린 시간을 찾아서 『책과 선택』 24호, 열화당, 2013. 7. 2.
『백범일지白凡逸志』를 염廉하다 『책과 선택』 27호, 열화당, 2014. 6. 14.
조선 인문학의 글뿌리를 찾는다 2013. 8.
광주·장흥 출신의 소설가 이청준을 추모함 『광주일보』, 2013. 7. 26.
이청준 문학의 한 토대를 위한 책 만들기 『별을 보여 드립니다―불혹의 세월이 남긴 기록들』, 열화
　　당, 2013.
백영수白榮洙 화백의 출판미술을 말한다 『백영수의 1950년대 추억의 스케치북』, 열화당, 2012.
가을, 뉘른베르크에서의 사색 『창작과 비평』 158호, 2012년 겨울호.
한 출판인을 위하여 2012. 12.
국회도서관장 추천기推薦記 2014. 12.
또 하나의 책마을 공동체를 고대한다 「삼례는 책이다: 삼례 책마을 조성과 발전방향 심포지엄」 축
　　사, 2015. 1. 16.

5 문화유산, 어떻게 보존하고 가꿔 갈 것인가

우리에게 진정 소중하고 아름다운 것은 무엇일까 「우리에게 진정 소중하고 아름다운 것은 어떤 것
　　일까」 『아름지기』, 2013. 9.
인간주의 깃발을 올리자 『광주일보』, 2013. 11. 15.
우리 무형유산의 올바른 가치인식을 위하여 『문화일보』, 2014. 10. 10.
문화재 종가宗家의 외태外態와 실체實體, 그 조화를 위한 디딤돌 2015. 2.
우리 전통가옥의 자화상自畵像 2015. 2.

조선왕릉-서삼릉西三陵과 서오릉西五陵「서삼릉西三陵과 서오릉西五陵」『10명의 작가가 함께 쓴 고양의 문화유산』, 고양시청 문화예술과, 2014.
굴업도 지킴이 노래 2012. 9.

6 영혼도서관, 그리고 라이프치히 도서전

'책의 수도원'을 빛낼 '자서전' 이야기 『광주일보』, 2013. 10. 18.
헤이리의 역사를 정리하며 「헤이리의 역사를 펴내며」『헤이리 예술마을 이야기』, 열화당, 2013.
라이프치히 도서전에서 한글과 세종대왕을 소개하다 「왜 라이프치히인가」『2013 라이프치히 도서전 한국관 저널』, 국제문화도시교류협회, 2013. 3. 14.
라이프치히에서 선보이는 한국의 음식문화 『2014 라이프치히 도서전 한국관 저널』, 국제문화도시교류협회, 2014. 3. 13.
라이프치히 도서전에서 『국민일보』, 2014. 3. 26.
다시 라이프치히를 향해 우리 옷을 입다 『2015 라이프치히 도서전 한국관 저널』, 국제문화도시교류협회, 2015. 3. 12.

부록 1 서문·수상소감·개회사·축사

웅진재단의 2012년도 연례보고서를 발간하면서 『웅진재단 2012년도 연례보고서』, 2012. 5.
'21세기대상 특별상' 수상 소감 2013. 4.
「제7회 파주북시티 국제출판포럼」 개회사 2012. 10. 31.
「제8회 동아시아 책의 교류 심포지엄」 개회사 2012. 11. 2.
「에이에프디유AFDU 트리엔날레 2012」 축사 2012. 10. 20.

부록 2 인터뷰

흔들리는 청춘아, 이 치열한 기록 속 용기를 받으라 김문, 『서울신문』, 2014. 7. 2.
우리 시대 '책의 장인匠人'이 던진 벼락 같은 한 수手 김영철, 『교수신문』, 2014. 6. 23.
자서전을 쓴다는 건, 자기 인생을 염險하는 것 어수웅, 『조선일보』, 2013. 12. 18.
"책은 귀하게 찍어야… 출판사는 돈 아닌 가치를 만드는 곳" 이흥우, 『국민일보』, 2013. 10. 15.
"책·쌀·사람 농사 한꺼번에… '북팜시티' 세워 생태 지식산업 키우고 싶다" 이광재, 『중앙선데이』 제325호, 2013. 6. 2.
'북팜시티' 꿈꾸는 아름다운 책농사꾼 이영아, 『고양신문』, 2013. 1. 30.
책 속에 짓는 영혼 농사 장소현, 2014. 4.

다시금 말과 생각을 가다듬고

도서전에 세번째 참여하는 일로 이곳 라이프치히에 와서, 이 발문跋文을 쓴다. 올해의 전시 주제는 우리 옷, 곧 '한복韓服'이다. 인간문화재 침선장인 구혜자其惠子 님이 지어 주신 '안중근安重根의 흰 옷'을 직접 입어 보고, 우리 문화의 기호記號요 상징象徵인 '백의白衣'가 지닌 뜻을 다시 한번 절감하게 되었다. 이 문제를 두고 동행한 이인범李仁範 정재곤鄭在坤 서해성徐海誠 교수, 그리고 장회운張會雲 사장과 나눈 깊은 대화를 나는 평생 잊지 못할 것이다.

열화당 편집실장이 이곳으로 들고 온 내 책의 마지막 편집 더미를 들여다본다. 이 책이야말로 철저히 자기반성自己反省이기를 소망했던 터인데, 세 분의 서문, 말미의 인터뷰, 그리고 장소현 선생의 시나 안창홍 화백의 그림 등에서 '예찬적禮讚的' 대목들이 눈에 걸린다. '이게 아닌데' 하는 생각에 책의 출간이 망설여졌다. 하지만 주위에서는 기록의 의미로 일단 정리해 두자는 의견이 지배적이니, 어쩔 수 없이 출간을 허락한다.

살펴보니, 그동안 매달려 왔던 출판도시 일에서 터득된 나의 생각은 크게 '염殮'과 '인간의 속도' '역사의 목숨', 그리고 '책밥' '책농장' '안중근' '영혼도서관' 같은 어휘에 짙게 묻어나고 있음을 느낀다. 한편 부끄럽기도 하지만, 나는 지금도 이 말과 이 생각을 바꿀 마음이 없다. 오히려 그 생각을 키우고 가다듬어 나갈 마음이다.

금년엔 '안중근기념 영혼도서관'이 반드시 실체를 드러내기를 소망한다. 이 존재가 이끌어 줄 원대한 뜻을 알기에, 여러분과 더불어 힘차게 박차를 가해 갈 것을 약속드린다. 이 책의 출간을 그 서약을 다짐하는 계기로 삼으리라.

서문을 써 주신 김도현金道鉉 선생과 김언호金彦鎬 형, 벗 김건일金健一 형에게 감사드리며, 이 책을 위해 힘써 준 이환구, 전기석, 유도열, 이규동, 김경태, 조윤형, 공미경, 백태남, 이수정 등 여러 식구들에게 감사의 마음을 전한다.

2015년 3월 15일
라이프치히에서 이기웅

찾아보기

저자 이기웅李起雄은 1940년생으로 강릉 선교장船橋莊에서 자라 성균관대학교를 졸업하고,
1960년대 중반 일지사一志社 편집자로 출판계에 몸담은 이래 1971년 열화당悅話堂을 설립하여
우리나라 미술출판 분야를 개척해 왔다. 1988년 몇몇 뜻있는 출판인들과 함께 파주출판도시
추진을 입안하면서 그 조직의 책임을 맡아 사반세기 동안 출판도시 건설에 힘써 왔다.
한국일보 백상출판문화상을 십여 차례 수상했고, 출판학회상, 대한민국문화예술상, 중앙언론문화상,
가톨릭 매스컴 대상, 한국건축가협회상 특별상, 인촌상仁村賞, 한국미술저작·출판상,
21세기대상 특별상, 자랑스러운 ROTCian상, 우현상又玄賞, 동곡상東谷賞 등을 수상했으며,
은관문화훈장을 수훈했다. 올림픽조직위원회 전문위원, 서울예술대학 강사, 『출판저널』창간편집인,
한국출판협동조합 이사장, 한국출판유통주식회사 설립 운영위원장, 2005 프랑크푸르트 도서전
주빈국 조직위원회 집행위원장, 출판도시문화재단 이사장, 2014 세계문자심포지아 조직위원장 등을
역임했으며, 현재 열화당 대표, 파주출판도시 명예이사장, 국제문화도시교류협회 이사장,
무형유산창조협력위원회 위원장으로 있다. 저서로 『출판도시를 향한 책의 여정』 1·2(2001, 2012),
사진집으로 『세상의 어린이들』(2001), 편저서로 『의리를 지킨 소 이야기』(2007), 『한국의
전통가옥』(2015), 편역서로 『안중근 전쟁, 끝나지 않았다』(2000, 개정판 2010) 등이 있다.

출판도시를 향한 책의 여정
깨달음을 찾는 책농사꾼 李起雄의 '책과 문화 이야기' 세번째

초판1쇄 발행일 2015년 3월 31일 **발행인** 李起雄 **발행처** 悅話堂
경기도 파주시 광인사길 25(문발동 520-10) 파주출판도시
전화 031-955-7000 팩스 031-955-7010 yhdp@youlhwadang.co.kr www.youlhwadang.co.kr
등록번호 제10-74호 **등록일자** 1971년 7월 2일
편집 조윤형 백태남 이수정 **디자인** 공미경 **인쇄 제책** (주)상지사피앤비

* 값은 뒤표지에 있습니다.

ISBN 978-89-301-0479-1 03040

Published by Youlhwadang Publishers
My Journey to Paju Bookcity: Publisher Ki-Ung Yi's Essays on Books and Culture, Part 3
ⓒ 2015 by Yi, Ki-Ung Printed in Korea.

이 도서의 국립중앙도서관 출판시도서목록(CIP)은 e-CIP 홈페이지(http://www.nl.go.kr/ecip)와
국가자료공동목록시스템(http://www.nl.go.kr/kolisnet)에서 이용하실 수 있습니다.
(CIP 제어번호: CIP2015008956)